Mitos, ritos y leyendas de Galicia

Pemón Bouzas
Xosé A. Domelo

Mitos, ritos y leyendas de Galicia

mr · ediciones

Primera edición en esta presentación (actualizada): marzo de 2010
Segunda impresión: mayo de 2011

Fotografías de interior: archivos de los autores

El papel utilizado para la impresión de este libro es cien por cien libre de cloro y está calificado como **papel ecológico**

Ediciones Martínez Roca es un sello editorial de Ediciones Planeta Madrid, S. A.
Paseo de Recoletos, 4. 28001 Madrid
www.mrediciones.com
ISBN: 978-84-270-3612-3
Depósito legal: B. 18.607-2011
Fotocomposición: EFCA, S. A.
Impresión: Book Print Digital, S. A.

Impreso en España-Printed in Spain

Ediciones anteriores en otra presentación:
Primera edición: mayo de 2000
Undécima impresión: abril de 2009

A Eri y María. A Sara.
A Luz y Alba

Índice

Introducción

Todos los pueblos con un dilatado pasado histórico han legado una profunda herencia cultural. Cuanto más enraizada y asentada esté la pertenencia a esa cultura, mayor será la pervivencia de creencias, usos y costumbres en los tiempos que han de venir.

No es el pasado cuestión que se deba abandonar en aras de un progreso mal entendido, ya que han sido esos usos y creencias los que han ayudado, para bien o para mal, a construir este momento histórico actual que suponemos como el más brillante en el andar civilizador del género humano. No nos debemos acercar a observar las tradiciones y costumbres de nuestros antepasados, o de un lugar en particular, con la sonrisa prepotente de quien se considera miembro del primer escalafón de la cultura globalizadora y de los avances tecnológicos. La rueda también fue en su momento un progreso esencial que con el paso del tiempo no apreciamos en su justo valor por su obviedad.

La cultura popular no es solo la vivencia de un pueblo que en un lugar específico desarrolla su propia manera de interpretar unos hechos creando una determinada estructura social y religiosa, particular, diferenciada. Es la manera que tenemos de comprendernos, de ser cómplices, de recrear nuestra identidad.

El conocimiento de nuestras tradiciones nos ayuda además a tratar de entender la sociedad en la que vivimos, y si aquellas tienen valor es por lo que significan para cada uno de nosotros.

Aunque se sostiene que para poder ver las cosas grandes en su conjunto se debe mirar de lejos, aquí hemos estudiado los pequeños usos para ir construyendo con carácter general las creencias y costumbres de los gallegos.

No es intención de los autores convertir lo expuesto en este trabajo en tesis irrefutable «en nombre de la verdad histórica», ni por otra parte hacer un minucioso y enciclopédico estudio sobre las creencias y tradiciones del pueblo gallego. Como un primer paso para el neófito que se acerca a conocer la enorme tradición popular gallega o para aquel conocedor de la misma que desea una visión más extensa, quisimos abordar una mirada particular sobre las costumbres, ritos y leyendas que, afortunadamente, aún se mantienen vivos en la sabiduría popular. Es, pues, un trabajo personal y con carácter divulgativo sobre la manera que tenemos los gallegos de interpretar el mundo, discernir los acontecimientos y afrontar los hechos. Si aceptamos el término *cultura*[1] como «las normas de conducta aprendidas, las ideas y los valores adquiridos por el hombre como miembro de un grupo social», estamos pues ante un viaje sobre la herencia cultural del pueblo gallego. Una herencia cultural en la que siempre se deja la puerta abierta a esa otra explicación...

1. Chester S. Chard. *El hombre en la prehistoria*. Ed. Verbo divino.

1

El enigma de las piedras

Las piedras que adivinan, sanan y protegen

En el borde mismo del fin del mundo y dejando a sus espaldas el Mar Tenebroso, como secularmente lo han hecho sus antepasados, hombres y mujeres se sitúan sobre la gran losa de piedra con forma de barca e intentan lograr su movimiento balanceándose sobre la misma. La *Pedra de Abalar*, con sus vecinas *Pedra dos Cadrís* y *Pedra do Timón*, quizás forman parte del mayor altar litolátrico del occidente peninsular. Situado en un abrupto litoral costero conocido como *Costa da Morte* (*Costa de la Muerte*), allí donde se terminaba el mundo antiguo y el victorioso conquistador romano hincó sus rodillas ante los dioses para disculpar su ofensa al observar cómo el sol era devorado por las aguas.

Desde el principio de los tiempos el hombre ha otorgado un carácter religioso y desarrollado un auténtico culto a las piedras. A estas no solo se le han concedido poderes curativos o adivinatorios, sino que debido al profundo peso que desempeñaban en la cultura tradicional el cristianismo se vio obligado a retomar esas creencias y auspiciarlas bajo el manto protector de la nueva fe. En Galicia, tierra de profundas y antiquísimas tradiciones populares, podemos seguir las pistas a esas doctrinas milenarias, y entre ellas destaca sin duda alguna el culto a las piedras, ya que en este territorio tienen una naturaleza sobrehumana, pues representan lo eterno, lo inalterable. La piedra ha sido desde el principio el primer instrumento que ha utilizado el hombre, en ella se hacen sacrificios a los dioses, se amortajan a los muertos, se reencarnan los hombres, se observan concesiones divinas...

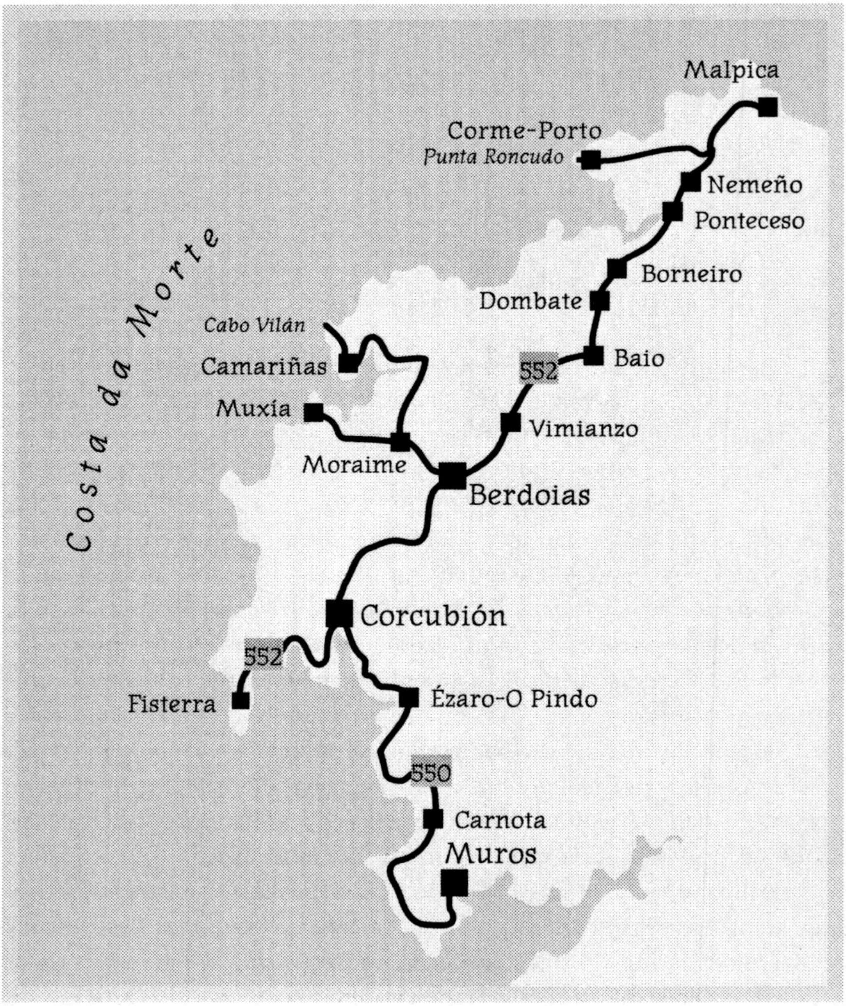
Malpica
Corme-Porto
Punta Roncudo
Nemeño
Ponteceso
Costa da Morte
Borneiro
Dombate
Cabo Vilán
Camariñas
Baio
552
Muxía
Vimianzo
Moraime
Berdoias
Corcubión
552
Fisterra
Ézaro-O Pindo
550
Carnota
Muros

Pedra de Abalar y Santuario de A Barca Muxía, A Coruña. Máxima presentación del culto a las piedras.

Estamos en el conjunto de A Barca ante un ejemplo más de culto ancestral que ha sido solapado, aculturado, por la fe cristiana. De hecho se combinan o asocian las presencias de una piedra de carácter *adivinador* (las Pedra de Abalar) y otra de carácter *sanador* (Pedra dos Cadrís): las primeras tienen una gran importancia en la mentalidad popular gallega, pues no en vano las «pedras de abalar» (piedras que se mueven) tienen una presencia destacada en la relación de la cultura tradicional con el mundo lítico. Antes de la cristianización a estas piedras se les otorgaban poderes adivinadores y a ellas se recurría para que su sabiduría diese dictamen sobre juicios, litigios o controversias. Era la suprema decisión y en su mano estaba el sí o el no, la sentencia divina, ya que la particularidad de su movimiento tenía naturaleza celestial.

Las piedras sanadoras del mismo modo no son figuras exclusivas de la mentalidad popular gallega sino que su presencia está muy extendida por los cinco continentes. Era creencia primitiva que algunas piedras tenían la facultad de curar algunas dolencias y la Pedra dos Cadrís, quizás por su propia forma, desarrolló en la mente popular la certeza de su

Pedra dos Cadrís, Muxía, A Coruña. Ejemplo de piedra sanadora.

capacidad para curar las dolencias del riñón, las lumbares y el reuma. Pasar por su oquedad nueve veces y una más produce alivio o curación de tales males.

Estos cultos primitivos llegaron a calar de tal manera en el subconsciente del pueblo que no pudiendo ser eliminados por el cristianismo, hubieron de ser referidos en la nueva fe. Las arcaicas devociones relacionadas con las piedras de Muxía fueron ligadas en la Edad Media a la tradición jacobea. No se tienen datos certeros sobre la fundación de Muxía como núcleo de población. Lo que sí se conoce es su relación con el monasterio de San Xiao de Moraime[1] durante la Edad Media y hasta que el emperador Carlos V lo permutó con los monjes para que se acogiese a la jurisdicción de realengo por el interés que tenía para la corona como puerto de comunicación con Inglaterra. De su dependencia de la abadía se apunta al origen de su nombre: *monxía*, que derivó a Muxía. Esta localidad fue testigo de los ataques normandos y de pira-

1. Parroquia perteneciente al municipio de Muxía.

tas que se atrevían a navegar por las peligrosas aguas de la *Costa da Morte*, con el único fin de saquear las riquezas del monasterio de Moraime. Los habitantes del lugar continúan viviendo en la actualidad muy relacionados con el mar y sus productos más preciados: el marisco y la pesca con métodos tradicionales,[1] en una franja costera muy hostil que continuamente se cobra vidas de marineros y pescadores. Estas faenas ya se realizaban en el medievo por los habitantes de la costa para abastecer al monasterio, uno de los más poderosos de la zona debido, fundamentalmente, a su relación con Compostela que lo identificaba como final del «Camino», pues este litoral recibía la visita de peregrinos que buscaban en sus aguas la *vieira*,[2] señal acreditativa de haber peregrinado hasta el sepulcro del Apóstol. El propio Santiago llegó hasta los confines del mundo en su labor evangelizadora y, estando absorto en la contemplación del inmenso océano, observó una barca de piedra sobre las aguas encrespadas que las olas depositaron suavemente en el roquedal. De ella descendió la Virgen, que se acercó al Apóstol para animarle en su labor, y cuando esta le hubo abandonado quedaron ubicadas sobre el litoral la vela (Pedra de Abalar), la barca (Pedra dos Cadrís) y el timón (Pedra do Timón) que aún hoy podemos contemplar en los peñascos entre el mar y el santuario.

Hoy, A Barca es uno de los principales lugares de devoción mariana de Galicia y lugar de multitudinaria romería que se celebra en el domingo siguiente al día 8 de septiembre. Ahora es la Virgen a través de la piedra quien simbólicamente se comunica con sus fieles, pues es ella quien la hace mover, o es su manera de comunicar que está produciendo un milagro, o niega su movimiento por no haber suficiente fe en los que se encuentran sobre la misma; multitud de hechos explican el movimiento de esta losa trabajada por los mares y los vientos. Y es que esta roca de cerca de nueve metros de largo por casi otros siete de ancho, desde el principio de los tiempos, ha prodigado una permanente atracción y su especial estruendo ha acunado en las mentes de los creyentes multitud de explicaciones bienaventuradas:

---

1. La *pesca do pincho* o pesca con anzuelo en pequeñas embarcaciones que faenan en pesquerías cercanas a la costa.

2. Molusco bivalvo cuya concha terminó convirtiéndose en distintivo del peregrino a Compostela.

Veño da Virxe da Barca
veño de abalar a pedra
tamén veño de vos ver
Santo Cristo de Fisterra.

En otro lugar del litoral situado más al norte se levanta el santuario de Pastoriza/Arteixo (A Coruña), donde *O Berce da Virxe* presenta una oquedad en el pedregal por el que los fieles se deslizan para buscar protección divina, ya que en este lugar la imagen de la Virgen encontró refugio para salvarlo de invasiones gentiles (normandas o musulmanas). La leyenda del origen del santuario[1] enlaza con la conversión de los suevos al cristianismo, por lo tanto con los primeros pasos de la nueva fe en Galicia, al ser levantado por el rey Requiario sobre un lugar de culto pagano. Otra vez, las características del roquedo posibilitan el desarrollo de un *sancta sanctorum* en el que, desde tiempos primitivos, se busca la protección de las divinidades simbolizadas en la piedra.

El peregrino no se detiene en Muxía sino que, bordeando uno de los parajes más espectaculares y salvajes del paisaje gallego, se dirige hacia Fisterra. En el trayecto observará hacia poniente la inmensidad del océano Atlántico bañando con sus aguas grandes arenales o pequeñas calas, golpeando con furia los acantilados rocosos de los cabos Touriñán o de la Nave. También podrá ver numerosas cruces de piedra ubicadas en los bordes de los acantilados, son las *cruces de ribeira*, erigidas en memoria de algún naufragio que se cobró vidas humanas, por cuya abundancia bautizaron este litoral con el nombre de *Costa da Morte*. Recorrerá las tierras de Duio, la antigua Dugium capital de los Nerios, sin saber a ciencia cierta si al caminar por el arenal pisará la ciudad que, construida sobre palafitos, quedó sumergida sin dejar rastro; pero algo quedó, restos arqueológicos como utensilios de la vida cotidiana de los pobladores de la zona, tramos de calzadas probablemente romanas, monedas de los primeros siglos de nuestra era... Estudios tectónicos de esa parte del litoral nos hablan de movimientos no comunes en tierras y montañas tan viejas como las del resto de la cornisa atlántica. Todo ello no hizo sino alimentar la creencia en una más de las ciudades *asulagadas* que tanto prodigan en la tradición maldita de la mitología celta.

1. Pardo Bazán, *La leyenda de Pastoriza*.

Faro de Fisterra, Fisterra, A Coruña. El fin del mundo de los pueblos primitivos.

Altares de fecundidad

En el vecino promontorio rocoso del cabo Fisterra (el Finisterre clásico) el mito ha convertido en esclavo al propio hechizo que provoca su presencia y desde tiempos remotos fue receptor de cultos en honor de la divinidad solar que desaparecía en el océano sin fin. La leyenda popular sitúa en este lugar el levantamiento del legendario altar pétreo *Ara Solis*, el santuario del sol poniente erigido en honor del divino astro en el fin de la Tierra. No solo tendría este templo un carácter votivo sino que, en su origen, el lugar donde fue levantado era destino de creyentes que se acercaban al otero con objeto de rendir evidencia a la capacidad reproductora que se le otorgaba a una piedra de la fecundidad que se encuentra en sus alrededores, y que la naturaleza había conformado en forma de lecho, a donde las parejas que tuvieran problemas para procrear debían desplazarse. Allí, en la cumbre del monte San Guillerme, fue levantada una ermita con el indudable objeto de cristianizar, una vez más, un lugar dedicado a cultos de fecundidad. Así lo atestigua el propio Padre Sarmiento, que nos señala la existencia de una piedra que tenía la virtud de hacer fecundas a las mujeres: «Era como una pila o cama de piedra, en la cual se echaban a dormir marido y mujer que por estériles acudían al Santo, y en aquella ermita y allí delante del Santo engendraban...».[1] Una superstición que se repite en la cima del vecino monte Pindo donde se encuentra uno de estos altares de la fecundidad, al que no solo se le atribuye un gran poder regenerador en su hierba, que crece de la noche a la mañana, y la abundancia de plantas medicinales, sino que los estériles e infecundos tienen entre sus piedras solución a sus males.

Mas es este litoral gallego especialmente abundante en ceremoniales de culto a las rocas, pues ya desde un principio tuvo un importante ascendiente sobre todos y cada uno de los pueblos que, atraídos por el apocalíptico *finis terrae*, con audacia conquistaron estas tierras.

También en un lugar de profunda raíz jacobea como el Santiaguiño do Monte, en Padrón, las piedras nos legan una pronunciada naturaleza ritual ya que el peñasco que domina la cima sobre el que se han erguido un cruceiro y una imagen de Santiago, conjunto conocido como *Altar do Apóstolo*, en tiempos remotos tuvo propiedades fecundadoras, situación que intentó evitar el cristianismo dando un significado jacobeo al emplazamiento rocoso. De esta manera hoy en su cima se reúnen los fieles para la exaltación de la figura del Apóstol sobre un lugar de marcada simbología religiosa, antes profundamente pagano y actualmente sacralizado por la religión oficial. De igual modo sucede en otro de los más importantes santuarios de fe mariana, el situado al pie de la playa de A Lanzada (Sanxenxo/Pontevedra), donde nuevamente volvemos a encontrar unidos numerosas leyendas y mitos relacionados con poderes curativos, eliminadores de maldad y, otra vez, fecundizadores. Aquí un fenómeno erosivo del mar ha estimulado la imaginación popular de tal manera que una oquedad en las rocas situadas en la orilla detrás de la ermita ha adoptado una hechura de cuna en la que yacen los creyentes. De nuevo el *Berce*[2] *da Santa* aparece aquí con características sanadoras y fecundizadoras, estas últimas en relación con «El baño de las nueve olas», uno de los ritos más llamativos que se puedan encontrar en la «tierra de las meigas» y que se relaciona más a fondo en un próximo capítulo.

---

1. Padre Sarmiento, *Viaje a Galicia*.
2. Berce: cuna, en lengua gallega.

Altar do Apóstolo Santiaguiño do Monte, Padrón, A Coruña. Altar de fecundidad posteriormente ligado a la tradición jacobea.

El Olimpo de los dioses celtas y los guerreros de piedra

Y será en la cima del mencionado Pindo, al que «... le conviene admirablemente el nombre de monte Pindo y creo que será antiguo y que se le habrá puesto a imitación del Pindo de la Grecia»,[1] donde el intelecto popular sitúe el Olimpo de los dioses de los invasores celtas. La sierra de O Pindo es un accidente montañoso de carácter rocoso que presenta muchas dificultades para el viajero que la quiera recorrer a pie, y que cae abruptamente al mar. Está situada en el ayuntamiento de Carnota, una localidad marinera con topónimo celta, pues *carn* significa «piedra», conocida por el arenal que discurre por su costa que tiene a gala ser el mayor de Galicia con sus siete kilómetros de largo. Al norte del macizo de O Pindo desciende al mar un río, el Xallas, que hasta la construcción de la central eléctrica desembocaba sus aguas directamente al océano en una cascada de más de cien metros de altura, acontecimiento único en Europa...

> *... cae no haciendo salto o catarata, sino precipitándose*
> *y haciendo cascada y haciendo un pozo de inmensa profundidad,*
> *y peligroso y levantando como un monte de espuma*
> *pues el Ézaro lleva mucha agua.*[2]

Allí, al pie del fin del mundo conocido, descansarían los dioses y hacia ese lugar irían las almas de los guerreros muertos en la batalla. El propio monte, en realidad una sucesión de agrestes cimas, desde siempre ha ejercido una atracción especial en el folclore local, alimentando leyendas y ubicando en él lugares mágicos relacionados con sacrificios, fertilidad y muerte, pero también con fabulosos tesoros como el de la misteriosa Reina Lupa, ligada, como veremos, con la traslación del cuerpo del apóstol Santiago al lugar de su definitivo enterramiento: Compostela. La curiosa morfología del roquedo ha adquirido en la mentalidad popular formas antropomórficas y es abundante la identi-

1. Padre Sarmiento. *Op. cit.*

2. Padre Sarmiento. *Op. cit.* El río Xallas desemboca en las proximidades de la localidad costera de Ézaro, perteneciente al municipio de Dumbría.

Berce da Santa, A Lanzada, Sanxenxo, Pontevedra. Piedra relacionada con ritos de fecundidad.

ficación de estas con representaciones humanas. Así, la visión de la cima del Pindo nos presenta multitud de antiguos guerreros petrificados que han encontrado en sus alturas la última morada teniendo como eterno compañero al crepúsculo.

En las Rías Baixas la península del Barbanza es un promontorio montañoso que separa las rías de Muros-Noia y Arousa, resistiéndose a morir en el océano formando una postrera estela de islotes conocidos como islas Sagres que, junto a la isla de Sálvora, protegen la ría de Arousa del embate oceánico en su ribera norte. Barbanza es un territorio de poblamiento primitivo que presenta un importante patrimonio arqueológico y abundante folclore ligado a sus pobladores más antiguos. En estas tierras no solo han dejado un enorme patrimonio pétreo sino innumerables mitos y leyendas, una de las cuales relaciona la formación de este pequeño archipiélago en torno a Sálvora con la penetración de los pueblos celtas que llegaron por el mar.

En el principio de los tiempos, este territorio estaba bajo la protección de un encantamiento que frenaba los posibles deseos de conquista de los pueblos belicosos ya que aquellos que se arriesgasen a ignorarlo quedarían convertidos en piedras. Mas la osadía de los celtas tuvo su justo premio al cumplirse el encantamiento salvándose sólo uno de sus jefes, Saefes, que para evitar sufrir el mismo destino que sus tropas se casó con Forcadiña, la hija del jefe de los oestrimnios, pobladores de estas tierras, teniendo un hijo al que llamaron Noro. Descubierta la treta, el hechizo se apoderó de la pareja y de su hijo. Saefes quedó transformado en el peñasco conocido como *Home de Sagres* con la lengua rajada en siete pedazos (las conocidas como *Sete língoas*), corriendo su mujer e hijo la misma suerte al convertirse para la eternidad en los islotes de Forcadiña y Noro.

Pero no está sólo Saefes en su hechizo ya que todo su ejército lo acompaña, convertidos en peñas e islotes, esclavos del encantamiento hasta el final de los tiempos.

Las piedras y los primeros ritos funerarios

Pero no solo las piedras tienen un carácter sagrado sino que además, por la especial morfología granítica del país, son el principal instrumento de construcción a lo largo de los tiempos. Y si hay un hecho definidor en la cultura gallega, este es el respeto y querencia por el *otro mundo*, el mundo al que van los muertos. No es de extrañar por ello que las primitivas construcciones funerarias galaicas, como en todo el megalitismo atlántico, tengan en la piedra la mejor representación de la dimensión funeraria. De esta manera si observamos con atención cualquier paisaje gallego encontraremos seguramente ante nuestros ojos un pequeño montículo con forma de casquete esférico claramente destacado sobre el terreno y en ocasiones con su perímetro delimitado por un anillo de piedras. Estaremos, pues, ante un túmulo funerario conocido en lengua vernácula como *mámoa*,[1] «un elemento funerario de gran abundancia en todo el país, una estructura formada de tierra o la unión de piedras y tierra que esconde en su interior el verdadero sepulcro, el dolmen»,[2] también llamado *arca*, *anta* o *casota* en la terminología autócto-

1. También llamadas *modias*, *medorras* o *medoñas*.

2. *Dolmen*, palabra céltica que proviene de los vocablos galeses *dol* (mesa) y *maen* (piedra).

Dolmen de Dombate-I, Borneiro, Cabana, A Coruña. Monumento funerario.

na. Es frecuente la presencia de estos monumentos funerarios en toda la geografía gallega, desde la costa hasta el interior que, por haberse considerado por la historiografía romántica tradicional uno de los vestigios del pasado celta de Galicia, abordaremos con mayor detalle en el capítulo «Celtas: entre el mito y la realidad». Ello no es óbice para destacar ahora los dólmenes de Axeitos (Ribeira/A Coruña), Dombate (Cabana/A Coruña), Maus de Salas (Muiños/Ourense)... Muchos de estos enterramientos megalíticos se encuentran profanados y en gran parte destruidos por situar en ellos la imaginación popular la morada de misteriosos pobladores, los mouros, a quienes atribuían enormes riquezas y tesoros. «Dentro del recinto del castro, hay tanto vino que si algún día estallara el depósito, inundaría todo el lugar de Vilacaiz», cuenta una leyenda recopilada por González Reboredo y que hace referencia a las riquezas de los *castros.* Conviene aclarar que cuando en la terminología popular uno hacía alusión a un *castro* no por necesidad estaba hablando de lo que arqueológicamente se conoce como tal, es decir, restos de poblados celtas o prerromanos, sino que abarca un campo mucho mayor en el que se incluyen *dólmenes*, *pedras fitas*, *túmulos*, etc.

Entroncados con los anteriores también existen otros monumentos megalíticos funerarios que nos remiten a relaciones con otros países del área celta, como los menhires,[1] que en Galicia también se conocen como *pedras fitas*, entre los que destaca por su situación y simbolismo *A Pedra Alta*, de cerca de tres metros de altura y ubicada en el centro de la laguna de Antela (Ourense); o los alineamientos circulares de estas piedras o *cromlech*,[2] que no son muy abundantes en el paisaje megalítico pero que sí forman parte de muchas de las estructuras de las *mámoas* que luego son recubiertas con tierra. Sin embargo, en el monte Neme (Malpica/A Coruña), sitúa la tradición la «Eira das Meigas» o «Circo dos Xogos» y que presenta una interesante leyenda asociada que dice que en la víspera de San Juan se reúnen las brujas en la fuente de Santa Cristina y después de bailes y otras ceremonias suben a la *Eira*, donde, acomodadas en cada una de las piedras, acuerdan actos para dañar a los humanos.[3]

Asociadas a esta época, las hachas pulimentadas aparecen en el magín popular con el nombre de *pedras de raio*, unas piedras de profundo carácter alquímico y que reciben su nombre de la creencia que atribuye su aparición posterior a la caída del rayo. Son empleadas en los tejados de las casas para proteger la techumbre de las tormentas, aunque también presentan caracteres curativos por su naturaleza sagrada aplicándose directamente a las dolencias.

El simbolismo de las piedras y los milladoiros

Pero no solo construían en piedra los antiguos gallegos, también sobre ella desarrollaron sus capacidades artísticas en un conjunto de grabados o incisiones hechos en rocas graníticas al aire libre. Los *petroglifos* de enorme influencia en las investigaciones de grandes estudiosos románticos como Murguía o Barros Sivelo aluden nuevamente a la corriente celta de la historia gallega, lo que nos obliga en parte a remitirnos al próximo capítulo. Mas obviando por un momento a los defensores del

---

1. *Menhir*, palabra de origen bretón proveniente de *men* (piedra) e *hir* (larga).
2. *Cromlech*, palabra que proviene de los vocablos bretones *crom* (círculo) y *lech* (piedra).
3. Vaqueiro, V. *Galicia máxica*. Ed. Galaxia.

Dolmen de Dombate-II. Borneiro, Cabana, A Coruña. Las dimensiones megalíticas se evidencian con la excavación.

celtismo, sus detractores no pueden negar la gran afinidad, que podría explicar un origen común, de los grabados gallegos con los encontrados en las islas Británicas e incluso en los Alpes suizos, preferentemente en los diseños geométricos, y especial en las combinaciones circulares y espirales.[1] ¿El significado de los grabados? Como suele acontecer «haberlo haylo», pero de momento no hemos aprendido a comprender los grabados rupestres de nuestros antepasados, aunque seguramente tengan, una vez más, un marcado carácter religioso, quizás también relacionado con la figura y el culto al sol. De igual manera la representación del laberinto puede vincularse con la idea de acceso a otro mundo, así como la representación de determinados animales (ciervos) posiblemente nos vuelva a vincular con el sol o la muerte en calidad de animal conductor de almas hacia el más allá.[2] Quizás, los mejores ejemplos se

1. Peña Santos. Petroglifos en *Gran Enciclopedia Gallega*.
2. Vázquez Varela. *Las más viejas raíces de Galicia*. Ed. Sálvora.

Pedra das Cabras, Palmeira, Ribeira, A Coruña. Gravado rupestre común en las culturas celtas.

encuentren en el conjunto de petroglifos de Campo Lameiro, complejo rupestre en el que se pueden observar representaciones geométricas y faunísticas, o en los de Fontáns-Cotobade o Tourón-Pontecaldelas, todos ellos en la provincia de Pontevedra. De momento los complejos rupestres situados en el valle del Lérez y en el litoral de las rías de Pontevedra y Vigo son un libro en el que apenas hemos comenzado a leer.

Existen otros grupos de piedras que poseen peculiaridades relacionadas con aspectos funerarios, los conjuntos de piedras llamados *milladoiros*, de enorme presencia en los primeros siglos de la era cristiana en Galicia como demuestra la denuncia del levantamiento de estas estructuras por parte de san Martín de Dumio[1] en el siglo VI, quien otorga a su construcción cultos diabólicos. Tal vez ello explique la posterior destrucción de estos agrupamientos de piedras ya que en la actualidad es difícil encontrarlos, aunque en los alrededores de San An-

1. San Martín de Dumio. *De correctione rusticorum*.

drés de Teixido aún se pueden observar en las orillas de los caminos. Son varias las explicaciones que se relacionan con estos conglomerados de piedras, y si mientras en el contexto cristiano se piensa que en el día del Juicio Final las piedras hablarán y darán fe del cumplimiento de la peregrinación, o que son almas del Purgatorio que se hallan prisioneras por no cumplir un ofrecimiento en vida, en el mundo precristiano tendrían un principio funerario de lastrar un alma a fin de que no se tornase peligrosa para los vivos. De cualquier manera, con el paso del tiempo, los milladoiros pasaron a estar relacionados con lugares de peregrinación, como en el caso mencionado de Teixido, o con el culto jacobeo como en el caso de las cercanías de Compostela por el Camino Portugués, o en Foncebadón (León) en el más conocido y popular Camino de Santiago, el Camino Francés.

Los castros: poblados celtas

El *castro* es, sin lugar a dudas, la construcción pétrea más importante y determinante del lejano pasado del pueblo gallego, ya que por primera vez aparece una construcción permanente y que no está relacionada con un rito funerario. La visión romántica y reivindicativa de la historiografía gallega señala el castro como pieza angular del pasado celta de Galicia, y desde esta visión se analizará en el capítulo dedicado al celtismo.

Nos estamos refiriendo a una época que comienza probablemente entre los siglos X-V a. C. y que se alarga hasta finales del siglo III d. C. Es precisamente esta época la considerada celta por las similitudes entre los usos y costumbres de los pueblos que habitaban el noroeste peninsular con otros, igualmente de origen indoeuropeo, que se instalaron en diferentes puntos de la cornisa atlántica europea y que hoy en día son contemplados como herederos de una cultura y tradición directamente entroncadas con sus raíces célticas. La definición aceptada describe los castros como poblados situados en lugares de fácil defensa reforzada con murallas, muros externos cerrados en muchos casos aprovechando accidentes naturales, que defienden en su interior un grupo de viviendas y que controlan un territorio determinado. Como en el caso de los otros monumentos megalíticos del país, la mayor parte de ellos han sido expoliados en alguna forma por la creencia de que eran lugar favorito de los *mouros* para ocultar sus riquezas: «Los mouros que había en el monte del castro tenían una arqueta de oro en el medio de la era, debajo de una piedra».[1] Destacamos también esta leyenda recogida por González Reboredo sobre el castro de Vilacaiz (O Saviñao): «El castro es obra de los mouros que, aún no hace mucho tiempo, salían al exterior, pero al ver gente se escondían rápidamente bajo tierra. [...] Al trabajar las tierras con el arado, la gente no puede profundizar mucho porque las casas de los *mouros* están debajo y la reja tropieza con los tejados, por eso alguna vez les gritan: ¡No ares tan profundo que me destejas la casa!».

Su importancia se explica por su abundancia, casi 5.000 castros aseguraba a mediados del siglo XX el polígrafo López Cuevillas, aunque un número más real semeja ser el cercano a tres mil emplazamientos fortificados. Los restos arqueológicos que abundan en la geografía gallega, si bien deberíamos referirnos a la provincia romana de *Gallaecia* que comprendía casi toda Asturias, León, Galicia y en Portugal las tierras situadas al norte del río Duero, adquirieron con el tiempo un significado mágico, más allá del puramente histórico o monumental. Los castros fueron abandonados paulatinamente por sus habitantes debido a la presión que los romanos ejercieron para cambiar el *modus vivendi* de los pueblos conquistados y colonizados. Vacíos de hombres y mujeres, sirvieron de refugio a otros seres relacionados con lo mítico y lo extraordinario; prueba de ello son las innumerables leyendas que el saber popular fue transmitiendo de generación en generación referidas a lugares «encantados», tesoros escondidos, *mouros* y *mouras*,[2] etc.

En el interior de Galicia, en tierras del ayuntamiento de Santiso, en el que abundan los restos arqueológicos entre los que destaca un castro, cuentan que «los vecinos de la casa de Rozas de Albín se enriquecieron gracias a los moros que habitaban el castro, o bajo la tierra que el castro ocupaba. En la mencionada casa habitaba un arriero que todas las

1. Llinares García, M. *Os mouros no imaxinario popular*. Ed. Univ. Santiago. (Relato sobre el castro de S. Adrián/Zas.)

2. Mouros y mouras: son expresiones que a lo largo de los años se emplearon para, de una manera genérica, denominar a hombres y mujeres prehistóricos de los distintos pueblos que habitaron Galicia, pero también a los celtas, romanos e incluso a los suevos. Probablemente estas expresiones se utilizaron después de la marcha o huida de los moros tras sus primeras incursiones por Galicia que llegaron hasta Santiago de Compostela.

Citania de Santa Tegra, A Guarda. Pontevedra.

noches llevaba vino y otras cosas a los mouros y estos, a cambio, le entregaban grandes cantidades de dinero. Como el arriero salía siempre de noche, su mujer le preguntaba adónde iba con el vino, respondiendo el arriero que unas veces iba a un sitio y otras, a otro. Pero la mujer le presionó tanto que un día tuvo que confesar el secreto diciendo que el vino era para los mouros del castro. Cuando al día siguiente el arriero quiso volver a entrar en el castro, le fue imposible porque había hablado más de lo debido». Este es un ejemplo de leyenda[1] de castros que al mismo tiempo incorpora otros elementos que no siempre se dan juntos como son los mouros y las riquezas o tesoros. En el Museo Provincial de Lugo y en el Castillo de San Antón de A Coruña, sede del Museo Arqueológico Provincial, existen interesantes muestras de la joyería en oro realizada por los pueblos celtas asentados en la geografía

1. González Reboredo, X. M. *Lendas Galegas de tradición oral*: leyenda del castro de Vilar de Ferreiros.

gallega entre las que destacan los torques a modo de collares y pulseras. Estas piezas, presentes también en otros museos, fueron encontradas en diferentes yacimientos arqueológicos unas veces y, en ocasiones, por puro azar. Ese oro, hallado de muy diversas formas a lo largo de la historia, con seguridad alimentó las leyendas y los dichos populares. Cuentan[1] que en cierta ocasión un paisano que se dirigía a Mondoñedo se puso a comer junto a unas rocas, y mientras lo hacía vio cómo un pájaro se escondía en un lugar muy próximo. El paisano se acercó buscando el nido o el orificio donde el pájaro se había escondido y no hallándolo decidió levantar una pequeña losa, de tal suerte que al hacerlo encontró un gran tesoro. Tanta plata y tanto oro encontró que su riqueza le permitió donar toda la plata con que están hechas las cruces parroquiales de las iglesias de la comarca del Valadouro.[2] No solo la presencia de castros en las proximidades de los lugares de leyenda es digna de tener en cuenta, como acabamos de comprobar: cualquier losa del camino tiene un significado quedando palpable la continua presencia de la piedra como elemento aglutinador de historia, arte, tradición y magia.

Son de excepcional belleza los castros costeros de Santa Tegra (A Guarda) y Baroña (Porto do Son), y destacables el de Borneiro (provincia de A Coruña), Viladonga (en la de Lugo), Castromao y San Cibrao de Lás (en la de Ourense), el que se tiene por mayor asentamiento castreño del país. El de Baroña es un poblado metido realmente en el mar, ocupa una península conocida como la Punta do Castro, conectada con tierra firme por un pequeño istmo en el que fue construido un foso de unos 60 metros de largo, una primera muralla de casi 35 metros y una segunda muralla que daba prácticamente la vuelta a todo el recinto.[3] Por mar la defensa era fácil gracias a los peñascos y acantilados que hacían muy peligroso un ataque sin riesgo de estrellar las embarcaciones contra las rocas. En ese promontorio metido en el Atlántico vivió una

---

1. Revista *Galiza* n.º 4: leyenda anónima, recopilada por González Reboredo. *Op. cit*

2. Valadouro: frondosa comarca lucense con capital en Mondoñedo en la que los menhires, los dólmenes y los castros son frecuentes y donde en varias ocasiones sitúa Álvaro Cunqueiro sus obras y personajes. Valadouro significa en castellano «Valle de Oro».

3. Calo Lourido, F. y Soeiro, T. *Castro de Baroña*. Ed. Xunta de Galicia.

tribu o gran familia, probablemente perteneciente al grupo de los *presamarcos*, habitantes de casi la totalidad de la sierra del Barbanza. Han sido excavadas varias viviendas siempre circulares u ovales, con muros de piedra y techumbre que debió de ser de paja y madera, y se han encontrado molinos de piedra, restos de cerámica con elementos decorativos, objetos metálicos y un pequeño tesoro con joyas. Vivían de la caza en los terrenos de los alrededores, de la pesca y el marisqueo y molían cereales y semillas. El castro de Viladonga, situado en plena Terra Chá (Tierra Llana) lucense, es prototipo de los del interior de Galicia. Con casas circulares y ovales, también presenta viviendas cuadrangulares con esquinas redondeadas y una edificación de gran tamaño que bien pudiera ser para realizar reuniones comunales o celebraciones. Es del período tardorromano y fue habitado entre los siglos II y V d. C. Este castro fue particularmente atractivo para la investigación después de conocerse que en 1911 allí apareció un magnífico torques de oro que hoy se conserva en el Museo Provincial de Lugo. En excavaciones realizadas en los años setenta y ochenta se han encontrado más piezas de oro, utensilios, monedas, puntas de lanza y otros elementos y se ha dejado a la vista prácticamente toda la estructura de viviendas y defensa del castro, con lo que el visitante tiene una perspectiva clara de la composición urbanística del recinto.

Las pedras formosas: ¿crematorios del pasado?

Existen otras piedras que son una especie de eslabón entre los períodos celta y medieval, son las llamadas *pedras formosas* de las que quedan algunos restos, sobre todo en lo que se denominaba convento Bracarense, que junto a los conventos Lucense y Asturiense configuraba la *Gallaecia* romana. Los restos excavados en la localidad portuguesa de Briteiros son estructuralmente semejantes a los de Santa Mariña de Augas Santas, cerca de Allariz, y consisten en una excavación subterránea con cuatro dependencias: la primera es realmente un atrio con un recipiente de piedra semicircular y peraltado al que se lleva el agua; después hay un corredor que conduce a una nueva dependencia y finalmente se encuentra la cuarta sala con forma de ábside y las paredes manchadas por el humo de muchos fuegos. Alrededor de estas edificaciones existe un halo de misterio y de magia alimentado durante siglos por la tradición oral. A esta edificación situada en el ayuntamiento de Allariz[1] se le conoce como «O forno da Santa» y aunque en ella se ven claramente elementos arquitectónicos del románico, estos se superponen a otros anteriores visigóticos o mozárabes, estando todo el conjunto en las proximidades de un castro celta. Entre las creencias populares figura una que apunta a que «O forno» era realmente un crematorio destinado a la incineración de cadáveres humanos cuyas cenizas eran posteriormente o bien enterradas o esparcidas en el interior de la acrópolis o bien conservadas en vasijas de barro en el castro, para seguir compartiendo espacio con los que fueran sus compañeros en vida.

Una vez más, el afán de la Iglesia por cristianizar los lugares relacionados con ritos paganos ubicó en esa zona una celebración católica, concretamente la festividad de la Ascensión cuya romería se festeja en la ladera del monte próximo al «forno da Santa».

Cruceiros, cruces de piedra y petos de ánima

Pero si el castro es la construcción fortificada más identificada con el pasado de Galicia, el monumento por antonomasia del paisaje tradicional gallego es el *cruceiro.*[2] No hay camino, encrucijada, aldea o iglesia por pequeña que sea que no tenga en sus inmediaciones una de estas enigmáticas construcciones.

Su origen es oscuro y quizás, como venimos abordando en todo este capítulo, el principio de todo se sitúe en los albores de la cristianización por la urgencia de incorporar a la nueva fe lugares de culto pagano. Los encontraremos por tanto en lugares de superstición y viejos cultos, siendo desde luego una construcción sacralizante en un espacio con fuertes características rituales. Sería entonces cuando menhires, miliarios y aquellas rocas naturales depositarias de creencias fueron objeto de aculturación con la superposición de la cruz. Su incorporación al hecho jacobeo hará que se propague su erguimiento a lo largo del Camino de Santiago con el agregado de gradas para uso de los peregri-

---

1. Allariz: nombre de origen suevo relacionado con el rey Alarico. En todo el municipio y comarca existen otros nombres de parroquias y lugares con topónimos suevos, de origen germánico o indoeuropeo como Roiriz, Guimarás, Queiroás, etc.
2. Castelao. *As cruces de pedra na Galiza.*

Calvario de Santa María Beade, Ourense. Curiosa semejanza con los cruceros de Bretaña.

nos. El añadido del fuste rematará la conceptualización definitiva del cruceiro. Su difusión parece estar unida a la peregrinación a Santiago de los fundadores de las órdenes mendicantes. El observador encontrará en el cruceiro gallego la repetición de una iconografía predominante: multitud de representaciones del Purgatorio. Otra cuestión que llamará poderosamente la atención es su abundancia por todo el país: la construcción de un cruceiro se convierte en un medio de ganar indulgencias, lo que explica su conversión en propósito de ceremonial general. Probablemente estemos ante la imagen religiosa que levanta más respeto y devoción en el pueblo y sin dudarlo ante uno de los iconos que mejor representan el carácter de lo gallego. Aunque nuevamente volvemos aquí a encontrar un «hermanamiento» iconográfico con otro país de influencia celta, Bretaña, donde también abundan estas construcciones.

El levantamiento de una *cruz de piedra* está pues muy imbricado en la reflexiva imaginación galaica. Así, por ejemplo, en arcaicas representaciones pétreas de culto a símbolos y animales es habitual contemplar como estos no han sido eliminados sino que para tratar de mitigar sus referencias paganas el gallego ha levantado una cruz de piedra encima de ellas. Esto se puede apreciar en piedras grabadas con relieves de serpientes,[1] como sucede en la *Pedra da Serpe* o *altar de Gondomil*, en dicho lugar de la parroquia de Corme en Ponteceso (A Coruña). Encima de la misma se añadió una cruz pétrea sin dañar el resalte iconográfico ofídico. La cruz de piedra aparece como instrumento de sacralización de lugares peligrosos, de aculturación de creencias muy presentes en la población, de salvaguarda doctrinal de espacios paganos.

Aún hoy es frecuente encontrar al lado de cualquier camino vecinal, carretera o encrucijada, una cruz levantada recientemente. Basándose en su larga tradición el gallego trata de santificar un lugar donde se ha producido una muerte violenta, una tragedia..., quizás con el ánimo de solicitar el descanso en paz de un alma torturada por la desgracia.

Pero no solo se levantan cruceiros en caminos y encrucijadas, también se levantan *petos de ánimas*. Estas construcciones responden a las manifestaciones populares del culto a los muertos y a la importancia que tiene el Purgatorio en la religiosidad gallega como idea esperanzadora y confortadora. El gallego entiende la muerte no como un pozo, el infierno sin solución, pues de ello lo puede librar el Purgatorio, que no es definitivo pero en el que se puede lograr la salvación. Y para esas «almiñas» que no encuentran descanso en el Purgatorio se levantan los petos de ánimas en los que se ofrecen limosnas, rezos y peticiones por ellas, que una vez redimidas intercederán por los oferentes. Las ánimas son depositarias de las indulgencias y siempre están presentes en la religiosidad galaica respondiendo al respeto y falta de olvido con favores hacia los vivos. No hay que olvidar que la especial idiosincrasia gallega es capaz de levantar una capilla en Compostela en cuya fachada es perceptible la imagen de las almas quemándose en el infierno, o tener en las almas errantes una de sus más legendarias creencias (Santa Compaña). Quizás por ello, a fin de protegernos en caminos y encrucijadas,

1. En *Galicia Máxica* de V. Vaqueiro: Ophiusa (Galicia) estuvo ocupada por un pueblo de origen celta, los *oestrymnios*. Fueron invadidos por un pueblo procedente del mar, los *saefes*, conocidos como las serpientes tal vez porque tenían a este animal por dios o tótem representado en sus insignias... Rufo Festo Avieno en su poema *Ora marítima*.

Cruces de ribeira, Punta Roncudo, Ponteceso, A Coruña. Homenaje a los náufragos.

se levantan estas construcciones para recordarles en sus nocturnos tránsitos que no han sido olvidadas.

Hórreos: los graneros de piedra

También el gallego ha empleado la piedra para sus construcciones cotidianas, lo que deja de ser sorpresa por ser este material muy abundante en toda la geografía galaica. Sin embargo, en el uso de construcciones ligadas al trabajo diario también se observan peculiares características, pues no hay actividad humana a la que el gallego no dote de su especial manera de entender las cosas y su relación con el mundo paralelo de superstición y augurio. Quizás la construcción más costumbrista ligada al tópico folclórico sea el *hórreo*, en esencia una construcción destinada a guardar y secar el maíz y mantenerlo a salvo de la acción de los roedores.

Generalmente construido en piedra sobre cuatro o seis pies también de piedra y con forma rectangular, dispone de unas aberturas en forma de enrejado que facilitan la ventilación del cereal. Su tamaño se establece normalmente entre cuatro y cinco metros de largo por dos y medio de alto, no superando su anchura los dos metros para facilitar que las espigas estén cerca de las rendijas y puedan airearse mejor. Esta es la descripción formal de la construcción, pero el observador curioso apreciará dos elementos sorprendentes por su convivencia en el hórreo: una cruz y un símbolo fálico (remate en forma de pirámide). La primera imagen nos vuelve a traer la petición de protección divina para las cosechas bajo el amparo de la cruz; sin embargo, y dado que el hórreo, quizás con otra fisonomía, es anterior a la instauración del cristianismo, se mantiene la petición pagana de protección y la advocación del granero hacia viejas creencias y así, sin saberlo, como se ha hecho por los antepasados durante siglos, se ubica en el otro extremo superior sobre la techumbre un símbolo fálico, reminiscencia del culto a la fecundidad de la tierra entre los primeros pobladores. Viejos o nuevos credos, la intención es la misma: proteger las cosechas para salvaguardar la estirpe.

Varios hórreos se distinguen sobre los demás por su descomunal tamaño, uno en Carnota y otro en Lira, en Araño/Rianxo (A Coruña), superando ambos los treinta metros de longitud. Además, el complejo de hórreos costeros de Combarro/Poio (Pontevedra) se encuentra entre las imágenes más difundidas de Galicia.

Las piedras y el hecho jacobeo

Pero las piedras con sus características de dureza, perdurabilidad, firmeza, que para los antiguos eran cuestiones sagradas, no se circunscriben únicamente a los tiempos prehistóricos, ni a los albores de la historia. Las piedras continuaron teniendo un significado muy especial con el devenir de los siglos, tanto es así que la piedra está estrechamente vinculada con el culto jacobeo desde sus orígenes. Un suceso acontecido muy lejos, en el espacio y el tiempo, vendría a cambiar definitivamente el ser y las creencias en las tierras gallegas: «Por aquel entonces, echó mano el rey Herodes, para hacerles daño, a algunos de los que pertenecían a la Iglesia. Mandó matar con la espada a Santiago, el hermano de Juan...».[1] Cuenta la leyenda que el apóstol Santiago Ze-

1. Hechos de los Apóstoles, 12, 1-2.

Hórreo gallego, Ansemil, Silleda, Pontevedra. Construcción destinada a guardar y secar el maíz.

bedeo, conocido como Santiago el Mayor, tras evangelizar España regresó a Palestina donde fue martirizado. Sus restos fueron recogidos por dos de sus discípulos: Atanasio y Teodoro, que, embarcados en una nave sin remos ni vela y guiados por un ángel, en una semana cruzaron el mar Mediterráneo y traspasando las puertas de Hércules alcanzaron las costas de Galicia, amarrando la barca a una enorme piedra conocida desde entonces como «O Pedrón»,[1] en las proximidades del puerto fluvial de Iria Flavia. Nuevamente, la piedra unida a un hecho fundamental para el pueblo gallego, la llegada a estas tierras del cuerpo del apóstol Santiago. La piedra como constatación de un hecho irrefutable y su preservación, crédito de fe. La piedra que recibió al discípulo de Cristo por extensión nombra a la tierra que recibió el cuerpo: Padrón. Esa

---

1. Pedrón: en gallego, «piedra grande». Supuestamente es el origen del topónimo de Padrón, localidad coruñesa en la que se encuentra Iria Flavia, sede del obispado de Teodomiro, descubridor del sepulcro del Apóstol.

piedra se encuentra en el interior de la pequeña iglesia dedicada a Santiago, en la orilla del río Sar.

La leyenda habla también de la búsqueda del lugar apropiado para el enterramiento y de las gestiones con la Reina Lupa, señora de las tierras que dominaba el «Mons Sacer», el picacho pétreo conocido hoy como Pico Sacro, en torno al cual giran muchas historias de encantamientos, dragones y serpientes, tesoros y seres mitológicos. La Reina Lupa, viuda de enorme belleza ansiada por muchos pretendientes nunca complacidos, era una mujer contradictoria en su carácter, unas veces bondadosa y otras despiadada. Es el caso que ofreció a los discípulos del Apóstol una pareja de bueyes, que no eran tales, sino dos toros bravos decididos a embestirlos, pero al acercarse a Atanasio y Teodoro se convirtieron en dos mansos bueyes que acabaron tirando de un carro con el sarcófago del apóstol Santiago avanzando a su libre albedrío, hasta que decidieron pararse en un frondoso bosque llamado del Libredón, lugar elegido para el enterramiento. El Códice Calixtino cuenta que «en un castro próximo a Iria Flavia, comenzaron a verse "luces ardientes" durante la noche, en el mismo lugar donde otros habían visto aparecer con frecuencia ángeles». Fue un eremita llamado Paio quien puso sobre aviso del descubrimiento de un edículo con los restos de Santiago el Mayor al obispo de Iria Flavia, Teodomiro, quien desplazándose hasta el lugar del Libredón muy prontamente ratificó tal descubrimiento. La noticia corrió con celeridad por todo el occidente europeo, tanto es así que pocas decenas de años después del descubrimiento del sepulcro,[1] el monje francés Usuardo en su martirologio ya menciona que «los restos del Apóstol están en la parte occidental de España, cara al "mar Británico"». A partir de ahí, ni siquiera la presencia musulmana en la península puso freno a las inquietudes de miles de peregrinos que, procedentes de toda Europa, «inventaron» el camino en su devenir incesante a Compostela. Mientras tanto, el rey Alfonso II el Casto,[2] entusiasmado con la idea, presta todo su apoyo para dar a conocer tan excepcional noticia y para construir la primera ermita de culto a Santiago, que, de piedra granítica, sería el embrión de la majestuosa catedral, crisol de estilos arquitec-

1. Se supone que el sepulcro fue descubierto en fecha próxima al año 812-814.

2. Alfonso II el Casto, rey de Asturias. Galicia formaba parte de sus dominios.

O Pedrón, Iglesia de Santiago, Padrón, A Coruña.
Punto de amarre de la barca del Apóstol.

tónicos que desde el románico hasta el neoclásico, pasando por el barroco más brillante, es obra de canteros que trabajaron a las órdenes de maestros constructores entre los que destaca sobremanera el maestro Mateo, autor del Pórtico de la Gloria, un personaje envuelto en misterios y leyendas del que lo único que se conoce son sus obras en la basílica compostelana y poco más.

La Compostela construida alrededor de un sepulcro pétreo también es en esencia un canto de creación en roca. En palabras de Valle-Inclán,[1] «Rosa mística de piedra, flor románica y tosca...», «... parece inmovilizada en un sueño de granito, inmutable y eterno...», o en aquellas más poéticas de Celso E. Ferreiro:[2] *Santiago: mar de pedra/navigaba polo Tempo.* La ciudad fue edificada en estilo románico alrededor de la primera capilla construida sobre el sepulcro, y sobre ella se levantó la primera catedral, y alrededor de esta, siguió creciendo la ciudad. Esta fiebre constructora significó una enorme renovación de las estructuras urbanas con la construcción de una ciudad alrededor de la basílica apostólica (Pórtico de la Gloria, Platerías, San Xerome...). Y será nuevamente en el siglo XVII cuando la reforma barroca dote a Compostela de su aspecto monumental que aún hoy impregna sus calles y edificios (Obradoiro, Torre del Reloj, San Martín Pinario, sus pazos, casas y rúas...), y a muchos lugares y villas de Galicia.

Los «magos» de la piedra y los mensajes de las lápidas gremiales

El románico significó la proliferación de los *«artesanos de la piedra»* y todo ello no debido a la aparición del estilo en sí mismo, sino a la construcción de la basílica románica por excelencia, la catedral compostelana. En verdad su construcción supuso una auténtica enseñanza viva como escuela de cantería que, con carácter permanente y no pocos privilegios, fomentó en la Compostela medieval, y por extensión en toda Galicia, el desarrollo de los mejores maestros de cantería no solo de Iberia sino de Europa.

1. Valle-Inclán, R. M.ª del. *La lámpara maravillosa*.
2. Celso Emilio Ferreiro. Revista *Finisterre*, n.º 21.

Lápidas gremiales, Santa M.ª A Nova, Noia, A Coruña.

Hasta el momento de la construcción de la gran catedral compostelana, los canteros ocupaban la mayor parte de su tiempo en la construcción de puentes, pues tanto las características geográficas como la abundancia de corrientes de agua que recorren el territorio gallego exigían estas obras.

El cantero llegó a tener tal importancia en la sociedad medieval, que figuras como el Maestro Mateo han pasado a representar la inteligencia en sentido estricto en la mentalidad popular que lo ha beatificado, mejor dicho a su imagen pétrea, con el nombre de *Santo dos Croques.*[1] Así, los millares de peregrinos que se acercan a la basílica de Compostela después de admirar su obra cumbre, el Pórtico de la Gloria, se dirigen a su representación escultórica situada a la espalda de la joya románica y que mira sosegada hacia la Cripta para «golpear» con su cabeza en la de la propia imagen. Tres veces bastan para que la inteligencia del maestro medieval pase por contacto a la del peregrino y una vez más aparece la

1. *Santo de los coscorrones.*

piedra como expendedora de bienaventuranzas de carácter legendario. Como queda dicho, la fábrica compostelana propició una expansión del estilo románico, pues los templos menores (iglesias conventuales, parroquiales, etc.) tuvieron en la basílica un modelo a imitar. Y con ello, la aparición de canteros itinerantes que una vez rematado su trabajo volvían al camino para encontrar una nueva obra. Estos hombres, quizás para preservar sus conocimientos o como código comunicador de una hermandad gremial fuertemente encerrada en sí misma, crearon una forma de hablar, el *latín dos canteiros* o *verbo dos arxinas*.[1] Este lenguaje permitía guardar celosamente los secretos del oficio[2] y estaba prohibida su enseñanza a personas ajenas a la profesión bajo pena de rigurosos castigos. Su origen lo sitúan algunos en una lengua prerromana gallega, y estudiosos como Filgueira Valverde[3] piensan en un lenguaje gremial con aporte del vasco, pues los vizcaínos trabajaron en la reconstrucción de los castillos derribados por los irmandiños.[4] Habla medieval guardiana de un oficio y quizás de otros secretos y significados que permanecen envueltos en el misterio y es que los canteros sabían «latín»...

Verbo xido, miña júrria,
queitervas por areona;
que che hei de aldrabar os zurros
e máis mornarche a morrona.

La piedra granítica, en forma de catedral, de edificios públicos y privados, del casco monumental, es hoy una de las primeras percepciones del peregrino que llega a Compostela, e íntimamente ligadas a ella, las sensaciones de firmeza y perdurabilidad, las mismas que los *oestrymnios* y los pobladores celtas identificaban con divinidad y que dan a la ciudad santa un carácter de espiritualidad eterna.

---

1. También con otros nombres, como *serga*, *xalrar*, *a verba das buxas*...
2. La masonería (del inglés *mason*, «albañil») posee sus orígenes en corporaciones medievales de los gremios de los albañiles y precisamente sus símbolos son herramientas de albañilería. En las *logias* se inician los *aprendices*.
3. Rodríguez Fraiz. Canteiros en *Gran Enciclopedia Gallega*.
4. En el siglo XV Galicia se vio envuelta en una serie de revueltas populares que consiguieron la práctica destrucción de las fortalezas nobiliarias y pusieron en jaque el poder feudal de la nobleza. Tales hechos son históricamente conocidos como las Revueltas Irmandiñas.

Pero no solo los canteros se reunían en fraternidades o asociaciones, ya que el gremio en la Edad Media ocupa un lugar predominante en la estructura social y en la vida de las villas y ciudades. Así, por distinción del oficio nacen las agrupaciones gremiales bajo la advocación de un santo patrono, cada una con sus propios símbolos y marcas. Los gremios eran agrupaciones de artesanos de una localidad dedicados a un mismo oficio. Cada gremio tenía sus propias ordenanzas y una estructura interna muy rígida en la que normalmente se contemplaban tres niveles de trabajo: aprendiz, oficial y maestro. La entrada al gremio se hacía a través del aprendizaje, que podía durar varios años, en el taller de un maestro que además lo sustentaba. Tras unas pruebas, se podía adquirir el grado de oficial trabajando para el maestro con salario o bien para otro taller del gremio. Tras varios años de oficio, y presentando un trabajo original, se accedía al grado de artesano o maestro, con el que podía abrirse un taller propio. El gremio mantenía un control muy estricto sobre el trabajo de sus miembros, con lo que aseguraban la pervivencia del mismo y de sus estructuras. Hoy conservamos bastantes testimonios de su existencia, algunos de los cuales son las alusiones en grabados y tumbas, especialmente en las conocidas como *lápidas gremiales*, principalmente en las ruinas pontevedresas de Santo Domingo y en especial en el cementerio de Santa María A Nova en Noia (A Coruña).[1] Aquí apreciamos la diferencia entre las distintas profesiones y siglas gremiales. Sobre estas lápidas se graba el emblema de la profesión: tijeras y agujas para los sastres; la escuadra, el compás y el hacha en los carpinteros; plantillas y cuchilla en los zapateros; vara de medir en los mercaderes... Otros signos de distinción gremial se unen a los anteriormente descritos y así pueden aparecer al lado del signo del gremio otro particular para una identificación más personal. Estos símbolos nacidos bajo ocupación romana se mantuvieron bajo ocupación sueva y goda, y se desarrollaron durante el oscuro período medieval, para llegar hasta nosotros como ejemplo de criptografía gremial.

---

1. Álvaro de la Iglesia. *El cementerio de Noia*; Chamoso Lamas. *La iglesia y el cementerio de Santa María de Noia*.

La Costa de la Muerte

La *Costa da Morte* se ha convertido en uno de los puntos de referencia del turismo en tierras gallegas al reunir en un espacio reducido una serie de circunstancias que la hacen atractiva. La naturaleza presenta grandes contrastes, el propiamente costero con el Atlántico batiendo contra sus arrecifes y acantilados, y las agrestes montañas o los verdes valles en el interior.

El cabo San Adrián, que marca el comienzo por el norte de la *Costa da Morte*, da abrigo a Malpica, pequeña villa marinera que conserva todo el encanto de los puertos pesqueros, y tiene enfrente las islas Sisargas, refugio natural para las aves migratorias. En este municipio se encuentra Buño, que ha vivido tradicionalmente de su industria alfarera. Los *oleiros* se han dedicado a la producción de los cacharros necesarios para la vida cotidiana: ollas, cántaros, platos, vasijas, etc., decorados con motivos sencillos que recuerdan formas pretéritas. Son numerosos los puntos de interés histórico que se encuentran en este ayuntamiento de la comarca de Bergantiños, desde antiguos castros hasta fortalezas, como las Torres de Mens.

Hacia el sudoeste se encuentra Ponteceso, cuna del gran poeta Eduardo Pondal, uno de cuyos poemas es el Himno Gallego. En sus tierras se puede encontrar alguno de los tramos de la calzada romana *Per loca marítima* de camino hacia Corme, en cuyas proximidades está la *Pedra da Serpe*. La costa se hace cada vez más impresionante y peligrosa para la navegación y el marisqueo de los apreciados percebes; las *cruces de ribeira* son testigos de las tragedias ocurridas en esas aguas.

Continuando viaje hacia el sur encontramos el dolmen de Dombate y el castro de Borneiro. En Vimianzo es obligada la parada ante el castillo del siglo XIII que alberga un museo. En la villa marinera de Camariñas apreciaremos, in situ, el trabajo de las *palilleiras* que con sus manos elaboran los afamados encajes en forma de manteles, colchas y otras muchas piezas; muy cerca está el cabo Vilano, que se encuentra muy próximo al Cementerio de los Ingleses, al que se llega por caminos que discurren paralelos a los abruptos roquedos. El monasterio de San Xiao de Moraime, importante centro religioso ligado al culto jacobeo, se encuentra poco antes de llegar a Muxía, y en esta villa marinera está el santuario de *A Virxe da Barca*, mirando al océano, junto a las piedras de *abalar*, *cadrís* y *do timón*, a cuya romería acuden miles de personas.

Fisterra es el fin del mundo. Su faro es como un punto magnético que atrae a gentes de todos los lugares siguiendo una tradición que se remonta en el tiempo a las épocas de los primeros pobladores de estas tierras. Desde aquí, como desde otros muchos puntos de la *Costa da Morte*, se puede comprobar cómo el mar se traga el sol cada atardecer. De origen románico es la iglesia de *Santa María das Areas*, en cuyo interior se encuentra la imagen del *Cristo das barbas douradas*, venerado especialmente en Semana Santa, cuando se celebran las tradicionales *danzas das areas*.

Ézaro es un pueblo con encanto situado en la ensenada en la que el río Xallas vierte sus aguas y en las faldas del monte Pindo, una sucesión de formaciones graníticas plagada de leyendas, lugar sagrado para celtas y romanos. En Carnota hay que detenerse para ver los hórreos más grandes de Galicia y para disfrutar de su espectacular playa. Este recorrido finaliza en la villa marinera de Muros, una localidad que conserva la esencia de cómo eran los pueblos dedicados al mar y que bautizó una de sus plazas con el nombre de *Ara Solis*.

Las playas de la costa, a veces largos arenales abiertos al océano, son muy atractivas para aquellos que buscan el contacto con la naturaleza lejos de la masificación turística de otros lugares. Además, los apreciados mariscos y pescados tienen otro sabor, y otros precios, en estos lugares.

2

Celtas: entre el mito y la realidad

¿Quiénes habitaron los numerosos poblados fortificados que se encuentran por toda la geografía gallega? ¿Cómo se explican las evidentes similitudes culturales entre el gallego y otros pobladores del litoral atlántico? ¿Fueron acaso aquellos enigmáticos guerreros llegados de Centroeuropa quienes hicieron surgir con fuerza la excepcional importancia que se le concede a la muerte en la mentalidad gallega?

La controversia sigue asentada sobre la naturaleza de los antiguos pobladores del noroeste peninsular y su pertenencia étnica, asunto que sigue desarrollando encontradas tesis aunque la tradición acepte que la población antigua de Galicia, y más específicamente la que habitaba los castros, era de raza celta. Dicho argumento desde un principio gozó de gran impronta, especialmente en la literatura e historiografía del siglo XIX, y es hoy mayoritariamente aceptado por la cultura popular.

El desarrollo de las tesis del celtismo no solo tiene su razón de ser en la defensa pasional que de dicha teoría han llevado a cabo los más importantes historiadores del *Rexurdimento*[1] (Verea y Aguiar, Murguía o Vicetto) o algunos de los mayores literatos gallegos (Eduardo Pondal), pues su origen se encuentra en las fuentes literarias clásicas, ya que no solo Estrabón o Plinio sitúan al pueblo de los *celtici* como habitantes del noroeste de la península Ibérica, sino que Avieno otorga a los *saefes* celtas la conquista sobre la población nativa de los *oestrymnios*. Sin

1. *Rexurdimento*, denominación con la que se conoce el movimiento de finales del siglo XIX que lucha por la recuperación de la lengua y cultura gallegas.

Noia
Padrón
550
Rías Baixas
Ría de Muros e Noia
Porto do Son
Bexo
Baroña
Boiro
Taragoña
Catoira
550
Rianxo
Monte da Curota
Oleiros
Pobra do Caramiñal
Axeitos
Cabo Corrubedo
Palmeira
Ría de Arousa
Cabo Falcoeiro
Ribeira
(Santa Uxía)

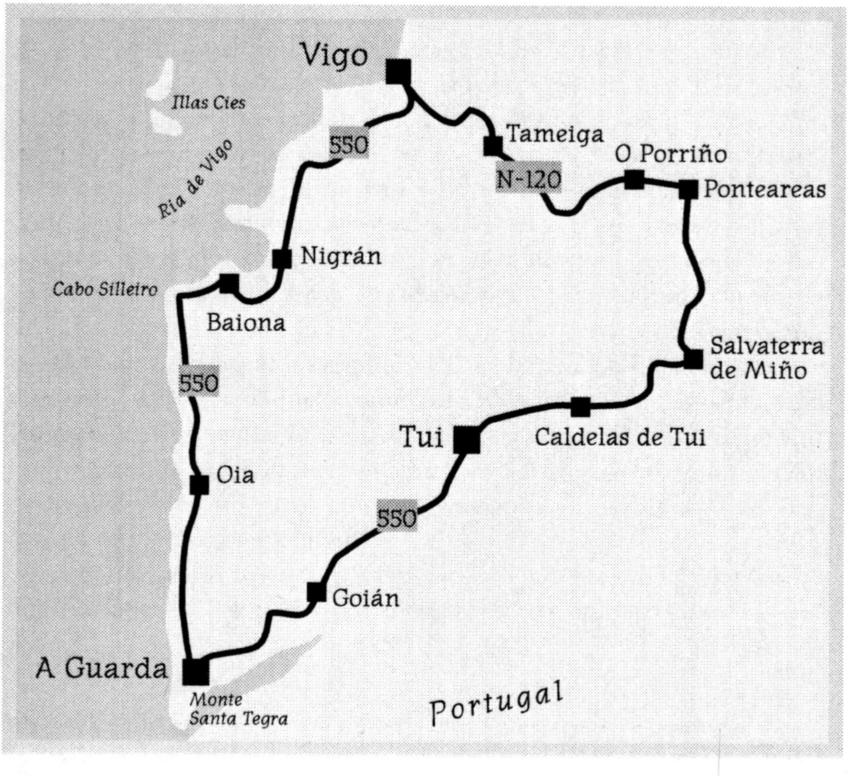
Vigo
Illas Cíes
550
Tameiga
O Porriño
Ría de Vigo
N-120
Ponteareas
Nigrán
Cabo Silleiro
Baiona
Salvaterra
de Miño
550
Tui
Caldelas de Tui
Oia
550
Goián
A Guarda
Monte
Santa Tegra
Portugal

embargo, la explicación épica del mito fundador de la estirpe gallega por parte de los celtas será la piedra angular sobre la que se construirá el renacer, no solo cultural sino también político y lingüístico, de la galleguidad y este, sin duda alguna, fue enarbolado por los eruditos románticos de la Galicia del siglo XIX y será rescatado por el investigador alemán Schulten en el siglo XX.

Es, pues, cuestión esta que llevará hasta la actualidad la defensa de tesis encontradas que ya en el pasado dieron lugar a encendidos enfrentamientos dialécticos de manera que, mientras el desdén de Unamuno[1] mantenía que «La mayor parte del celtismo de los historiadores e investigadores regionales gallegos es pura faramalla y decoración con que cubrir y tapar los huecos del escenario de su historia...», la romántica visión de Vicetto[2] otorgaba estas cualidades a la raza gallega: «Céltigo, en lo frugal, espiritual y sencillo...», y Pondal escribía estos versos integrados en el poema *Os Pinos*:[3]

... fillos dos nobres celtas,
fortes e peregrinos
luitade pl'os destinos
dos eidos de Breogan.[4]

Por tanto las fuentes literarias clásicas, los castros y restos arqueológicos, los estudios lingüísticos, los hallazgos de trabajos en hierro y rica orfebrería en oro (torques) serán los argumentos sobre los que se establezca la presencia celta en las tierras del noroeste peninsular.

Para referirnos a los pueblos asentados en territorio gallego durante el último milenio antes de Cristo debemos, por tanto explicar primero, que las fuentes barajadas por los historiadores son muy limitadas y más bien de tipo literario, procedentes de autores griegos y romanos y, por supuesto, las de carácter arqueológico que tras sus análisis y las comparativas pertinentes con otras culturas semejantes del

---

1. Miguel de Unamuno. *Por tierras de Portugal y España*. Ed. Austral.

2. Benito Vicetto. *Historia de Galicia* (tomo III). Escritor e historiador romántico precursor del nacionalismo moderno.

3. Eduardo Pondal. *Os Pinos*. De cuyas estrofas se han extraído los versos que conforman el Himno de Galicia.

4. «Hijos de nobles celtas, / fuertes y peregrinos, / luchad por los destinos / del solar de Breogán.»

mismo período ayudan a clarificar un poco cuál era la situación real de Galicia en aquella época prehistórica y quiénes eran sus pobladores. El poeta romano Rufo Festo Avieno[1] aporta algunos datos en su obra poética escrita en latín en el siglo IV d. C. y titulada *Ora marítima* cuando, inspirado en relatos de periplos marítimos realizados varios siglos antes de Cristo, identificaba a los habitantes de la franja costera gallega como los *oestrymnios*, «un pueblo navegante y comerciante, de hombres fuertes y valientes». Estamos en la edad de bronce, más bien en el bronce final, cuando se producen las dos oleadas de pueblos indoeuropeos entre los que se encuentran los celtas, que invadieron la cornisa atlántica trayendo consigo el hierro. Coinciden precisamente con las dos *edades de hierro* en Europa, la primera se sitúa a comienzos del último milenio antes de Cristo y la segunda, alrededor del año 650 a. C. Es lógico pensar que en una zona geográfica tan amplia como el noroeste peninsular hubiese más pueblos compartiendo vecindad con los *oestrymnios*; unos y otros se vieron obligados a ceder espacios a los nuevos pobladores llegados del norte y entre los que se encontraban los celtas... «Una invasión de serpientes procedentes del noroeste desplazó a los pacíficos oestrymnios.»[2]

En los dos últimos milenios antes de Cristo los márgenes atlánticos del continente europeo vivían una «cultura» común. Desde Portugal a Holanda y a ambos lados del canal de la Mancha existía un florecimiento debido, fundamentalmente, al comercio de determinados productos como el apreciado ámbar, el cobre, el estaño y el oro. Más que el océano, sus riberas eran la vía de comunicación por excelencia para ese fructífero comercio que proporcionó riquezas y fama a esos pueblos fronterizos con el mar.

La mitología sobre ricos príncipes más poderosos que los coetáneos griegos y etruscos provocó que a lo largo de los siglos, como ya ocurriera en Galicia, las gentes se afanaran en buscar tesoros ocultos en enterramientos primitivos. Y efectivamente los hubo, y entre los casos

---

1. Rufo Festo Avieno, perteneciente a una familia noble romana, escribió su *Ora marítima*, poema del que se conserva el primer tomo que hace referencia a la descripción de Iberia, en el siglo IV d. C. utilizando como base la descripción que hizo de la península un navegante anónimo de origen griego oriundo de *Massalia*, la actual Marsella, en el siglo VI a. C.

2. Rufo Festo Avieno en *Ora marítima*.

paradigmáticos está el del enterramiento de Hochdorf,[1] en Alemania que muestra la exquisitez y riqueza de la tumba de un príncipe celta del siglo V a. C. enterrado con sus pertenencias en un habitáculo forrado de madera de cedro y con excelentes telas y paños tanto en suelos como en paredes; un caldero de bronce en el que hubo *aguamiel* así como cuernos decorados en oro para poder beber, fíbulas, brazaletes y armas completan el ajuar. En Wessex y Bretaña, en Irlanda y en Galicia han aparecido joyas manufacturadas en aquellos lejanos tiempos, pequeños y grandes tesoros, al fin y al cabo muestras arqueológicas de un período no demasiado documentado de la prehistoria de la humanidad que ha pervivido en la memoria colectiva cargado de símbolos, mitos y leyendas.

¿Quiénes eran los celtas?

Los celtas eran un pueblo de raíz aria procedente de una zona situada entre las riberas del mar Caspio y las montañas del Cáucaso que inicialmente se instalaron en Europa central.[2] En sus avances obsesivos hacia el poniente, en dirección al fin del mundo, ocuparon durante la *edad de bronce* toda la franja costera atlántica, arrastrando consigo a otros pueblos que se incorporaban a su marcha. Con ellos llegaba a esas regiones costeras un sinfín de particularidades que, de una manera o de otra, dejarían su impronta en los siglos venideros. De hecho fueron los que antes vivieron los albores de la *edad de hierro*, cuyas técnicas conocían, y que en sus oleadas expansivas por casi toda Europa fueron extendiendo. Pero con ellos también viajaban sus dioses, sus mitos y sus costumbres.

La llegada «masiva» de poblaciones celtas se produce como consecuencia de la ocupación por parte de pueblos germanos de la región comprendida entre las zonas bajas de los ríos Rin y Elba, donde se habían asentado anteriormente los celtas.[3] En esta zona crearon la «cultura de los campos de urnas», nombre que viene determinado por el

1. Sepultura de Hochdorf, descubierta inviolada en 1978 en esa zona próxima a Stuttgart.
2. Ramón Villares. *Historia de Galicia*. Alianza Editorial.
3. Casimiro Torres y otros autores. *La romanización de Galicia*. Edicións do Castro.

uso establecido de la incineración de los cadáveres y su deposito en urnas para su posterior enterramiento. La presión de los germanos obligará a su desplazamiento hacia occidente y con ello la expansión de dicha cultura por la cornisa atlántica.

Mientras tanto, en la cuenca mediterránea dominaban los griegos y los etruscos hasta la llegada del Imperio romano. Estos últimos convirtieron, con sus conquistas, su *modus vivendi* en cultura dominante y, como es obvio a lo largo de los siglos, la historia la escriben los vencedores. Para griegos y romanos lo que no pertenecía a la metrópoli era calificado automáticamente como *bárbaro* y en su mitología y en la literatura también hacen referencia a figuras que habitan en lugares remotos, próximos al *finis terrae*, donde ubican a pueblos liderados por serpientes (*saefes*) y por dragones (*drakoni*); no es de extrañar pues que Rufo Festo Avieno escribiera: «... los pacíficos oestrymnios tuvieron que abandonar sus tierras por la presión ejercida por bandas de saefes procedentes del noroeste».

Los celtas de toda Europa y de las islas Británicas se dividían en tribus asentadas por comarcas. Compartían lengua, religión y costumbres, así como su común origen, pero no se podía decir de ellos que fuesen una nación o un imperio al estilo romano, con ejércitos organizados y estamentos burocráticos a modo de columna vertebral de una organización civil y militar de todo un pueblo. Es más, algunos investigadores postulan que ni siquiera tenían un nombre en común, y que se les conocía como «celtas» por ser este el término con el que eran designados por sus enemigos y por los demás pueblos. Eran, pues, organizaciones tribales, más o menos grandes, que estaban en frecuentes luchas entre ellas, lo que limitaba enormemente su crecimiento demográfico, hecho que sin embargo no impedía la existencia de alianzas o confederaciones con carácter militar frente a un enemigo común como se ha atestiguado en las Galias. Uno de los rasgos significativos de la *cultura castreña* es el número tan elevado de estos pequeños núcleos de población que, como ya señalamos en el anterior capítulo, supera los 3000 catalogados por los arqueólogos en la geografía gallega.

En la última de las oleadas llegaron con ellos otros grupos europeos que se fueron agregando en este largo desplazamiento hacia el poniente. Estos pueblos celtas que se irán instalando en Galicia a lo largo de la cuenca del Sil traerán consigo, como ya hemos dicho, un aporte cultural de gran trascendencia, la técnica del hierro, que era desconocida por la población autóctona.

Los celtas adoptaron numerosos dioses que unieron a su extenso panteón; algunos eran antiguas divinidades indoeuropeas, como los dioses de la luz (Taranis o Lug), y otros fueron incorporados de los pueblos conquistados. Una variante de la religión céltica se desarrolló en la Galia, Britania e Irlanda y se conoce como el *druidismo*.

> Con el tiempo supe que la Orden de los Sabios tenía tres ramas. Los bardos eran los historiadores de la tribu, los vates sus adivinos. Aunque a todos los miembros de la tribu se les llamaba generalmente druidas para simplificar, en realidad ese título correspondía a la tercera rama, cuyos miembros estudiaban durante veinte inviernos para ganarse ese nombre. Los druidas eran los pensadores, maestros, intérpretes de la ley y sanadores de los enfermos. Eran los guardianes de los misterios.[1]

Los druidas[2] eran una especie de sacerdotes-adivinos encargados de educar a la juventud de la aristocracia, a la que transmitían sus conocimientos en un duro y largo proceso de aprendizaje, pues obligaban a memorizar su ciencia. Además ejercían la medicina, la justicia y presidían los ritos religiosos, siendo los guardianes de los lugares sagrados (situados en bosques esencialmente).

¿Por qué vinieron los celtas y otros pueblos al finis terrae europeo?

Quizás no haya sido por «La atmósfera perfumada de las florestas, la abundancia de exquisitos frutos y pescados, la vista de infinitos criaderos de jaspes, pórfidos y marquesitas, y el eterno verdor de las praderas donde los ganados podían apacentar y reproducirse beneficiosamente...», como decía don Benito Vicetto[3] en 1865. Tal vez influyeron

1. Llywelyn, Morgan. *El Druida*. Ed. Martínez Roca.
2. «La principal obligación de los druidas consistía en mantener al Hombre, la Tierra y el Más Allá en armonía. Los tres elementos estaban entrelazados y debían permanecer en un estado de equilibrio o sobrevendría una catástrofe. Como depositarios de mil años de sabiduría tribal, los druidas conocían la manera de mantener ese equilibrio.» Llywelyn, Morgan. *Op. cit.*
3. Vicetto, Benito. *Historia de Galicia*. Tomo I, Ferrol, 1865.

aspectos religiosos relacionados con el culto al sol, la eterna búsqueda del poniente, que hizo que a lo largo de los siglos, los pueblos celtas avanzaran hacia las costas atlánticas, o quizás fue la necesidad de instalarse en tierras verdes y fértiles para poder desarrollar mejor sus conocimientos sobre la agricultura. Acaso las noticias sobre la existencia de minerales como el estaño, el oro y el hierro, cuyas técnicas de fundición conocían, fueron también causa de su peregrinar. De todas formas, fuere lo que fuere lo que motivó tan larga marcha, sí queda constancia de una cosa y es que uno de los elementos fundamentales de la mitología celta, tanto protohistórica como la de origen medieval, son los viajes, viajes de carácter iniciático, viajes de superación personal, de afianzamiento como individuo, pero también viajes de conquista siempre vinculados estrechamente con motivos religiosos o de carácter espiritual, en los que no se busca una meta o un objetivo concreto sino el aprendizaje que el propio viaje, entendido como aventura, proporciona al protagonista, que transmitirá, posteriormente, el conocimiento extraído del mismo a los demás. En otras palabras, y relacionado con la tradición artúrica, tan entroncada con el pasado celta, el viaje es la búsqueda del Grial y este es el conocimiento puro.

En la tradición celta, uno de los textos más emblemáticos sobre la conquista de Irlanda[1] es el *Leabhar Gabhala*,[2] también conocido como el *Libro de las conquistas o invasiones*, que relaciona el panteón mitológico celta irlandés desde el momento en el que las aguas vuelven a su cauce, es decir, después del *gran diluvio universal*, que, por otra parte, figura en la mitología de los cinco continentes. Noé y familia son en muchos casos punto de arranque de tradiciones y la irlandesa no iba a ser menos. Son muchos los nexos entre Irlanda y Galicia y el *Leabhar Gabhala* da cuenta de algunos, pero volviendo a Noé, Benito Vicetto sitúa a uno de sus hijos como colonizador de las tierras de Lusitania

1. Irlanda está considerada como la tierra en la que las tradiciones celtas se han conservado con mayor pureza, en gran medida debido a que por ser isla y estar alejada sufrió menos el rigor de las conquistas de otros pueblos como les sucedió a escotos, bretones y en general a todos los habitantes de la cornisa atlántica hasta Galicia, adonde llegaron los romanos, suevos y germanos, árabes, normandos, etc.

2. *Leabhar Gabhala* o *Libro de las invasiones* es un texto que llegó a nuestros días gracias a las copias que realizaron en el medievo los monjes de las renacientes órdenes monásticas, a través de las cuales perviven historias y leyendas del pasado, aunque en muchos casos retocadas con un ligero barniz cristiano.

comprendidas entre el río Tajo y la esquina norte bañada por el océano Atlántico y el mar Cantábrico: «... Thobél, descendiente de Noé, llegó a Gadir y sus descendientes, los thobelios, siguieron su labor colonizadora por la península... Brigo, descendiente de Thobél, siguió el litoral de poniente salvando las desembocaduras del Duero y del Miño para acabar instalándose en las tierras comprendidas entre Fisterra y Ortegal, convidábales a ello la excesiva abundancia y excelencia de nuestras aguas, la frondosa y fructífera amenidad de nuestros valles, el inmarcesible verdor de nuestras montañas, la pureza y sanidad de los aires y la profusión de caza y pesca...».[1]

La sociedad de los celtas

Como anteriormente quedó expuesto, los celtas tenían una sociedad donde el concepto de Estado no existía, lo que motivaría una noción de unidad de grupo un tanto peculiar, ya que en ocasiones clanes familiares lucharían entre sí y en otros momentos colaborarían por necesidades comunes (amenaza externa, caza, construcciones...).

Lo cierto es que en la época castreña hubo un estilo de vida radicalmente opuesto al que propondrían con posterioridad los romanos. *Oestrymnios*, preceltas, celtas y otros pueblos de la región vivían en pequeños núcleos de población llamados castros que acogían entre 10 y 40 viviendas de tipo circular u oval dentro del recinto fortificado con murallas y fosos. Si bien es cierto que existen restos arqueológicos de castros de mayor tamaño, estos pertenecen ya al período de dominación romana y responden a unas características sociales y urbanísticas diferentes. La mayor parte están situados en oteros con un claro fin estratégico que les permite dominar amplias áreas por muy diferentes razones; la defensiva es una de ellas, pues viviendo en lugares altos divisaban la llegada de enemigos, teniendo tiempo para organizar la defensa, pero otras razones más domésticas no son menos importantes ya que desde sus atalayas controlaban los terrenos dedicados al cultivo y también sus explotaciones ganaderas y mineras. Lo que sí es obvio es el hecho de que cada castro implicó una noción de territorio claramente diferenciado del de los vecinos de otro castro.

1. Vicetto, Benito. *Op. cit.*

Estructuralmente la base social estaba fundamentada en la familia, normalmente monogámica, en la que el padre ejercía una autoridad total, teniendo incluso la potestad del derecho de vida y muerte sobre los hijos. La dote ofertada por la mujer en las nupcias significaba la obligación de su aumento por parte del marido, y el matrimonio solo podía realizarse con la mediación de los parientes sanguíneos (normalmente, hermanos). Sin embargo, es convenido que la vida social celta era un matriarcado, entendiendo por tal una situación en la que la filiación se establece por línea femenina y en la que la propiedad de los bienes era de las mujeres del clan. Se establecía, por lo tanto, un determinado equilibrio social y económico, pues si las mujeres poseían la tierra, los hombres podían disponer de otros bienes como por ejemplo el ganado.

Las familias con lazos de parentesco se unían formando un *clan* y estaban sometidas a sus leyes e incluso podían sufrir la expulsión del mismo, condena considerada como un gran deshonor. Los miembros del clan descenderían de un antepasado común y se considerarían de la misma familia, aunque no vivirían en el mismo castro y es probable que no se casasen entre sí. En la cúspide del clan se situaba un jefe que era la mayor autoridad y que representaba al mismo en la *centuria* que se formaba por la agrupación de varios clanes por lazos de carácter político-militar y no de parentesco; en la que el jefe de la misma, que transmitía el cargo a sus hijos por vía masculina, tenía el mismo poder que los jefes de cada uno de los clanes que la integraban. Cada una de estas centurias tenía su propio panteón de dioses y cultos.

Varias centurias se agruparían en una unidad mayor llamada *populus*, que tendría unos límites territoriales definidos y que contarían con una «capital», *oppidum*, era también como una especie de centro comercial, político y religioso, era el *forum* que se podría considerar como el origen de algunas de las ferias comarcales que aún se celebran en Galicia,[1] es decir, un lugar en el que se realizaba el mercado, el intercambio de productos y se desarrollaban las actividades de tipo social (alianzas matrimoniales por ejemplo).

Aunque el matriarcado sea evidente, el hombre será, sin embargo, el que ejerza el poder político pues desarrollará la actividad militar, en último término, la fuente de poder.[2] Lo que sí es obvio es el hecho de

1. Senén, F. *Prehistoria e Idade Antigua* en *Historia de Galicia*.
2. Bermejo Barrera, J. C. *Historia de Galicia* con otros autores. Ed. Alhambra.

que cada castro implicó una noción de territorio claramente diferenciado del de los vecinos de otro castro. Territorio en el que las mujeres trabajaban el campo en labores de siembra y recolección, y también atendían el ganado, siendo además las protagonistas de la vida económica de su lugar de pertenencia. Por el contrario, los hombres estaban ocupados en actividades relacionadas con la caza, la defensa, la guerra, la política y la religión. De cada castro salían «embajadas» a otros castros, con propuestas comerciales e incluso de alianzas militares.

Una práctica descrita por Estrabón es analizada de diversa manera por los estudiosos, ya que si para unos revela este carácter matriarcal es interpretada antagónicamente por otros como la consecuencia del carácter patriarcal al ser el hombre el que pasa a ocupar el lugar de la mujer. Esta práctica denominada *covada*, consistía en que tras el parto el hombre recibía los cuidados que serían menester para la parturienta. Probablemente lo que se buscaba con tal acción era atraer hacia sí mismos los peligros que los espíritus malignos lanzarían sobre la madre y su descendencia.[1]

La vida en los castros

Uno de los relatos más importantes entre las fuentes clásicas para el conocimiento de la vida en los asentamientos del noroeste peninsular es el escrito por Estrabón,[2] quien nos relata de manera muy descriptiva las formas de vida desarrolladas en el interior de los poblados.

> Todos los montañeses hacen una vida sencilla, bebiendo agua, durmiendo en el suelo y llevando el pelo largo como las mujeres. Mas en el combate ciñen la frente con una cinta. Por lo general, comen carne de cabrón y sacrifican al dios Ares machos cabríos, caballos y prisioneros.
>
> Viven durante dos tercios del año de bellotas, que secan y machacan y después muelen para hacer pan de ellas, y conservarlo largo tiempo. Beben también cerveza. Vino lo tienen escaso y, si lo logran, lo gastan haciendo banquetes con sus familias. En lugar de

1. Bermejo Barrera, J. C. *Op. cit.*
2. Estrabón. *Geografía.*

Castro de Viladonga, Castro del Rei, Lugo. Pieza angular del pasado celta de Galicia.

aceite usan manteca. Toman sus comidas sentados, en bancos construidos alrededor de las paredes, situándose según la edad y la dignidad; la comida se va pasando en círculo. Mientras beben, bailan en círculo al son de la flauta y la corneta y también saltando y arrodillándose.

Aunque esta visión debe apreciarse desde el punto crítico de ser hecha desde un concepto de cultura superior por parte del griego Estrabón, no es menos cierto que la realidad no debía de diferenciarse mucho de lo relatado. Los celtas de Galicia eran un pueblo fundamentalmente belicoso, en palabras de Estrabón, el pueblo más difícil de vencer de toda la Lusitania. En tiempos de paz realizaban combates, carreras y luchas; e incluso sus danzas tenían un carácter guerrero. La vida en el castro estaría articulada alrededor de un sistema social en el que la *aristocracia guerrera* formada por los jefes de origen celta ocuparía el lugar más alto. Dentro de ella las mujeres serían las propietarias de la tierra, ya que los hombres estarían dedicados a la actividad militar. La población de origen precéltico sería la que trabajase las tierras de la aristocracia y desarrollase las actividades necesarias para la alimentación (pesca, caza, recolección...).

Los siglos anteriores a la era cristiana presentan un paisaje gallego cubierto de bosques de robles y una economía que tenía una base ganadera y agrícola, a la que se sumaba la actividad pesquera en el litoral (pesca y marisqueo).

La agricultura era fundamentalmente cerealística, por esencia de mijo y trigo en variadas especies, siendo complementada con la recolección de frutos silvestres, donde la bellota sería el sustitutivo de los cereales en tiempo de escasez de estos. La ganadería suponía el complemento esencial de la agricultura y el ganado no solo era importante en la alimentación, pues su utilización para el tiro era fundamental en el intercambio de productos. Los ganados vacuno, ovino, porcino y caprino significaban la contribución cárnica que la caza no era capaz de aportar, siendo las piezas más perseguidas por los cazadores el ciervo y el jabalí, aunque sus restos no hayan sido mayoritariamente encontrados por los arqueólogos.

Como queda dicho anteriormente, en la costa la pesca y el marisqueo suponían un complemento fundamental en la producción de alimentos. Los pescadores realizaban su labor desde la orilla o desde frágiles embarcaciones que les permitían faenar en lugares próximos a la costa.

Cómo era la vida en los castros no es difícil de imaginar. La arqueología ha aportado datos que posibilitan la reconstrucción de viviendas «piloto» o «pallozas museo» en algunos castros como en Santa Tegra o Viladonga, en las que el visitante puede hacerse una idea de cómo eran por dentro, conocer su habitabilidad, etc. De todas formas, y salvando todas las distancias habidas y por haber, si uno se acerca a las tierras altas de la sierra de Os Ancares, con cimas que pertenecen hoy a Asturias, León y Galicia, y si se adentra en el ayuntamiento de Cervantes, encontrará antes de penetrar en una aldea una señal esculpida en piedra que reza: «Piornedo de Ancares, aldea prerromana». Y efectivamente, pese a la profusión de nuevas construcciones realizadas en los últimos años, necesarias para sus habitantes pero fuera de lugar desde el punto de vista arquitectónico, urbanístico y de conservación del patrimonio, el visitante contempla un poblado con una serie de viviendas de piedra de tipo circular u oval con tejados de paja, con la inclinación necesaria para que no se amontone la nieve, y con una orientación urbanística que les protege de los vientos del norte, que-

Reconstrucción virtual, Museo del castro de Viladonga, Castro de Rei, Lugo.

dando toda la aldea rodeada por una muralla. Hasta hace muy pocos años algunas de estas «pallozas» seguían habitadas por los vecinos de Piornedo, pero hoy son auténticos museos etnográficos en los que puede uno imaginar claramente cómo era la vida en los castros. En cada «palloza» vivía una unidad familiar. Tenía por tanto dormitorios para los cabezas de familia y otros para los hijos y los mayores. Todos ellos estaban situados generalmente sobre los cobertizos en los que descansaba el ganado. También en Os Ancares, en el ayuntamiento de Pedrafita do Cebreiro, en plena entrada del «Camino de Santiago» en Galicia, se encuentra la parroquia de O Cebreiro en la que también se conservan «pallozas», algunas de las cuales se pueden visitar por haber sido convertidas en «museo». Son, como decíamos, tierras altas a las que la «civilización» llegó de la mano de la emigración, y en las que se conservaron a lo largo de los siglos edificaciones y formas de vida que bien pudieran ser muy parecidas a las que encontraron los romanos cuando realizaron sus primeras incursiones por estas tierras. Pero perduraron más elementos que los puramente arquitectónicos ya mencionados, o los castillos y palacios medievales de Doiras, Vega de Valcar-

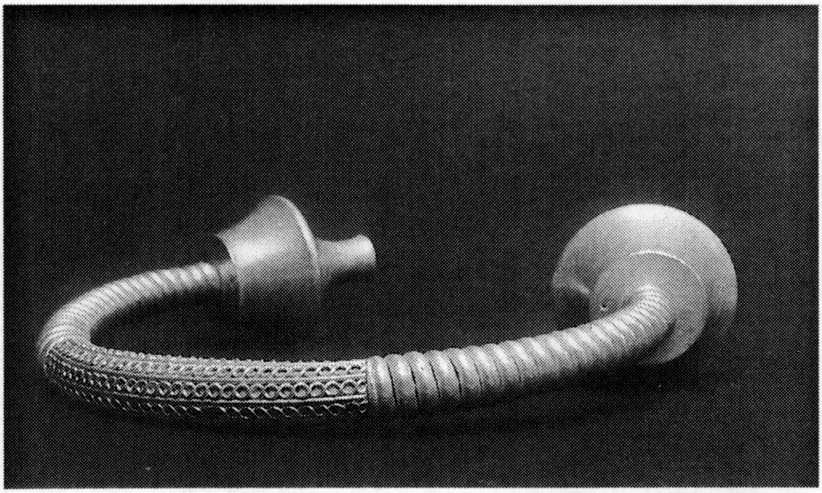

Torques de Burela. Foto cedida por el Museo Provincial de Lugo, Excma. Dip. Provincial, Lugo, Pieza de oro de 2,5 kg. Colección Álvaro Gil Varela.

cel, Doncos, Quindós o Navia; quedaron las tradiciones y las leyendas alusivas a «meigas», lugares encantados como la «cova da moura» o la «cova da meiga», hombres-lobo, mujeres-cierva, etc.

Volviendo al pasado, lo que quizás más ha llamado la atención entre los hallazgos de este período ha sido la inmensa riqueza metalúrgica apreciada en las piezas realizadas en orfebrería fundamentalmente de oro, lo que ha puesto de manifiesto la importancia de la actividad minera en esta época, ya que junto a los metales preciosos también se extrajeron hierro, plomo, estaño y plata. La extracción era realizada por las mujeres, que lavaban las arenas auríferas en cestas de mimbres, y la vigencia de sus métodos extractivos se ve refrendada en su utilización en época posterior por los romanos, como es atestiguado por Plinio, quien en sus escritos afirma que Roma llegó a extraer más de 6.000 kilos de oro anuales de las explotaciones de Gallaecia y Lusitania.

Relacionado con la actividad minera, el hallazgo de piezas de orfebrería realizadas en metales preciosos es el exponente más claro de la alta calidad alcanzada por esta actividad en esta época. Especialmente si hay unas piezas que destaquen como arquetípicas de este período: estas son los *torques*, que son unos collares rígidos curvados sin llegar a cerrarse. La pieza central puede ser lisa o estar decorada, teniendo varios

Citania de Santa Tegra, A Guarda, Pontevedra. Vivienda reconstruida.

tipos de remates en sus extremos. Destaca entre todas estas piezas la denominada «Torques de Burela», por haber sido encontrada en esta localidad costera de la provincia de Lugo y cuyo peso se acerca a los 2 kilos de oro puro.

Los dioses y sus funciones

La religión era un hecho consustancial a la vida de los castros y el panteón de sus habitantes era muy numeroso, probablemente cercano al centenar. Como en todas las religiones politeístas, probablemente ese panteón reflejaría una posición jerarquizada de relación de unos dioses con otros y, no solo eso, también con respecto a la población que los adoraba en cuanto a las atribuciones y poderes que cada dios poseía. Para varios historiadores gallegos, entre ellos J. C. Bermejo, existía una *tríada* en la que destacaban las figuras de unos dioses superiores que ejercían el poder supremo, siendo los encargados de velar por el orden establecido en el mundo en todos los aspectos, tanto humanos, haciendo

Palloza, O Cebreiro, Pedrafita, Lugo.
Habitat prerromano que ha pervivido hasta nuestros días.

cumplir las reglas que ellos mismos se imponían, como los relacionados con la magia y el poder del universo; recibían culto en las cumbres de los montes, pues a sus alturas los celtas les concedían el carácter sagrado. Las divinidades de la segunda función eran las que se ocupaban de la guerra, del poder físico y de todo lo relacionado con el valor y el vigor. Agrupados en torno al dios Cosus a ellos rendirían culto las aristocracias militares, pues se recurriría a su protección en la batalla y se buscaría su ayuda para vencer al enemigo.

Por último estarían los dioses relacionados con la vida en los castros, es decir, los dioses protectores de la fecundidad (animal y humana), de la vida cotidiana y de la riqueza. Estos dioses tendrían muy clarificadas sus ocupaciones y existirían tantos como funciones fueran necesarias para el desarrollo del día a día: así, unos serían protectores del ganado; otros, de las recolecciones; otros se encargarían de la vida funeraria...

Por tanto, las altas jerarquías de la sociedad celta, reyes, príncipes, druidas y sacerdotes, tendrían estrecha relación con los dioses de la primera función. Los guerreros y en muchos casos también los druidas estarían vinculados a la segunda función, los primeros por definición y los druidas porque eran la vanguardia en la batalla ya que tenían que invocar a los dioses para salir favorecidos con la victoria. Mientras que el pueblo llano, lo que hoy denominaríamos el «sector productivo», dependería de los dioses de la tercera función.

Mencionábamos antes a Coso como dios de la guerra según datos de fuentes encontradas fundamentalmente en el convento lucense. Parece ser que se trataba de un dios capaz de otorgar la victoria y que se manifestaba a través de poderes mágicos que paralizaban al enemigo. Decía Estrabón que «... los lusitanos hacen sacrificios; observan las entrañas de sus enemigos, pero sin extirparlas. También observan las venas del pecho y luego hacen sus predicciones..., sacrifican caballos y prisioneros que ofrendan a su dios...». En otro párrafo, Estrabón también hace alusión al hecho de que a algunos prisioneros se les cortaba la mano derecha en ofrenda a su dios, que bien pudiera ser Coso, vinculado con Ares y con Marte.

Unas divinidades muy relacionadas con la tradición gallega son los *lares viales*. Según Bermejo, eran unas divinidades de carácter funerario encargadas de conducir las almas de los muertos y se conocían como «dioses de los caminos». Se les rendía culto en las encrucijadas en donde se suponía que las almas se reunían, lo que nos permite establecer una relación directa entre el folclore gallego actual (A Santa Compaña y el mundo de las ánimas) y el de los antepasados celtas.

Los guerreros celtas

Teniendo en cuenta la teoría que dice que los ejércitos reflejan muy bien la estructura social a la que pertenecen, y recordando las palabras de Estrabón[1] describiendo las aptitudes militares de los pueblos del noroeste: «... son muy hábiles en emboscadas y como exploradores, siendo además ágiles y muy rápidos, capaces de salir de los peligros», tenemos una idea más amplia de cómo podía ser la sociedad celta. Sabiendo que uno de los elementos fundamentales de su economía era el ganado, sobre todo el bovino, y que por tanto el pastoreo era una ac-

1. Estrabón. *Op. cit.*

tividad importante en la vida cotidiana, uno de los métodos más frecuentes para incrementar el número de cabezas era el pillaje y los asaltos a las tierras de pastos de tribus vecinas enemigas. Los guerreros de cada castro o «centuria» estaban estructurados en niveles, según el tipo de armas que portaban, lo que denotaba obviamente la jerarquía existente en la organización. Grabados como los realizados en *la diadema de Ribadeo* nos muestran guerreros con espada corta y escudo, ataviados con cotas, montados a caballo y, por otra parte, soldados con picas y con varias jabalinas que combaten a pie. Referentes de otros pueblos indican la existencia de los conocidos como *princeps*,[1] asimilados en el período romano a jefes de centuria, que poseían un *status quo* superior al de sus vecinos y un poder económico reflejado en los restos arqueológicos de sus supuestas viviendas, o de sus enterramientos, con presencia de piezas de oro y bronce, armas más elaboradas, monedas en el período tardorromano, etc. Así como son muy pocas las alusiones a reyes y reinas, aunque aquí ya nos hayamos referido a la más conocida, la Reina Lupa, sí era frecuente la existencia de «príncipes», quizás no por linaje sanguíneo sino por méritos demostrados en la batalla o en situaciones de máximo peligro, que colocaban a esos personajes en una situación de superioridad física y espiritual con respecto a sus compañeros y vecinos; personajes a los que se atribuían dones especiales de relación con los dioses y que además de sus poderes terrenales, amplios rebaños de ganado, armas, buenos caballos, joyas, cotas de malla de bronce y lino, etc., poseían una riqueza espiritual que hacía que fueran seguidos por un amplio séquito constituido por guerreros y por fieles en general. Tal era la fidelidad de los seguidores de estos «príncipes» o caballeros nobles que sus guerreros, si habían jurado *devotio*, se suicidaban si moría su jefe, por varias razones: la primera era por no ser dignos de seguir viviendo al no haber sabido salvaguardar la vida de su príncipe, y la segunda era que, muriendo con él, estarían en mejor comunión con los dioses gracias a la intercesión divina que por su rango tendría su jefe para con los suyos. Otro tipo de seguidores que constituían la *clientela* debían ocuparse también de sus jefes hasta la victoria o hasta la muerte de estos, pudiendo, en ambos casos, ocuparse de sí mismos a partir de ese momento. Los romanos, de alguna manera,

---

1. Princeps: príncipes de las tribus celtas y de los demás pueblos del noroeste atlántico.

Casco de Leiro/Rianxo, Museo Arqueológico e Histórico, A Coruña. Realizado en oro.

respetaron ese *status quo* social de determinados elementos de lo que podríamos llamar como restos de antiguas aristocracias guerreras.[1]

Como ya apuntamos anteriormente, las prácticas guerreras de los celtas semejaban más bien las de una guerrilla más o menos organizada que las de un ejército bien constituido como el romano o cualquier otro de la cuenca mediterránea. Practicaban la emboscada, tanto contra sus enemigos como en sus incursiones de pillaje. Algunos datos apuntan a que los guerreros celtas seguían una ética por la cual cada soldado enemigo era atacado por un guerrero celta y no por varios a un tiempo. Buscaban el cuerpo a cuerpo y también aterrorizar al enemigo procurando su huida. Por eso, contrariamente a las directrices de los griegos y romanos, dejaban largas melenas que ataban con diademas y ataviados únicamente con un torques al cuello se lanzaban completamente desnudos al ataque profiriendo gritos con el fin de asustar a sus

1. García Quintela. *O mundo castrexo e a súa integración no Imperio Romano.*

víctimas. Estrabón se refiere a estos guerreros como «bárbaros» pues prefieren la muerte a la derrota, *...tienen la insensibilidad animal*, algo que tiene mucho que ver con la fidelidad al jefe pero también con el desconocimiento o desacuerdo con la práctica de la esclavitud. Los celtas procuraban no tener prisioneros y en su caso eran canjeados a cambio de algún rescate. De todas formas queda constancia de que los condenados a muerte, bien por delitos de guerra, bien por parricidios en la propia comunidad, eran lapidados, al igual que en otras culturas mediterráneas, o precipitados por barrancos, acantilados o laderas de montañas, dejando siempre en manos de los dioses la posible salvación o muerte de los castigados una vez ejecutado el castigo, pues si sobrevivían a él se daba por concluida la condena y el penitente quedaba en libertad. Abundando en esta cuestión relativa a la justicia, en caso de hurtos y de otras faltas contra la comunidad, las penas más habituales eran la expulsión y el extrañamiento lejos del castro.

Para el mundo civilizado de Roma, otros aspectos del *modus operandi* de los guerreros celtas confirmaban su salvajismo. Los celtas cortaban las cabezas de sus grandes enemigos, en reconocimiento a su valor y entrega en la batalla y como mérito por haberlos vencido. Tal era el valor de esas cabezas que sus artistas esculpían cabezas de enemigos para perdurarlos en la historia. Esos mismos artistas celtas esculpieron también estatuas[1] muy rudimentarias y de tamaño casi natural de sus propios soldados, quedando así patentes su indumentaria y las diferencias jerárquicas entre unos y otros, dependiendo del tipo de armas y de joyas que portaban. Otro honor especial al que podían tener acceso los guerreros era el de que si morían en el campo de batalla sus cuerpos quedaban a la intemperie sin ser recogidos para que los pájaros los devoraran en lo que de forma alegórica significaría su vuelo final hacia el firmamento, hacia el Olimpo de los dioses.

La mujer no era ajena a las actividades guerreras; eso sí, siempre en casos de extraordinaria necesidad participaban en los combates o en la defensa de sus castros y de sus vidas. Más difícil de documentar es la creencia en las legendarias guerreras de los ártabros que ocupaban el espacio geográfico comprendido entre los cabos de Fisterra y Ortegal; sobre ellas se ha dicho que combatían enérgicamente, con gran «virilidad» y con el mismo estilo y tácticas que los guerreros que ya hemos

---

1. Guerrero de Lezenho. Portugal. Datado entre los siglos II-I a. C.

Monte Pindo, A Coruña. El Olimpo de los dioses celtas.

descrito. Mientras, sus hombres cuidaban el hogar, los niños, el ganado y las tierras.

Los sistemas defensivos en los castros

Lo primero que se aprecia al observar un castro es la complejidad de los elementos defensivos que posee, siendo su ubicación en zonas altas del terreno el primero de estos elementos, y no solo los de mayores dimensiones sino también los más pequeños aparecen rodeados de muros, murallas, parapetos y otras construcciones defensivas (en algunos casos, piedras con aristas hincadas en el terreno).

Siguiendo la descripción de los elementos defensivos de F. Calo Lourido[1] apreciamos los siguientes:

1. Calo Lourido, F. *A cultura castrexa*. Ed. A Nosa Terra.

Castro de Baroña, Porto do Son, A Coruña. Ejemplo de castro costero.

- *Terraplenes*: son los elementos más comunes y nacen como resultado de los trabajos de horizontalización del terreno en terrazas fundamentalmente. Las alturas de los terraplenes son variadas pues aunque hay casos de 70 metros de altura, lo normal es que se encuentren entre los 5 y 10 metros.
- *Parapetos*: son un elemento exento y adelantado a las murallas o terraplenes, protegiendo puntos más vulnerables. Pueden alcanzar una altura considerable y estar combinados con fosos.
- *Fosos*: situados en los lugares de más fácil acceso al recinto donde reforzaban esas carencias defensivas, eran un elemento característico de los castros costeros.
- *Murallas*: se reserva este nombre para las defensas realizadas en piedra. Aunque hay castros con una única muralla, es más común la existencia de varias protegiendo el recinto y, en algunos casos, se encontrarían refuerzos a manera de torres defensivas colocadas en las puertas de entrada.
- *Piedras hincadas*: probablemente sea un elemento foráneo de la cultura de los castros y no muy abundante. Son piedras pris-

máticas clavadas en el suelo y que se suponen deberían entorpecer los ataques realizados a caballo.

- *Puertas de acceso*: estos elementos son incluidos por Calo Lourido en los sistemas de defensa al entender que tenían en común dificultar el acceso a los recintos, pues en algunos casos se realiza por medio de escaleras.

Los pueblos celtas de Galicia y su distribución geográfica

El período que conocemos como celta en la protohistoria gallega es el que ocupa los cinco o seis siglos antes de Cristo y los cuatro o cinco posteriores, incluido el tiempo de dominación romana. *Cultura castreña* es el nombre con el que bautizaron los tiempos en los que los distintos pobladores de Galicia vivían en *castros.* Estrabón, Plinio y Tolomeo nos dejaron en sus obras algunos datos sobre los pueblos que ocupaban el noroeste peninsular y que agrupan en los denominados en general como *celtici*, las diversas tribus repartidas entre los tres «conventos» que conformaban la provincia de Gallaecia: Astur, Lucense y Bracarense. En el convento Astur los *Tiburi* ocuparon la comarca de Trives, los *Cigurros* y los *Forum Gigurrorum* en Ourense y Rúa Petín, los *Zoelae* eran precélticos y ocupaban las tierras comprendidas entre Zamora, Ourense y las hoy portuguesas de Tras-Os-Montes. Del convento Lucense se pueden destacar los *Meri*, que ocuparon la zona del cabo Touriñán, los *Artabros* estaban entre Fisterre y el cabo Ortegal; *Prestamarci*, *Supertamarci* y *Cileni* son también otros pobladores de este convento. Finalmente, los *Amphilochi*, los *Heleni*, los *Grovii*, los *Coelerni...*, pertenecían al convento Bracarense.[1]

Plinio nos habla de 61 pueblos entre los tres conventos, pero solo se tienen datos suficientes de unos 40. No solo las pocas reseñas literarias y los vestigios arqueológicos nos hablan de la presencia celta en Galicia, también la toponimia es una fuente de datos que habla por sí sola, al igual que en otras regiones célticas europeas. Algunos de los nombres de pueblos antes mencionados, así como topónimos de luga-

1. Algunos de estos pueblos llegados a la zona por mar podrían tener origen griego o mediterráneo.

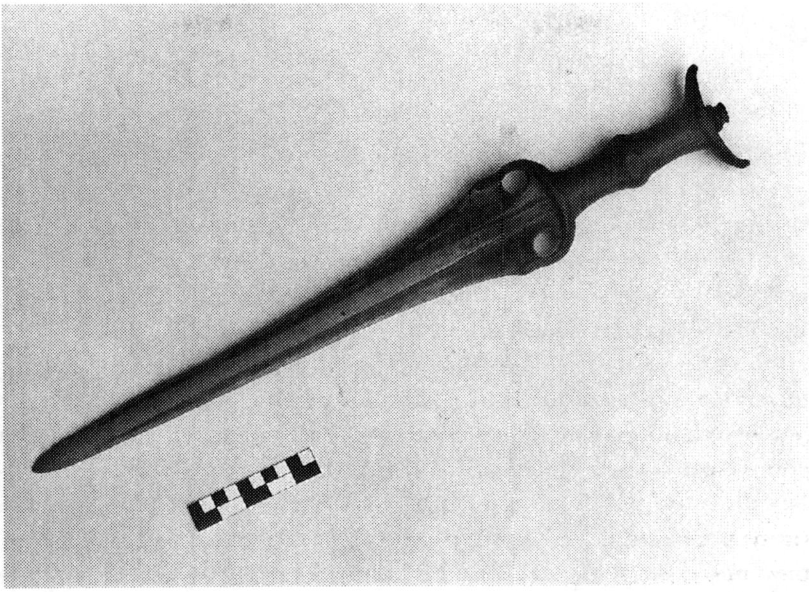

Puñal de antenas de la Cueva del Furco/Becerreá.
Foto cedida por el Museo Provincial de Lugo, Excma. Dip. Provincial, Lugo.

res y pueblos de la Galicia actual, no dejan lugar a dudas de su raíz celta, como es el caso de los que incluyen «*briga*» en sus construcciones, como *Coeliobriga*, *Brigantium*, *Nemetobriga*, etc.

Diversos son los estudios realizados para abordar la extensión geográfica en la que se desarrollaron las construcciones defensivas conocidas como castros, y variadas son las conclusiones en las que ha derivado el debate, aunque hay un acuerdo generalizado en que fue en el noroeste peninsular donde con mayor grado se desarrolló este singular asentamiento humano. Después queda a arbitrio de los diversos investigadores las fronteras de este mundo castreño, que parecen ceñirse al territorio de los posteriores conventos Lucense y Bracarense.

Plinio, alrededor del año 70 d. C., además de la relación de pueblos del noroeste incluso ofrece un censo de hombres libres para cada convento jurídico, aunque sus cifras parecen referirse al censo de Agrippa (15 a. C.). Sirva como referencia esta descripción que otorga al convento Lucense 166.000 hombres libres, al convento Bracarense 285.000, y al convento Astur 240.000, para un total de cerca de 700.000 en toda la Gallaecia.

La caída ante Roma: del «Río del olvido» al monte Medulio

La belicosidad de los pueblos que habitaban el noroeste peninsular está puesta de manifiesto no solo en el hecho de la necesidad de Roma de realizar importantes incursiones, primero a manos de Décimo Junio Bruto, posteriormente por Craso y el mismo César y en último lugar por Augusto, o por el final trágico de los habitantes del Monte Medulio, autoinmolados para no capitular ante las tropas romanas.

La primera campaña militar de Roma se produce cuando, ante la necesidad de realizar una incursión de castigo contra los galaicos que se adentraban en expediciones de saqueo en el área lusitana, Décimo Junio Bruto se ve obligado (137 a. C.) a entrar en territorio de los galaicos no sin grandes contrariedades a pesar del apoyo marítimo y la conquista de los castros costeros. El éxito en la campaña le valió el sobrenombre de «Galaico» y según Paulo Osorio mató a cincuenta mil galaicos y se llevó presos a cerca de seis mil, consiguiendo huir solamente cuatro mil. Superado el Duero, los ejércitos romanos se dirigieron hacia el Miño, pero antes debían vadear el río Limia.

Con respecto al término galaico, estudios lingüísticos lo relacionan con el latín *gallus* (galo), nombre que los romanos otorgaban a los pueblos celtas. Tod y McClain ven el origen en la raíz *ga* (vaca), que con el sufijo *-l* se convierte en *gal* (ganado vacuno). Por extensión significaría «nómada», pues los celtas cruzaron medio mundo conocido acompañados de sus grandes manadas, lo que explicaría su vinculación con la vaca, querencia que sus descendientes gallegos conservan en la actualidad.

Como ya se relató en el capítulo I, las tierras de los pobladores del «fin de la tierra» estaban protegidas por una serie de sortilegios mágicos y hechizos que los sacerdotes-hechiceros lanzaban sobre su territorio. Uno de los más temidos por los romanos era el que protegía el vado del río Limia, conocido como el *«Río del olvido»*, pues era creencia que aquellos extranjeros que lo cruzasen inmediatamente perderían la memoria y con ello toda referencia a su vida pasada. Junio Bruto osó pasar a la otra orilla y desde allí llamó por su nombre, uno por uno, a sus centuriones rompiendo así el mito que ayudaba a la defensa de la patria de los galaicos.

Posteriormente se producen las campañas de Craso (96-94 a. C.) y el mismo Julio César (62 a. C.), quien llegaría con una expedición naval hasta Brigantium, aunque la derrota final se produjo durante las llamadas «Guerras Cántabras», una serie de expediciones militares bajo mando de Augusto (29-19 a. C.) que significaron la sumisión de los pueblos levantiscos a lo largo de la cordillera Cantábrica entre el País Vasco y Galicia, y con cuya derrota se culminó el proceso de pacificación en toda la península Ibérica.

Dentro de estas campañas se sitúa la toma del monte Medulio, último bastión de resistencia de los pueblos del noroeste. En el mismo se refugiaron los últimos resistentes contra Roma y que al cerco al que se vieron sometidos prefirieron darse muerte a rendirse ante el invasor, a imagen y semejanza de Numancia o Sagunto. Según lo descrito por Orosio y Floro, en el Medulio los romanos hicieron un foso alrededor para impedir la huida, consiguiendo las tropas romanas con este cerco que no se les pudiera aprovisionar. En el último momento los resistentes se dan muerte por medio del fuego, de la espada y de un bebedizo ponzoñoso que obtenían de unos frutos que cría el tejo y que cocidos daban un mortífero veneno.[1]

Durante el desarrollo militar de estas campañas, Roma se encontró con graves problemas de carácter militar ya que su estrategia chocaba directamente con la naturaleza del terreno, el aislamiento de las zonas en lucha, la utilización por parte de las tribus de tácticas de carácter guerrillero y el carácter especial de las tribus (pues la independencia de cada una de estas poblaciones con respecto a sus homónimas del mismo grupo tribal hacía necesario rendir una por una cada una de ellas).

Conseguida la sumisión de estos pueblos, sus jóvenes fueron reclutados en las legiones romanas para evitar en el futuro sublevaciones en sus lugares de origen o el reinicio de focos de bandolerismo contra las ricas regiones agrícolas situadas al sur de estas beligerantes tribus.

La ocupación romana se articuló sobre la fundación de tres ciudades que llevarían el nombre de Augusto: Bracara Augusta (Braga), Asturica Augusta (Astorga) y Lucus Augusti (Lugo), y la constitución de sus respectivos tres «conventus» administrativos.

---

1. Casimiro Torres y otros. *La romanización de Galicia*. Edicións do Castro.

Galicia y la conquista de Irlanda

El manuscrito «Leabhar Gabhála», conocido como el «El libro de las invasiones», escrito en gaélico irlandés, nos ofrece la primitiva historia de Irlanda y las sucesivas invasiones que sufrió la isla hasta la llegada de los hijos de Mil procedentes del reino de Breogán. Como en todos los manuscritos primitivos basados en la tradición, es difícil establecer la frontera entre la realidad y la fantasía.

Tascor mac Miledh tan muir	*La flota de los hijos de Mil en el océano*
otha an Easpain Netharglain,	*desde España en claros barcos*
ro gabsat, ni gniomradh gó,	*tomó, no es necesario decir mentira,*
fiochmagh Erenn ind oen ló.	*los campos de Irlanda en un día.*

El manuscrito más antiguo en el que se conservan algunos pasajes del «Leabhar Gabhála» es el «Leabhar Laighneach» o «Libro de Leinster», escrito alrededor del 1100 en el monasterio de Terriglass bajo la dirección del obispo de Kildare y el auspicio del rey de Leinster. Como se ha dicho anteriormente, tanto los druidas de Irlanda como sus homólogos de Britania y las Galias hacían memorizar a sus discípulos las historias y orígenes de su raza, transmitiéndose de forma oral de generación en generación estos conocimientos a los que estaba prohibido cualquier cambio o alteración de los relatos tradicionales. Cuestión que ha llevado a investigadores a considerar que el «Libro de las invasiones» es copia de manuscritos anteriores que se pueden remontar al siglo VII, que a su vez debieron ser tomados directamente de la tradición oral, patrimonio de los bardos.

En el manuscrito se detalla cómo los futuros invasores de Irlanda se habían establecido en el norte de Galicia fundando su capital, Brigantia:[1]

Brisis mor ccomlann is ccath	*Ganó muchas batallas y combates*
for sluagh nEspaine nughrach,	*contra las duras tribus de España.*
Breoghan na nglor gal, ba nia,	*Breogán, vencedor de batallas,*
les do ronda Brigantia.	*fundó Brigantia.*

1. Poema en *Leabhar Gabhala*. Edit. Akal bolsillo (Edición Ramón Sainero).

Torre de Hércules, A Coruña. La Torre Brigantia de la tradición celta.

En dicha ciudad Breogán habría construido una gran torre que llevó su nombre (posiblemente, en el mismo lugar en el que está erigida la Torre de Hércules en A Coruña). Ith, hijo de Breogán, contemplando el océano desde lo alto de la torre, creyó divisar la silueta de una isla en el horizonte. Reunido con su familia, les comunicó su deseo de navegar hacia aquella visión; y a pesar de los intentos de aquellos por evitar el viaje, llegó a Irlanda («Inis Elga», en lengua indígena). En la isla se vio traicionado por los nobles irlandeses que intentaron asesinarlo para seguir manteniendo el secreto de la existencia de su tierra. Herido de muerte, su cuerpo fue trasladado a Brigantia, donde los hijos de Mil, sobrino de Ith, decidieron que lo justo era vengar su muerte. Lo hicieron embarcándose en cinco naves rumbo a la isla, adonde llegaron, vencieron a sus antiguos habitantes, los Tuatha De Dannan, y tomaron el gobierno de Irlanda.

Esto es relatado en el «Leabhar Gabhála», que narra de manera épica la historia de las invasiones sufridas por Irlanda después del diluvio bíblico, pero no solo en el «Libro de las invasiones» existen referencias a las relaciones entre Galicia y el mundo celta ya que hay investigadores como Alonso Romero[1] que nos remite a P. O'Riordáin, quien defiende que los petroglifos que se encuentran en el sudoeste de Irlanda, y que son conocidos como «Arte Gallego», se debieron a los buscadores de minerales que desde Galicia se trasladaron a la isla. Otros, como Glyn Daniel y Eoin Mac White, también defienden que la cultura megalítica llegó a Irlanda procedente del Mediterráneo a través de la península Ibérica y con ella el conocimiento de los metales. Será B. Raftery[2] quien irá aún más lejos al reflejar la extraordinaria similitud que hay entre los castros de Galicia y los poblados fortificados de Irlanda.

Brandán: el monje-navegante celta

En el siglo VI vivió un monje irlandés, de nombre Brenainn, que sería conocido en el mundo católico con el nombre de Brandanus. San Brandán aparece nombrado por primera vez en el siglo X en la *Navigatio Sancti Brendani*, obra en la que se narran sus míticas navegaciones hacia el poniente en compañía de catorce monjes.

Su relación con Galicia se debe a la creencia popular que otorga a Brandán origen galaico al ser descendiente de los hijos de Breogán que conquistaron la «isla verde». Sus viajes marítimos tuvieron gran influencia en el mundo de la Edad Media europea.

En su intento de extender la fe cristiana en nuevas tierras, siente la llamada de viajar hacia poniente. A bordo de un barco inicia su epopeya, que se verá bruscamente interrumpida por las tempestades oceánicas. Cuando su situación era límite, en el tiempo de Pascua, divisó una isla salvadora a la que se dirigió. Nada más arribar, rezaron sus plegarias en agradecimiento por la ayuda divina en tan grave situación. La tierra se movió y, sorprendidos, comprendieron que estaban a lomos de un enorme cetáceo. Brandán pidió a Dios que la ballena se mantuviese a flote y que les permitiese volver a tierra sanos y salvos.

Ayudada por la corriente, la ballena se dirigió a las costas de Galicia, posibilitando que el destartalado pecio llegase a la costa, donde reparó sus averías. Brandán y sus huestes volvieron a poner proa a po-

---

1. Alonso Romero, F. «Las relaciones atlánticas prehistóricas entre Galicia y las islas Británicas». Ed. Castrelos.

2. Alonso Romero, F. *Op. cit.*

Embarcación «Borna». Museo Arqueológico e Histórico, A Coruña. Embarcación construida con cuero y mimbre.

niente aunque desconocemos su destino final; quizás consiguió alcanzarlo o tal vez sigue navegando por el resto de los tiempos.

Esta leyenda entroncada con el viaje de Maeloc hacia Galicia tiene mucho que ver con la audacia de los monjes irlandeses que, amparándose en la providencia divina, se adentraban en el mar océano a bordo de débiles embarcaciones de cuero, abandonándose a las corrientes y los vientos, dejando también en manos de Dios sus vidas y el destino de sus misiones.

La Piedra del Destino

Otra leyenda de carácter épico que hace mención a las relaciones entre los distintos territorios de la civilización céltica y Galicia es la *Leyenda de la Piedra del Destino.* Dicha leyenda cuenta que Jacob vio una escalera que unía el Cielo con la Tierra mientras soñaba. Al despertarse comprendió que todo formaba parte de una visión de carácter divino, por lo que recogió la piedra sobre la que se había quedado dormido y la conservó como un símbolo.

La piedra fue trasladada por el pueblo de Israel en su emigración hacia Egipto, donde fue custodiada como alegoría de la divinidad. Cuando se produce el regreso del «pueblo elegido» a la tierra prometida en el paso bíblico del mar Rojo, la piedra cae en manos de las tropas del faraón que no habían expirado bajo el poder de las aguas. En lugar de regresar a la capital, iniciaron una larga marcha hacia occidente que los trasladó a la península Ibérica llegando hasta Galicia, donde fundaron un reino con capital en Brigantium.

Aquella dinastía coronaba a sus reyes sobre la «Piedra del Destino», como a partir de aquel momento fue conocida la piedra de Jacob.

Uno de aquellos reyes envió a su hijo, Simón Brec, acompañado de la Piedra del Destino, a una expedición a Irlanda, y permaneció en su capital, Tara, hasta que en el siglo V fue llevada por Fergus a Escocia, donde la Piedra quedó depositada en el monasterio de Scone. En el siglo XIII, el rey Eduardo I de Inglaterra, sabedor del profundo carácter simbólico de la Piedra para el pueblo escocés, inició una campaña militar con el fin de apoderarse de ella. Penetraron las huestes inglesas en Escocia, arrancaron la «Piedra del Destino» de manos escocesas, y fue trasladada por el invasor inglés a Londres y depositada desde entonces en la abadía de Westminster. Perdida su custodia para siempre por parte del pueblo celta, fue depositada bajo el trono donde se coronarían, desde entonces y hasta hoy, los reyes de Inglaterra.

Otra versión de esta leyenda difiere en el destino final de la piedra ya que postula que en la expedición con origen en Galicia y destino hacia Irlanda, el barco que la trasladaba sufrió un accidente naufragando en las aguas cercanas a la isla. Se hundió la Piedra del Destino para siempre en las profundidades próximas al litoral de la isla irlandesa, lo que fue interpretado como el deseo supremo de los dioses para que la piedra descansase eternamente en aquellas aguas, cercana a la tierra que habían elegido como su destino final. Por ello Irlanda será hasta el final de los días la depositaria de la civilización céltica y esta la razón por la cual se ha mantenido en su grado más puro esta cultura en aquellas tierras.

Galicia y los celtas de Britania: la figura mítica de Maeloc

Corrían los años centrales del siglo V d. C. cuando los pueblos jutos, anglos y sajones, provenientes de las llanuras germanas y la península de Jutlandia, desembarcaron en Britania asediando a los celtas que vivían plenamente asentados en la isla. Estos, empujados por los invasores, se vieron obligados a abandonar sus poblados y dirigirse bien hacia Gales (donde se desarrollará la leyenda del rey Arturo) y Cornualles al oeste, bien hacia Escocia al norte. Otros miembros de los pueblos britanos embarcaron hacia el continente y se establecieron en la Armórica, que pasó a llamarse desde entonces Bretaña, mientras un pequeño grupo comandado por el obispo Maeloc se dirigió por mar más hacia el sur hasta encontrar las costas norteñas de Galicia, donde se asentaron en lo que hoy es la Mariña lucense. Trajeron consigo todas sus pertenencias, su ganado, su estilo de vida basado en la organización patriarcal, su música y su religión..., e incluso trasladaron sus muertos. De esta manera en el siglo VI d. C. completaron su diáspora y se integraron en el reino suevo de Galicia. Maeloc participó como representante de esta comunidad céltica en los Concilios de Braga (561 y 572, este último bajo el auspicio de san Martín de Dumio), representando a la diócesis de Britonia. Estudios lingüísticos hacen pensar que esta diócesis pudiera haber tenido su sede en la parroquia de *Bretoña*, en Pastoriza (Lugo). Es posible que aquella diócesis se mantuviese viva durante más de cien años, pues incluso acogió a los monjes de Dumio que buscaron en ella refugio al huir del cerco musulmán a Braga, y es posible que coincida su final alrededor del siglo VII con la aparición de la iglesia de San Martiño de Mondoñedo, de la que muy probablemente es precursora.

La tradición explica de muy diversas maneras la colonización de los pueblos celtas a lo largo de las costas que abren su litoral al Atlántico, teniendo como territorio fundamental el espacio comprendido por las islas Británicas, la península de Bretaña y costa occidental francesa, y el norte y noroeste de la península Ibérica. La presencia de grandes similitudes culturales y hallazgos arqueológicos comunes fueron algunas de las más importantes causas que llevaron a la propagación de la idea de un pasado civilizador común, ya que, por ejemplo, también E. T. Leeds y A. Fox encuentran grandes paralelismos entre los castros de Galicia y, esta vez, los de Cornualles.

San Martiño de Mondoñedo, Foz, Lugo. Primera catedral de la península. Heredera de la diócesis bretona.

Extensa sería la relación de estas semejanzas, lo que no haría sino más que establecer las seguras relaciones entre todos los territorios costeros que se ha dado en llamar «mundo céltico», siendo evidentes los intercambios comerciales que llevaron consigo un flujo de «mestizaje» cultural.

Las navegaciones se realizaban a bordo de embarcaciones de cuero, que eran las utilizadas en las costas atlánticas hasta la conquista romana de Britania. Aun en tiempos no muy lejanos en las costas irlandesas se utilizaba este tipo de embarcaciones.

La gaita, instrumento del mundo celta

Es creencia generalizada que el origen de la gaita es inexcusablemente céltico y que su área de difusión coincide con la zona geográfica donde se produjeron las migraciones de los pueblos celtas, es decir, que es el instrumento por antonomasia de lo que se ha dado en llamar como «mundo celta». Novoa González[1] acepta que la gaita pasó de Mesopotamia a Grecia a través de los egipcios con determinadas creencias religiosas. Lo que sí se evidencia en la baja Edad Media es que Galicia es el centro gaitero más importante de Europa debido, en gran medida, a las ingentes y continuas peregrinaciones que llegaban a Santiago de todas las partes del mundo cristiano, sirviendo además estas peregrinaciones para la difusión de la gaita por toda Europa.

Seguiremos la presencia de este instrumento en los diversos países del mundo celta, gracias el estudio de Novoa González, comenzando por los escoceses que son, sin dudarlo, quienes junto a los irlandeses más han popularizado la gaita en todo el mundo. La gaita escocesa ha ido evolucionando en su morfología, pues en los primeros años del Renacimiento presentaba un solo «roncón», para ir añadiendo un segundo en el siglo XVI y adoptar los actuales tres roncones en el siglo XVIII.

Mucho se ha investigado sobre el origen de la gaita escocesa, y varias son las tesis sobre el mismo: desde quienes apuntan a la llegada del instrumento desde los Países Bajos o quienes mantienen que el ejército romano la introdujo durante la invasión de Britania. Sin embargo, parece ser que no hay mención a gaiteros en Escocia anterior al siglo XV y que los primeros mencionados provienen de Inglaterra.

Varios autores defienden sin excusa el origen hispano de la gaita escocesa. Así, en las *Cantigas* de Alfonso X El Sabio aparece una gaita cuyo fuelle es cubierto por una tela a cuadros de colores, y en el siglo XVII, Covarrubias describe de igual manera en su *Diccionario de la Lengua Española* la gaita, con su fuelle cubierto por una tela a cuadros.[2]

En cuanto a Irlanda, musicólogos de este país atestiguan la presencia del instrumento desde muy antiguo, aunque ignoran su procedencia. Pero si los gallegos conquistaron la isla, como se cita en el «Libro de las invasiones», ¿qué impide que no fueran los introductores de la gaita?

Francia, y Bretaña en particular, es uno de los lugares donde pervive un mayor tipo de gaitas, una pequeña tradicional (biniou), la gaita grande de tres roncones (cornemuse) y una gaita pequeña (veuze).

---

1. Novoa González, M. C. *La gaita y la cornamusa en Galicia y Francia*. Edicións do Castro.
2. Novoa González, M. C. *Op. cit.*

En Galicia, el instrumento presenta un único roncón y su clasificación más comúnmente aceptada se realiza tomando como base su tonalidad: *tumbal*, afinada en si bemol; *normal* o *redonda*, en do natural, y *grileira*, en re natural; siendo la más utilizada en Galicia la «normal o redonda».

En cuanto al nombre, la hipótesis más aceptada es la que expuso Corominas, para quien el término «*gaita*» deriva de el vocablo suevo *gaits*, que significa «cabra», y no hay que olvidar que en Galicia se constituyó el único reino suevo de la península (hasta los años finales del siglo VI).

Aunque la gaita haya tenido su origen en lugares lejanos de lo que hoy conocemos por mundo celta, es innegable que donde mayor desarrollo ha tenido el instrumento y donde mayor influencia social ha encontrado es en estos países del área céltica, por lo que es claro que nos encontramos con el instrumento que por excelencia se identifica con esta cultura.

Y en Galicia tiene un predicamento muy especial, pues representa el carácter de un pueblo y posee la categoría de símbolo cultural, consiguiendo que la figura de la gaita y el gaitero fuese ensalzada por los autores románticos del «Rexurdimento», y así lo expresaba Rosalía...[1]

Un repoludo gaiteiro,
de pano sedán vestido,
como un príncipe cumprido,
cariñoso e falangueiro, [...]

En vano a gaita, tocando,
unha alborada de groria,
sons polos aires espalla
que cán nas tembrantes ondas

El Barbanza

El Barbanza es una península montañosa con abundantes restos arqueológicos y alturas que sobrepasan los seiscientos metros. Este accidente geográfico se interpone entre las rías de Noia y de Arousa, las más septentrionales de las Rías Baixas. Es una zona con un clima templado, con muchos riachuelos y con hermosas playas, protegidas de los temporales y las embestidas del Atlántico por ser mayorita-

1. Rosalía de Castro. *Cantares gallegos.*

riamente interiores, es decir, bañadas por las aguas más tranquilas de las rías. Si a estas circunstancias añadimos la riqueza en mariscos y pescados y unas tierras fértiles, estamos hablando de una zona apropiada para el asentamiento de poblamientos primitivos tal como acreditan los numerosos restos arqueológicos existentes en la zona y la presencia en el folclore de tradiciones y leyendas relacionadas con el pasado.

Noia es un buen punto de partida para recorrer esta península. Su historia se relaciona con el propio Noé, de quien dice la leyenda que dio el nombre de su hija al primer asentamiento en esta zona. El escudo de la villa es el arca y la paloma con un ramo de olivo. La iglesia de Santa María A Nova, románica reconstruida en el siglo XIV, además de ser un buen ejemplo de edificación religiosa de su época, acoge una exposición permanente de las lápidas del cementerio en el que fue edificada; son las conocidas lápidas gremiales en las que se esculpían el nombre del difunto y la marca distintiva del gremio al que pertenecía: marineros, canteros, sastres, etc. Noia exige un paseo por sus viejas calles y la visita a la iglesia de San Martiño es obligada. Siguiendo la ruta hacia el sudoeste alcanzamos la parroquia de Baroña perteneciente al municipio de Porto do Son donde se encuentra uno de los castros más afamados e interesantes de los existentes en Galicia y que por su ubicación, en un pequeño promontorio que se adentra en el mar, lo hace inexpugnable, y de hecho fue abandonado y no destruido por ningún ataque.

En Ribeira se encuentra el dolmen de Axeitos, una magnífica muestra funeraria de la cultura megalítica. No muy lejos, en la parroquia de Corrubedo, se encuentra el parque natural de la «Lagoa de Carregal y el Complejo Dunar», que incluye laguna, playas y dunas. En las proximidades del importante puerto pesquero de Aguiño se encuentran los restos del puerto fenicio de *A Cobasa* desde el que se divisa la sucesión de islotes rocosos relacionados con la leyenda del «hombre de Sagres». La ciudad de Ribeira, ya en la ría de Arousa, tiene el más importante puerto pesquero de bajura de Europa y una vinculación al mar histórica; buena muestra de ello es la importante presencia y defensa que hacen de la embarcación tradicional, de probable origen vikingo, llamada *dorna*; gastronómicamente, aquí los productos del mar tienen un significado que va más allá del meramente alimenticio. La antigua villa de Palmeira, con su arcaico puerto en el que se pueden degustar los más sabrosos mejillones, nos da acceso al monte de A Cu-

Petroglifo del Laberinto, Mogor, Marín, Pontevedra. Representación celta.

rota, un mirador natural desde el que, en un día claro, se puede divisar de Fisterra a las islas Cíes. A mitad de camino en la ascensión al monte se encuentra el lugar de Moldes, un cruce de caminos en el que hay un cruceiro y un peto de ánimas y un número importante de *mámoas*, tratándose de un lugar tradicionalmente mágico relacionado con varias leyendas sobre apariciones, meigas, etc.

Avanzando por el margen norteño de la ría de Arousa en Pobra do Caramiñal se celebran en el mes de septiembre las fiestas del Nazareno que incluyen la procesión de *as mortaxas*, en la que los que estuvieron en peligro de muerte desfilan junto a sus propios ataúdes. De camino a Padrón está Rianxo, una de las principales cunas de las letras gallegas (Castelao, Dieste, Manuel Antonio...) y con el santuario de la Virxe da Guadalupe, *A Rianxeira*. Cruzamos la desembocadura del Ulla para llegar a Catoira, donde se encuentran los restos de las *Torres do Oeste*, baluartes defensivos para evitar el desembarco de piratas y vikingos en sus intentos por asaltar Compostela.

Padrón recibe su nombre por el *pedrón* o piedra de amarre en la que los discípulos del apóstol Santiago ataron la embarcación que trajo su cuerpo desde Palestina; se conserva bajo el altar de la iglesia de Santiago de Padrón. Muy cerca, cruzando el río Sar que cantaba Rosalía de Castro, está Santiaguiño do Monte, un enclave rocoso relacionado con cultos ancestrales posteriormente cristianizado bajo la advocación del Apóstol.

Vigo y el Bajo Miño

Vigo es la capital del sur y el punto de referencia turístico por su clima, su oferta hostelera y por su situación geográfica, que la convierte en punto de partida y retorno de diferentes salidas de ocio y cultura. Hacia el sur siguiendo la costa se encuentra Nigrán con su privilegiada playa América y con una serie de monumentos y restos arquitectónicos repartidos por diversas parroquias que dan fe de su importancia histórica: el arco visigótico de san Xoán de Panxón del siglo VII y el puente de San Telmo en A Ramallosa, del siglo XII, son algunos ejemplos.

Baiona fue el primer lugar del Viejo Mundo en tener noticias del descubrimiento de América, pues a su puerto arribó la Pinta el 1 de marzo de 1493. Uno de sus monumentos significativos y definitorios es el castillo Monterreal, originario del siglo XI. Oia es un municipio en el que destaca el monasterio de Santa María la Real, que, situado a pie de playa, fue fundado en el siglo XII. También destacan los yacimientos arqueológicos en los que se han encontrado utensilios, pinturas y grabados rupestres y un altar de sacrificios conservado en el Museo de Pontevedra.

Muy significativo es también el castro de Santa Tegra en A Guarda, por ser una de las ciudadelas de época castreña mejor conservadas. Situada en las cumbres del monte que le da nombre, no es sino una pequeña parte de lo que los indicios y catas realizadas demuestran que existe en toda la montaña, situada, por cierto, en un lugar tan privilegiado que domina la desembocadura del río Miño, su costa sur, con las localidades portuguesas de Valença, Vila Nova de Cerveira y Caminha, así como las tierras de los municipios de A Guarda, Oia y O Rosal, importante zona vinícola de excelentes caldos blancos encuadrados en la denominación de origen «Rías Baixas».

Tui es otro de los puntos de referencia de la comarca en el que destacan su catedral-fortaleza y el cercano paraje natural del monte Aloia

Dolmen de Axeitos, Oleiros, Ribeira, A Coruña.

además, su proximidad con la vecina Valença y Fortaleça invita a un paseo por tierras portuguesas. Salvaterra de Miño es también exponente de la *raia humeda* o localidad fronteriza con Portugal separada de sus vecinos por el Miño. En esta localidad se encuentra la fortaleza en cuyo interior destacan las *Covas de dona Urraca*, dos estancias comunicadas por una escalera de caracol de doble rampa. En la vecina As Neves se exalta gastronómicamente la lamprea y se celebra el 29 de julio en Ribarteme la *romería de los muertos-vivos* de Santa Marta.

En tierras de O Condado, otra de las comarcas vinícolas encuadradas en la denominación de origen «Rías Baixas», decir Ponteareas es referirse obligadamente a la celebración de la festividad del Corpus. En esta localidad pontevedresa es tradicional la configuración de alfombras florales por los vecinos de cada calle del pueblo, entre la tarde y la noche de la víspera de la celebración, antes en día jueves y ahora en domingo. A pocos kilómetros se encuentra Mondaríz Balneario, un minúsculo municipio con unas aguas que le dan fama.

De vuelta a Vigo, asentada sobre un antiguo castro, sus calles en cuesta son un perpetuo balcón con vistas a la ría. Su evocador barrio marinero del Berbés y su típico mercado de A Pedra son solo algunos de los atractivos que están a nuestro alcance. O Castro y A Guía perfectas atalayas donde disfrutar de la vista, y las islas Cíes, un paraíso al alcance de la mano.

3

Lugares mágicos y personajes de leyenda

Los lugares mágicos

Los habitantes de las tierras del noroeste peninsular desde tiempos muy remotos han otorgado a determinados lugares un carácter mágico y en torno a estos han constituido multitud de creencias que con el paso del tiempo han llegado a formar parte intrínseca del «ser» gallego. Observamos en el capítulo I cómo san Martín de Dumio[1] atacaba la facilidad con la que en Galicia se levantaban «estructuras» (*milladoiros* en aquel caso) que relacionaba con cultos diabólicos. En esta misma dirección, y en el mismo documento, denuncia la vuelta a los cultos del diablo de aquellos que los habían abandonado y recibido el bautismo: «Pues encender velas junto a las piedras, a los árboles, a las fuentes y en las encrucijadas, ¿qué otra cosa es sino culto al diablo?».[2]

Es cierto que desde siempre algunos lugares han ocupado un puesto fundamental en los ritos y creencias populares, ya que a ellos se les otorgó un carácter a medio camino entre lo mágico y lo religioso. Los caminos y sus encrucijadas, las cimas o laderas de los montes, mares, lagunas, fuentes..., un complejo mundo habitado por creencias y ritos.

1. En *De correctione rusticorum*.
2. Martín de Dumio, en *Textos e materiais para a Historia de Galicia*. Ed. Crítica.

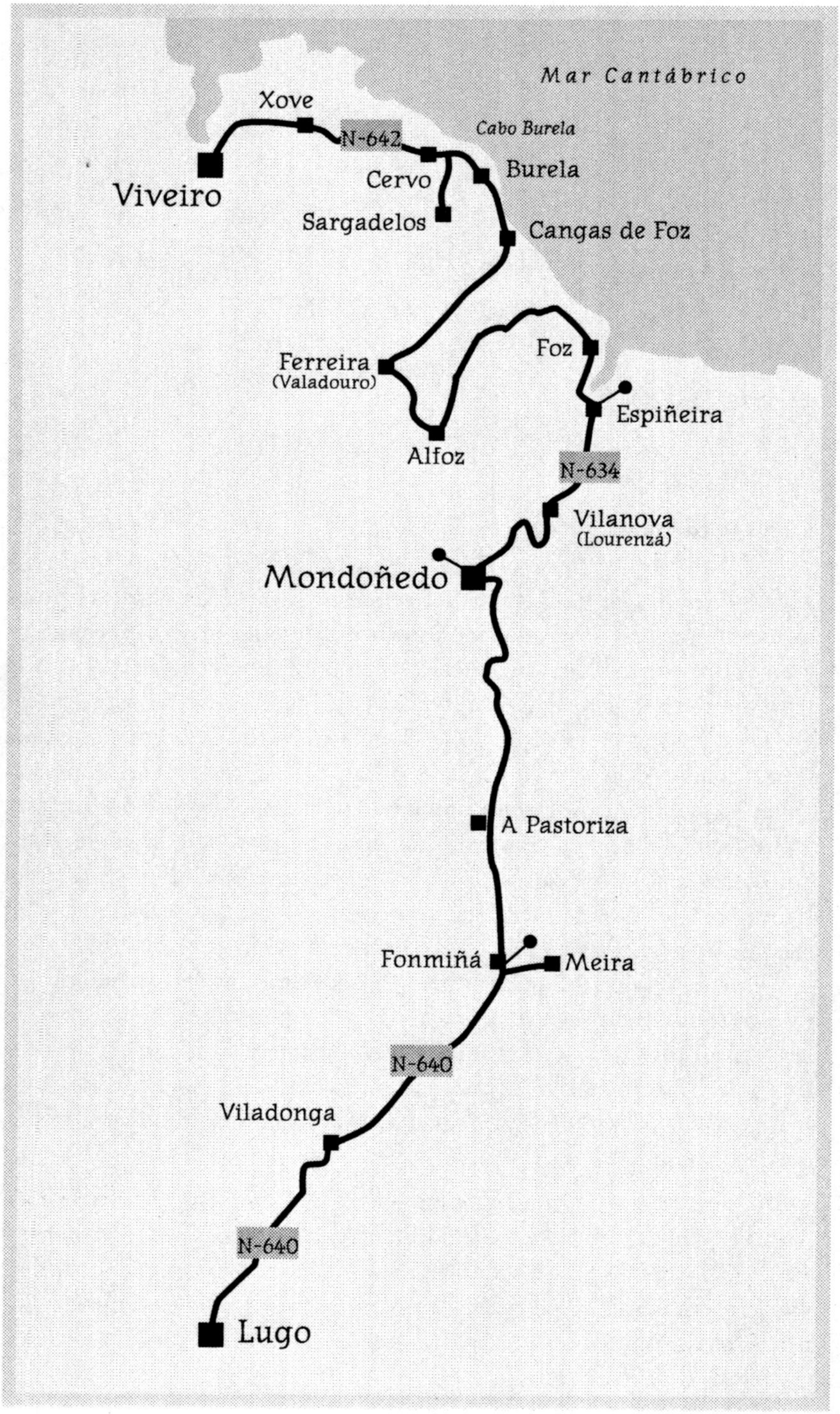
Mar Cantábrico
Xove
N-642
Cabo Burela
Viveiro
Cervo
Burela
Sargadelos
Cangas de Foz
Foz
Ferreira
(Valadouro)
Espiñeira
Alfoz
N-634
Vilanova
(Lourenzá)
Mondoñedo
A Pastoriza
Fonmiñá
Meira
N-640
Viladonga
N-640
Lugo

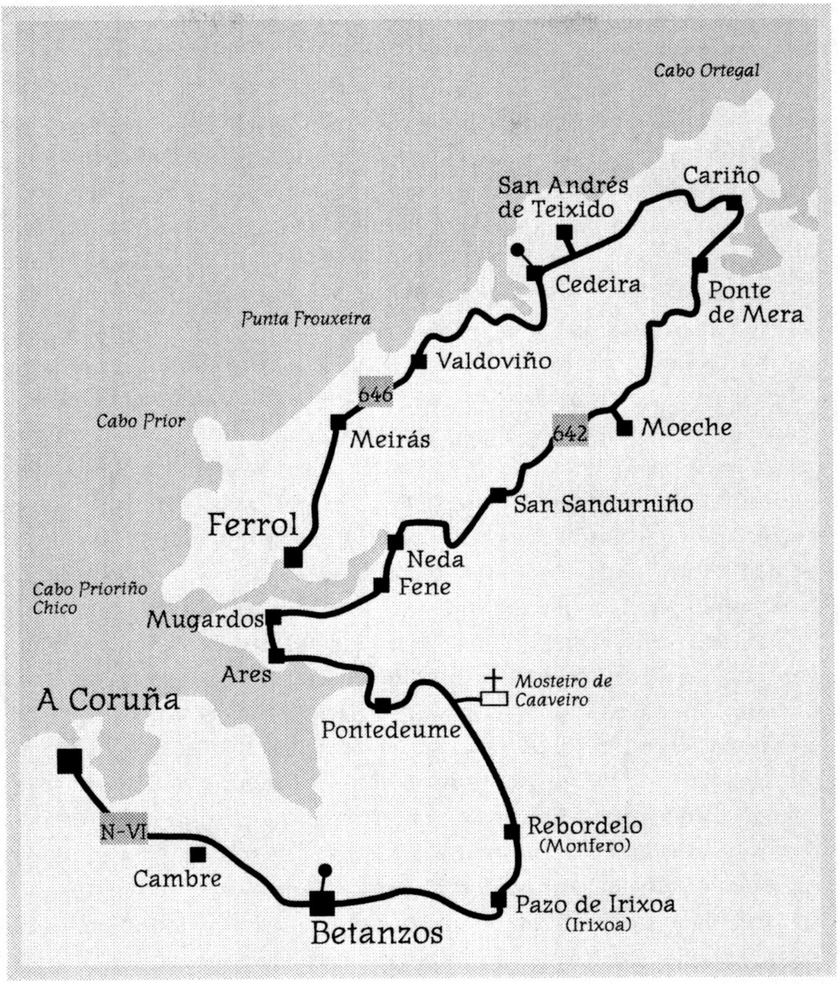

Los caminos y sus encrucijadas

Por la especial dispersión demográfica gallega, con su multitud de aldeas y pequeños asentamientos humanos aislados, los caminos se tornan vías de comunicación muy necesarias y frecuentadas en la vida cotidiana, y en ellos sitúa el pensamiento popular muchas de sus supersticiones y creencias.

Aquí se ubican manifestaciones esclarecedoras relacionadas con el culto a los muertos y el tránsito a la otra vida, pues en estos lugares se celebran no solo ceremonias sino que también se levantan cruceiros, petos de ánima, iglesias y ermitas en memoria de las almas de los que ya no son de este mundo. No es por ello casualidad que en estos lugares se sitúe gran parte de las costumbres más enraizadas en las creencias y rituales del gallego; y será donde podremos encontrar, con mayor certeza, a las almas del Purgatorio pues todas las noches salen por los caminos a hacer su rutinario recorrido en esa singular agrupación de espíritus conocida como *A Santa Compaña*.

En las encrucijadas de caminos se venera a las almas y el levantamiento de *cruceiros* o *petos de ánima* en dichos emplazamientos está relacionado con la indudable importancia del Purgatorio en la vida religiosa del pueblo gallego. Con ello se da rienda suelta a la idea consoladora y esperanzada que del mismo se tiene en estas tierras, pues la no consecución del cielo no lleva aparejado de inmediato el infierno sino que para el fiel queda la oportunidad –una segunda concesión– del Purgatorio, un lugar en el que redimir sus faltas.

La exaltación misma y la búsqueda de indulgencias provocan este fervor religioso en los intrincados caminos. Así, en ellos se depositan flores y ofrendas, no solo en moneda sino también en productos agrícolas, y se realizan oraciones por las *almiñas*, no únicamente en su memoria, ya que también se acude a ellas para pedirles solución a algún problema terrenal. Las ánimas no deben ser olvidadas y así se observa en algunas de estas construcciones que llevan una inscripción de aviso al caminante para que en sus oraciones no olvide pedir por los difuntos: «Como me ves te verán».

Además, la convicción de que por estos lugares deambulen los espíritus puede deberse a lo que describió Castelao:[1]

> ... las cruces suelen estar en los caminos por donde pasan los entierros. En Galicia los cruceiros de encrucijada tienen a menudo una mesa de piedra para posar al difunto mientras se reza...

El mismo Castelao escribía que las encrucijadas, especialmente las de tres caminos, son especialmente peligrosas según el saber popu-

---

1. Castelao. *As cruces de pedra na Galiza*.

Enclave mágico de A Lanzada, Sanxenxo, Pontevedra.

lar, el lugar por donde vagan las almas ruines, fundamentalmente la de los condenados que buscan corazones débiles para no sufrir suplicio en soledad.

La literatura no fue ajena a la presencia de personajes pertenecientes a culturas de ultratumba o al misterioso mundo de los espíritus. Uno de los más grandes escritores de esta tierra, Ramón María del Valle-Inclán, incluyó en más de una ocasión ánimas en pena en sus obras tanto de teatro como de narrativa:

> ... se oyen gemidos de agonía y herrumbroso son de cadenas que arrastran en la noche oscura las ánimas en pena que vienen al mundo para cumplir penitencia. La blanca procesión pasa como una niebla sobre los maizales.[1]

1. Valle-Inclán, Ramón M.ª del. *Romance de lobos*. Ed. Espasa-Calpe.

Peto de Ánimas y cruceiro Moldes Ribeira, A Coruña, «... en la noche oscura las ánimas en pena vienen al mundo para cumplir penitencia.» (Valle-Inclán).

Las ciudades sumergidas: un mito asentado en el litoral atlántico

Quizás uno de los mitos bretones más populares sea el de *la ciudad sumergida de Ys*. En él se narra la historia de un rey bretón que tiene una hija de una infiel. Muerta su madre, el rey se dedica a su educación, pero su hija reniega del cristianismo e induce a su padre a construir una ciudad, llamada Caer Ys (la creencia popular la sitúa en la bahía de Douarnenez/Bretaña), en una marisma protegida del mar por un dique colosal y unas gigantescas puertas de bronce. Un santo que se dirigía a la ciudad a predicar contra sus vanidades y su paganismo recibe la visita de Dios, quien le revela que va a castigar a la ciudad. Advertido el rey por este hombre, huyen con su séquito hacia las tierras altas a tiempo de contemplar cómo la ciudad pecadora es sepultada bajo las aguas por un violento huracán que desborda el dique y destroza las puertas de bronce.

Esta leyenda, con variantes, puede encontrarse a lo largo de todo el mundo cultural céltico, incluida Galicia, donde son multitud los relatos de *cidades asolagadas* (ciudades sumergidas). Aquí el mito se sitúa en casi todos los lugares donde hay zonas lacustres, especialmente en los entornos de las lagunas; así, se documentan historias en torno a la laguna de Antela, en la de Cospeito, en la de Doniños o la de Carregal...; y en todas, básicamente, se narra el destino de una ciudad que padeció el castigo divino por su abandono al desenfreno y el paganismo. Y siempre quedará como testimonio el sonido de las campanas emergiendo hacia la superficie a través de las aguas, símbolo eterno del castigo divino al pecador.

En el caso de la laguna de Carregal (Riveira/A Coruña), la leyenda presenta una característica distintiva, pues al estar situada la laguna dentro del Parque Natural «Complejo dunar de Corrubedo y lagunas de Vixán y Carregal» y presentar en su entorno la vecindad de una duna móvil, esta se integra en la leyenda que narra el fin que sufrió la ciudad de Valverde. Una versión de la misma nos recuerda que dicha ciudad palafítica estaba enclavada en la laguna y se hallaba gobernada por un soberano que tenía una hija de gran belleza. A la ciudad llegó un «mouro» experto en hechicería y magia que se enamoró de la joven y ante su rechazo, enfurecido, invocó a las fuerzas de la naturaleza para que se levantasen contra la ciudad. Temblores de tierra e inundaciones asolaron Valverde, que se sumergió para siempre entre las aguas.

Otra versión de carácter cristianizador cuenta que por estos lugares apareció la Virgen ante la evidente vida disipada y pagana en la que estaba sumida la ciudad, convertida en una nueva Sodoma y Gomorra. La Virgen llegó a Valverde y solicitó posada en ella, siéndole cerradas todas las puertas, y saliendo de ella volvió su mirada para ver cómo los elementos se levantaron sobre la ciudad asolándola por completo, pagando así su falta de fe y abandono moral. Aquí nuevamente el final del mito tiene dos derivaciones: por un lado, el fin último de la ciudad de Valverde sería terminar sumergida en las aguas de la laguna, y por otro, su enterramiento bajo las arenas de la duna. De esta manera un entorno natural y geográfico especial (coincidencia en el lugar de la existencia de una laguna y unas dunas) determina que el mito tenga varios acomodos resolutivos.

Cuevas y «furnas»: las puertas del infierno

Siempre que la especie humana se encuentra ante lo desconocido su imaginación tiende a fabular sobre aquello que le es secreto, inexplorado. Es por ello por lo que cimas, lagunas o territorios ignorados, son depositarios de las conjeturas populares que sitúan en estos lugares sus propios sueños o demonizaciones, hecho acrecentado cuando ese emplazamiento es una cueva que siempre llevará aparejada una leyenda. La capacidad imaginativa colectiva ha creado en Galicia especialmente para todos estos lugares unos mágicos habitantes conocidos como *mouros*, de gran presencia en la memoria del pueblo gallego.

Las cuevas terrestres y las cavidades marítimas, que se conocen con el nombre de *furnas*, atraen sobremanera el subconsciente popular. No solo sirven de morada a extraños pobladores sino que son depositarias de fabulosos tesoros: joyas, cofres llenos de monedas, llaves de oro...: «En el camino subterráneo del castillo de Mondarín, a veinte pasos hacia el naciente, a dos hombres de fondo un cubo de cobre lleno de medallas del tiempo de los celtas».[1]

La «furna» o cueva de origen marítimo de mayor fama y atractivo popular de la costa gallega es la conocida como *O burato do Inferno* (El agujero del infierno): que se encuentra en la costa de poniente de la isla de Ons, que protege a la ría de Pontevedra de los embates del Atlántico. Situada en una zona acantilada que sufre constantemente las acometidas embravecidas del océano, quien desee acercarse al lugar tras un breve paseo desde el puerto de la isla podrá observar la intrigante boca de un profundo pozo del que se escapa el inhumano rugido de las entrañas de la tierra.

El pozo, de cerca de 40 metros de profundidad, es fruto del desplome del techo de la caverna que la fuerza de las aguas ha excavado bajo nuestros pies a lo largo de los siglos. En su borde se oyen los desgarrados e inquietantes gritos de las almas en pena que sufren condena eterna en el infierno y que provocan el pavor y el espanto a quien los escucha, y así ha sido establecido en la mentalidad isleña que ha dado a este lugar el nombre de «Burato do Inferno», la antesala del reino de Hades.

El tenebroso nombre y el temor que provoca su observación pueden deberse, según Fernández de la Cigoña,[2] a la comunión de los sonidos que surgen del mismo y que son provocados por el estruendo de las arremetidas del mar contra el roquedo del fondo de la furna y los

---

1. *El Ciprianillo*, apócrifo (atribuido a san Cipriano).
2. *As covas de Galicia*. E. Fdez. de la Cigoña. Edicións Xerais.

«lastimeros» gritos de los araos y cormoranes que anidan en las paredes verticales de la oquedad y que semejan voces humanas atormentadas. El eco que se genera en la bóveda rocosa incrementaría el efecto y haría prosperar el mito.

En tierra firme son multitud las cuevas o cavernas receptoras de mitos y leyendas ya sea por ser vivienda de mágicos habitantes, por servir de escondrijo a alimañas o animales portadores de mal fario (por ejemplo, serpientes) o por ser escondrijos de tesoros como queda dicho anteriormente.

La cueva de mayor extensión de Galicia se encuentra en los alrededores de Mondoñedo (Lugo) y presenta un complejo de galerías en el que su sector principal alcanza los 150 metros de longitud. Su nombre tiene un indudable sabor a misterio y a leyenda, *Cova do Rei Cintolo*, y sobre ella se han construido muchos mitos, e incluso grandes escritores del romántico siglo XIX gallego como Murguía nos han legado la personalidad del enigmático rey:[1] «... un buen genio, guardador de la cueva, que otorgaba mercedes y merecía, por la generosidad de la que se le creía dotado, el nombre de rey...».

Otras muchas en Galicia llevan el nombre de quien las habita, como es el caso de *Cova da Serpe* (Cueva de la Serpiente) en la sierra del mismo nombre, en las cercanías del concejo lucense de Friol, por ser cubil de este reptil muy presente en el subconsciente gallego, icono popular de la maldad y el peligro. En otras, son los *mouros* quienes moran las oquedades: *Forno da Moura*, *A cova da Moura*, etc.; muestra de la extensión del mito de los mouros a lo largo y ancho del territorio gallego.

El culto a las aguas: entre la fecundidad y la purificación

Desde muy antiguo el culto a las aguas ha tenido un papel muy importante en la sociedad gallega. No solo durante la ocupación romana se extendieron por Galicia los centros de hidroterapia como se atestigua por la existencia de las termas de Lugo y la abundancia de la partícula *aquae* en la toponimia de la Gallaecia: Aquae Querquennae

1. Fdez. de la Cigoña. *Op. cit.*

Cueva del Rei Cintolo, Mondoñedo, Lugo.

(Baños de Bande), Aquae Geminae (Baños de Molgas), Aquae Calidae (Caldas de Cuntis), Aquae Celenis (Caldas de Reis)..., que derivaron a su vez en la infinidad de topónimos con presencia del nombre Caldas o Baños en la actualidad. Incluso después de la fragmentación del imperio de Roma, el uso del agua como elemento curador y religioso se mantiene muy extendido en la sociedad gallega, así lo demuestra el hecho de ser este culto objeto de los ataques por parte de San Martín de Dumio:[1] «... numerosos son los diablos que, expulsados del cielo, presiden el mar, los ríos, las fuentes y los bosques, a los que los hombres ignorantes del Dios le hacen sacrificios...».

Posteriormente cohabitarán los cultos paganos y los usos cristianos hasta que la aculturación cristianizadora, especialmente con la instalación de la orden del Císter en Galicia, pase a integrar aquellas creencias en la doctrina oficial, utilizando para ello la intercesión de un santo o la relación purificadora de la devoción a la Virgen con dichos cultos.

1. Martín de Dumio. *Op. cit.*

Una de estas últimas soluciones se realizó en el lugar de culto pagano que se encontraba en la playa de A Lanzada (Sanxenxo/Pontevedra), en cuyo arenal desde muy antiguo se sitúa una serie de prácticas ligadas a ritos de fecundidad. ¿Por qué en este sitio que mira al atardecer? Esta quizás es la razón del carácter sagrado del enclave: situado en la costa y orientado hacia el poniente, el hombre observaba el ritual de la «muerte» del dios sol engullido por las aguas, acto que diariamente se repite desde el principio de los tiempos. Además, la presencia a los pies del lugar de ese mar que devoraba al astro-dios, pero que posibilitaba otra vez el milagro del nacimiento del día, hizo nacer la creencia de que el lugar tenía connotaciones religiosas, y se instauró un rito de fertilidad que ha llegado hasta nuestros días a pesar de los intentos de cristianización que lo han convertido en uno de los santuarios marianos de mayor devoción en Galicia. En el santuario de la Virgen de A Lanzada aún perviven ritos provenientes quizás de cultos celtas y romanos, entre los que destaca el ligado a la fecundidad y conocido como *El baño de las nueve olas*.

Este rito ha encontrado continuidad en la tradición popular, como se recoge en cantares de la zona:[1]

Ide tomar nove ondas
antes de que saia o día
e levaredes convosco
as nove follas de oliva.

Básicamente la ceremonia consiste en el baño, en las aguas fecundantes de la playa que se encuentra a los pies del santuario, de aquellas mujeres estériles que deseen tener descendencia en la madrugada del último sábado del mes de agosto al domingo. Las oferentes deben ser «bañadas» (recibir el embate) por nueve olas consecutivas, con lo que adquirirán los dones de la fecundidad de manos de la madre naturaleza.

---

1. Cardeso Liñares, J. *Santuarios Marianos de Galicia*. Ed. Fundación Caixa Galicia.

Nacimiento del río Miño Fonmiñá Pastoriza, Lugo, «... numerosos son los diablos que presiden el mar, los ríos, las fuentes y los bosques...» (San Martín de Dumio).

Cumbres cubiertas de mitos. El pico sagrado

En tiempos primitivos las cimas y laderas de los montes y montañas eran consideradas lugares sagrados por parte de las sociedades que habitaban en sus inmediaciones. A lo largo del proceso civilizador esta concepción se ha ido manteniendo en culturas avanzadas en su tiempo (aztecas o incas, por poner dos ejemplos) e incluso se mantiene su vigor en la actualidad (cultura himalayo-tibetana o japonesa, entre otras muchas). Ya hemos visto cómo en Galicia los celtas situaron la morada de sus dioses en la cima atlántica del monte Pindo o cómo en el monte Medulio se produjo el hecho heroico de su resistencia contra el invasor romano; también hemos observado cómo los antiguos pobladores de Galicia construían sus poblamientos en lugares elevados, y en la actualidad una somera visión del paisaje gallego nos permitirá apreciar la cantidad de ermitas y pequeñas iglesias que se han erigido en las cimas de los montes gallegos. Es obvio que la tradición y creencia populares han asimilado el concepto sagrado de los montes, que en Galicia presenta un arquetipo histórico y tradicional en el promontorio rocoso *Pico Sacro*, la cima sagrada en las cercanías de Compostela.

Dominando el amplio valle del río Ulla, se destaca inquietante la silueta cónica, con su cresta de rocas blancas, del antiguo monte *Illicinus*. Desde muy antiguo esta cima de cerca de 550 metros de altitud aparece rodeada de leyendas sobre encantamientos, dragones y serpientes, tesoros y seres mitológicos.

Llegados al Finisterre, los discípulos que traían el cuerpo del apóstol Santiago se presentan ante la Reina Lupa, señora de estos lares, que una vez errado el plan de enviarlos ante el rey de Duio (hombre pagano y cruel) para deshacerse definitivamente de ellos, los envía a las laderas tenebrosas de este monte. En él habían de encontrar una manada de bueyes mansos, en realidad toros salvajes, con los que uncir el carro que trasladaría el cuerpo de Santiago. Encontrándose en el monte, se les apareció un horrible dragón que sembraba el pánico en las tierras limítrofes y ahuyentaba a todo aquel que osase acercarse. El mitológico animal huyó ante su presencia, los toros se acercaron desbravados y se dejaron uncir mansamente.

Más tarde la propia historia ha destacado este enclave geográfico, pues por su carácter de atalaya que domina el valle se convirtió en lugar de construcción de fortalezas medievales que fueron el centro de revueltas campesinas y luchas entre señores feudales.

Además, la creencia popular ha otorgado a esta colina multitud de virtudes, mágicas e incluso curativas, como lo demuestra la existencia de oraciones rogativas, una de las cuales dice:

Pico Sagro, Pico Sagro,
sanneme deste mal qu'eu trago.

Este carácter mágico ha hecho correr la creencia de que en su cima las brujas y los hechiceros de los alrededores tenían sus reuniones rituales.

La adopción del nuevo nombre de «pico sagrado» esconde, evidentemente, el deseo de sacralizar un enclave natural receptor de multitud de creencias y ritos paganos, lo que es remarcado por la construcción cerca de su cumbre de una ermita en la que se venera la imagen de san Sebastián.

No solamente este monte está ligado a la tradición jacobea, pues no hay que olvidar que el eremita Pelayo encontró el sepulcro del apóstol Santiago en los espesos bosques de otro monte, el *Libredón*, gracias a unas luces que irradiando de una estrella señalaban el enterramiento.

El Cementerio de los Ingleses

La Costa da Morte, quizás en el tramo de litoral donde muestra su rostro más salvaje y atemorizador, se ve expuesta a las fuerzas de los vientos atlánticos en una agreste sucesión de acantilados y roquedos, de una enorme belleza natural. Entre los cabos Veo al este y Tosto al oeste se abre paso el «Areal do Trece», un arenal que se niega a desaparecer ante la fuerza de los vientos del océano que depositan su blanca arena en las laderas de los montes vecinos que ofrecen así una sorprendente visión al espectador. Pero no solo es conocido este arenal por su belleza paisajística, también lo es por un dramático suceso que cubrió de cadáveres toda su extensión en una trágica noche de invierno.

El 10 de febrero de 1893, el buque escuela de la marina británica «Serpent» navega en condiciones de mar muy dura y viento huracanado del oeste con dirección al cabo Fisterra, intentando guiarse por la luz del faro de Cabo Vilán que la gran oscuridad de la noche y las condiciones climatológicas le impedían divisar. A su mando el capitán Ross intentaba enderezar el rumbo del «Serpent», que acusaba la fuerte deriva provocada por las negativas condiciones de la mar y la furia

Quintana de Mortos, Santiago, A Coruña. Antiguo cementerio. Acceso a la Puerta Santa.

desatada de los vientos. El tramo de costa era especialmente peligroso por esconder multitud de bajos y peñascos, por la existencia de acechantes acantilados y por la ausencia de puertos naturales cercanos que permitieran un resguardo salvador. La situación era angustiosa cuando la quilla del buque escuela se desgarra fatalmente contra la Punta do Boi, un traidor bajo que a las once de la noche hace jirones la obra viva del buque inglés.

Se intentaron arriar los botes salvavidas pero las condiciones de la mar lo impidieron y en apenas una hora el buque «Serpent» pasó a ser una página más, trágico recuerdo, en la historia de la Marina Real Británica. Perecieron en el naufragio 172 miembros de su tripulación (de un total de 175) y sus cadáveres fueron devueltos a la playa en los días sucesivos una vez amainado el temporal, en lo que se consideró en su momento la mayor tragedia marítima ocurrida en las costas gallegas.[1]

1. El 2 de enero de 1921 el vapor «Santa Isabel» se hunde en la entrada de la ría de Arousa, en las inmediaciones de la isla de Sálvora, en unos bajos conocidos como «Pedra de Pegar». Perecieron 213 miembros del pasaje y tripulación.

La colaboración de los habitantes de la costa ayudó a la recuperación de los cadáveres.

Cuando nos acerquemos al cabo Tosto, muy cerca de los rompientes, divisaremos los muros de una edificación que antaño fue capilla rodeada de una pequeña muralla, también granítica, que delimita un pequeño espacio interior. Cuando nos hayamos adentrado en su interior, nos encontraremos en el *Cementerio de los Ingleses*, de los ingleses del «Serpent».

Los personajes de leyenda

Muchas son las figuras de la historia que la tradición popular ha elevado a la categoría de personajes de leyenda y situado a la altura de héroes míticos o simbolizado en ellas determinados valores épicos. Galicia es una tierra que ya en la vida cotidiana ha encontrado motivos suficientes para fabular un mundo paralelo de tradición y fantasía, por lo que no es de extrañar la generosidad épica que emanan algunos de sus aconteceres históricos que alcanzan cotas de trágica epopeya heroica.

Mito y tradición en la fundación de ciudades

La tradición y algunas interpretaciones de textos de origen clásico han sido utilizadas por historiadores y multitud de investigadores para explicar el origen y fundación de muchas ciudades. La intención era legitimizar la antigüedad y tradición de estos establecimientos y asegurar un glorioso pasado basado en una fundación mítica o legendaria. Son innumerables, pues, las fundaciones de ciudades debidas a héroes clásicos o personalidades históricas legendarias, hecho que no es extraño entre las ciudades gallegas.

La creencia popular basada en estas tradiciones mantiene que la ciudad de Pontevedra fue fundada por el griego Teucro, hijo de Telamón y héroe de la guerra de Troya, el mejor de los arqueros clásicos. Defenestrado por su propio padre que lo acusó de no haber defendido ni posteriormente vengado la muerte de su hermano Ajax, es desterrado y navegará errante hasta las costas de Galicia. Estrabón y Plinio, entre otros, defenderán la fundación griega de Pontevedra.

Otros investigadores identifican la actual Pontevedra con el encla-

Pico Sacro, Boqueixón, A Coruña. Relacionado con innumerables leyendas, entre ellas la de la Reina Lupa y la tradición jacobea.

ve celta de Lambrica, poblamiento que fue asediado y destruido por Junio Bruto en su expedición al norte del río Minius; aunque también es probable que la mansión romana Ad Duos Pontes sea antecesora de la ciudad ribereña del Lérez. El origen de su nombre mantiene abiertos numerosos interrogantes: su naturaleza latina (*Pons Veteris*) como mantienen prestigiosos investigadores gallegos, el padre Sarmiento y Murguía entre otros, o su evolución del antiguo «*Ponte da Vereda*» si se acepta la explicación de Álvarez Limeses.

Otra localidad gallega que bebe en los textos antiguos para explicar su fundación es Noia, en la provincia de A Coruña. Esta villa lleva en su heráldica el mismísimo arca de Noé sobre las aguas y una paloma con una rama de olivo sobrevolándola, lo que llevaría a justificar su fundación por Galo Gafeto y la nieta de Jafet, Noela, de quien tomaría nombre.

En el capítulo anterior dedicado a los celtas nos acercamos a la fundación de la ciudad de Brigantia (A Coruña) por parte de Breogán y cómo en ella levantó una torre que habría de llevar su nombre. La fundación mítica de la ciudad lleva aparejada una construcción que ha dejado una gran huella, pues no hay que olvidar que representa la heráldica de la ciudad coruñesa. Sin embargo, esta torre que es hoy escudo de A Coruña no lleva el nombre de Breogán, sino el del héroe griego Hércules.

De origen romano, el más antiguo faro aún en servicio es hoy, y tras la última reforma constructiva llevada a cabo durante el reinado de Carlos III (1791), una torre de planta cuadrada y una altura cercana a los 68 metros. Según la tradición, la Torre de Hércules está levantada en el solar de la antigua torre de Breogán, y lleva asociada una curiosa historia basada en el mito del héroe griego. En dicho lugar estaría enterrado el gigante Gerión, que resultaría muerto en su enfrentamiento con Hércules, lo que quedaría representado en el escudo de la ciudad herculina con la calavera situada bajo el faro-torre.

Prisciliano: ¿el ocupante del sepulcro de Compostela?

Sobre la figura de Prisciliano se ha creado a lo largo de los siglos una leyenda que ha convertido a este personaje en uno de los más controvertidos de la historia de Galicia, no solo porque exista la creencia de que su cuerpo sea el que se encuentra enterrado en el sepulcro sobre el que se ha levantado el hecho jacobeo y construido la tercera ciudad santa del cristianismo, sino también por la enorme influencia que ha dejado su doctrina en la sociedad y religión gallegas de siglos posteriores.

Su azarosa vida parece ser que comienza hacia el año 350 y mucho se ha escrito sobre su origen, que para unos es gallego y para otros lusitano o bético. Lo que no tiene duda es la imparable irrupción de sus ideas religiosas en la sociedad peninsular, especialmente en la Galicia tardorromana. Su predicamento, en el que negaba la Trinidad y atribuía a Jesús solo el cuerpo aparente además de negarle el carácter de último profeta, fue el causante de la introducción de la herejía y las prácticas mágicas en la religión del momento según Sulpicio Severo. En realidad no deseaba la eliminación de la organización eclesiástica, pero sí su regeneración mediante la exigencia de celibato y voto de pobreza. Sus creencias se basaban en el ascetismo, predicó la retirada periódica a las montañas y el profetismo, aunque no cerraba las puertas a las tendencias agnósticas. Prisciliano reivindicó el papel religioso de la mujer, pues consideraba que cualquiera de los dos sexos podía ser vehículo de la fe.

Su arrasadora influencia consigue adeptos incluso en sectores de la Iglesia oficial (se le llega a nombrar obispo), pero también se granjea importantes enemigos dentro de la estructura del poder político y eclesiástico, quienes conseguirán del emperador Graciano su expulsión y la pérdida de sus iglesias y tierras. Ante el acoso al que se ve sometido, decide dirigirse a Roma para entrevistarse con el Papa, y en el viaje multitud de nuevos creyentes se unen a su causa, pues era muy grande el poder de convicción de Prisciliano, especialmente en círculos femeninos. Ante la negativa de recepción por parte del Papa, se encaminan a Milán para lograr el apoyo del influyente san Ambrosio, lo que tampoco conseguirán. Sus adeptos entre los círculos de poder consiguen la anulación del decreto imperial y posibilitan la vuelta a la península y la recuperación de sus iglesias.

Sus poderosos adversarios denunciarán a Prisciliano ante el emperador Máximo, que residía en la ciudad de Tréveris. En esta ciudad se realiza el proceso contra Prisciliano, que es decapitado (385) acusado de inmoralidad y magia, y ni siquiera la intercesión de Martín de Tours logra evitar la primera ejecución en la historia cristiana de un condenado por herejía.

En Galicia, donde el priscilianismo había arraigado hasta las raíces del pueblo, su figura se honra como mártir y pronto adquiere la categoría de santidad. Su cuerpo es recogido y se trae a las tierras donde había evangelizado para su enterramiento, ¿quizás en Compostela?

No se puede negar la similitud entre su muerte y posterior *traslatio* con la del apóstol Santiago...

> El nombre de Compostela viene del latín –compositum tellus– que significa cementerio... La Quintana sirvió luego de sepultura para mártires y aquí fueron inhumados... después de ser trasladados de Tréveris. De cualquier modo, esto nunca fue el Campo de la Estrella, que se inventaron los partidarios del Suplantador.[1]

El priscilianismo es condenado en el primer y segundo Concilio de Braga, pero su influencia tardaría mucho tiempo en ser borrada de la vida gallega.

---

1. Chao, R. *Prisciliano de Compostela*. Ed. Seix Barral.

Xelmírez: entre la cruz y la espada

> Se había criado en la nueva ciudad en que cuanto le rodeaba venía a hablarle de Dios y del postrer destino... A cada instante el incienso que ardía perpetuamente ante el altar del Apóstol, las plegarias que resonaban a través de las naves del templo, venían a hablar de las esperanzas de los hombres, de los supremos dolores que les asaltaban y de sus inacabables ansias de redención.[1]

Si hay una personalidad clave en la conversión de Compostela como principal centro religioso de Occidente y en el engrandecimiento y asentamiento de la iglesia compostelana como principal foco de autoridad, también en lo político, religioso y social, esa es en esencia la figura de Diego Xelmírez. Todo lo que rodea a su persona está plenamente embebido en el mito, que se encargó de crear y potenciar, quedando para la posteridad una crónica,[2] conocida como *Historia Compostelana*, que él mismo mandó elaborar y en la que se glorifica su labor, temperamento y condiciones. En ella no se relaciona ni el lugar ni procedencia de su estirpe, lo que puede ser síntoma de su pertenencia a la pequeña nobleza gallega, y tampoco su muerte aparece relatada en la misma, aumentando con ello el carácter cuasi mítico del prelado. Protegido del obispo Diego Peláez, gracias a sus dotes diplomáticas, no exentas de una gran flexibilidad para poder ajustarse a sus necesidades políticas, lo irán convirtiendo no solo en un alto dignatario eclesiástico sino también en un gran señor feudal de enorme poder. Gran conocedor del clima de inestabilidad política y social en el que se desarrolla el mundo feudal, Diego Xelmírez auspicia el ascenso de su clan familiar dentro de la jerarquía política y religiosa, con lo que se asegura el control de los más importantes órganos de poder.

A nivel más alto desarrolla una política de alianza con la poderosa orden de Cluny y el papado, sabedor del cada vez mayor poder que disfrutan los papas en el mundo cristiano medieval. Su aportación, como máxima autoridad de una de las iglesias más ricas de la cristiandad, de enormes sumas de oro y plata a las arcas de Roma, le hizo contar en todo momento con el apoyo del papa. Xelmírez, que sucedió en la sede compostelana

---

1. Murguía, M. *Don Diego Gelmírez.*
2. *Liber Registri venerabilis Compostellane Ecclesie Pontificis didaci Secundi.*

Castillo de A Nogueirosa, Andrade, Pontedeume, A Coruña. Bastión de los señores de Andrade.

a un monje cluniacense, percatándose también del inmenso poder de los monjes negros de Cluny, colabora en todo cuanto puede con la orden, lo que llevará a su nombramiento como obispo de Compostela por un Papa cluniacense, Pascual II, y su encumbramiento arzobispal posterior y legado pontificio se debieron en parte a los buenos oficios de los de Cluny.

Durante su mandato Xelmírez utilizó la supremacía que le otorgaban el dinero y el tesoro de la rica sede compostelana, así como las rentas de su señorío y dominios territoriales para asentar su influencia y poder. Ello le generó gran cantidad de odios y envidias, por lo que se debió enfrentar a multitud de enemigos (revueltas burguesas y disputas con importantes señores feudales), llegando a enfrentarse con la propia monarquía, primero contra la reina Urraca, que acabó costándole prisión. La rápida intercesión de sus aliados, Cluny y papado, resolverá la situación, amenazando a la reina con la excomunión e incluso una cruzada militar. Muy cerca de su muerte, ya anciano, tuvo otro enfrentamiento real con Alfonso VII, que una vez más sus aliados mitigaron.

El arzobispo Xelmírez fue un gran príncipe feudal y eclesiástico que recogió los grandiosos proyectos de sus antecesores para la sede compostelana, y será el constructor de la gran basílica catedral y potenciador del hecho jacobeo. En su mandato se instalan en Pontecesures, puerto de Santiago, los primeros astilleros de España para la construcción de navíos que limpien y protejan de piratas las rutas marítimas hacia Santiago.

En cuanto a la gran basílica, se coloca, después de 44 años de la primera, la última piedra en 1122. En su lado norte construye también su palacio-fortaleza, y engrandece urbanísticamente la ciudad y erige nuevas iglesias y conventos, así como centros de acogida para los peregrinos (entre ellos, un hospital), aunque muchos de sus proyectos no logró verlos acabados.

Figura controvertida e inquietante, Xelmírez aparece como personalidad integradora entre la Galicia del norte y del sur del Miño para unos, y para otros como uno de los responsables de la partición de Galicia (creación del reino de Portugal en los condados del sur) y su integración en el reino de Castilla.[1] Sin embargo, en la historia composte-

1. «Lo cierto es que por ganar para Compostela la primacía eclesiástica de España, el arzobispo Xelmírez consistió la desintegración del territorio gallego al crearse el Reino Lusitano...». Castelao. *Sempre en Galiza*. Akal Editor.

lana él dejará su carácter de «Padre, escudero, defensor y protector de la patria gallega».[1]

Roi Xordo: el «Robin Hood» gallego

Los Andrade ejercieron durante la primera mitad del siglo XV la autoridad en sus tierras con excesiva dureza y opresión hacia sus vasallos, situación que llegó a ser insostenible cuando Nuño Freire heredó el título. Tales fueron el horror y la crueldad que extendió por sus dominios que el pueblo le conocía con el sobrenombre de *O Mao* (El Malo). Su despiadado e indiscriminado poder y el amparo que ofrecían los caballeros y señores a los malhechores que campaban a sus anchas en sus tierras robando, asesinando y arrasando las posesiones de los más débiles, formaban parte de la vida cotidiana de sus vasallos. La situación era especialmente abusiva en Ferrol[2] ya que las ejecuciones y torturas estaban a la orden del día en el barrio de la Atafona, donde se encontraba una picota hecha de piedra en forma redonda o de columna, que era lugar de tormento e insignia a la vez de jurisdicción de una villa, y era el lugar donde se exponían los condenados y se realizaban los castigos. Un hombre del que solo se conocen su nombre, *Roi Xordo*, y su probable pertenencia a la clase hidalga se levantaría contra tales injusticias aglutinando en torno a su persona el descontento popular, que derivaría en un levantamiento popular de proporciones incalculables, lo que aconteció en el año 1431. Los vasallos levantados en armas, conocidos popularmente como la *Irmandade Fusquenlla* y dirigidos por Roi Xordo, se encaminan a Moeche,[3] una de las fortalezas de los Andrade donde se refugiará «O Mao», que ante la magnitud del levantamiento huirá hacia Compostela para buscar la protección del arzobispo. En su camino hacia Pontedeume los levantados arrasan los bienes del señor feudal que encuentran a su paso. En la villa del Eume se instalan

1. Barreiro Somoza, J. Diego Xelmírez en *Gran Enciclopedia Gallega*.

2. «... y gloria a Ferrol, que es el primer pueblo que aparece históricamente en esa lucha altamente dignísima». Vicetto, B. *Historia de Galicia*.

3. En los restos de la fortaleza de Moeche se realiza cada año una «Festa Irmandiña» que recuerda lo acontecido en ella durante la primera Revuelta de los Irmandiños.

Cabo Vilano, Camariñas, A Coruña. Punto de referencia en la Costa da Morte.

uniéndose a los vasallos de Ferrol y Vilalba, los de Pontedeume, Mondoñedo y Lugo formando un gigantesco ejército popular que marcha imparable por el señorío de los Andrade. El propio arzobispo intenta mediar con Roi Xordo en la ciudad de Betanzos ofreciendo por única solución el sometimiento de los sublevados al de Andrade.

Ante la nula oposición encontrada los miembros de la *primera Revuelta Irmandiña* deciden atacar la misma Compostela, lo que vendrá a suponer el principio de su fin. El ejército del arzobispo, profesional, bien preparado y mejor armado, rompe el cerco a que habían sometido a la ciudad provocando la huida en desbandada de los de Roi Xordo. Reunidos de nuevo, se enteran de que el señor de Andrade está con su familia en el castillo de Pontedeume y deciden cercarlo. Las fuerzas del caballero feudal con ayuda de las enviadas por el arzobispo esta vez no serán derrotadas y los cabecillas que no perecieron en la batalla serían ajusticiados. El hidalgo Roi Xordo, defensor de los campesinos, desaparece para siempre aunque no en el recuerdo del pueblo, que, consciente de la importancia de la primera revuelta masiva de los campesinos gallegos contra la tiranía de los señores, lo eleva a la categoría de mito, y su leyenda continuaría viva. Tras la revuelta y la muerte de Roi Xordo, el rey prohibiría mediante ley el amparo y cobijo a malhechores, y la pena de muerte para aquellos que se dedicasen a estas actividades delictivas.

Todo ello ocurrió en el mismo tiempo en que una doncella de Orleans llamada Juana se levantó también contra la injusticia en Francia y, procesada por herejía y brujería, fue quemada viva en Ruán.

El Mariscal y el puente del «Pasatiempo»

Héroe o truhán: la vida de Pedro Pardo de Cela, «O Mariscal», discurre sobre una quebradiza y tortuosa senda que lo ha convertido en mártir y héroe de la resistencia de la Galicia oprimida para unos, o uno más de los poderosos nobles que de manera totalitaria gobernaban sus territorios en el final de la Galicia bajo medieval para otros. Su azarosa vida y su oscura muerte han rodeado su figura de una aureola mítica que la ha dotado de un carácter legendario, llegando a inspirar a la literatura popular y a ser reivindicado por pensadores y literatos de la talla de Ramón Cabanillas o Benito Vicetto.

Pardo de Cela llega a codearse con la más alta nobleza gallega tras heredar, por la muerte de su hermano mayor, las muchas posesiones de su padre y ayudado por su casamiento con la hija del conde de Lemos, a su vez prima de la futura reina Isabel «La Católica». Cuando se suscita el problema de sucesión a la corona de Castilla, se une al bando del arzobispo Fonseca que apoya la causa isabelina frente al mayoritario apoyo que la nobleza gallega otorga al bando beltranejo.

El turbulento, violento e intrincado siglo XV gallego encuentra en Pardo de Cela la figura del héroe individual, inquieto y arrojado, altivo y orgulloso que se rebela contra todo y contra todos: es enemigo acérrimo del obispo de Mondoñedo, se enfrenta a sus coetáneos de la nobleza gallega, se levanta en armas con el campesinado en la Revuelta Irmandiña y se opone, en fin, a la corona de Castilla en la figura de su *justicia mayor* enviado a Galicia para instaurar un férreo control sobre el territorio.

Sus últimos años alimentan la leyenda al verse sometido al cerco dictado por el representante de la monarquía contra su figura indomable y que lleva al Mariscal a refugiarse en sus tierras, donde resistirá las acometidas hasta que se ve obligado a refugiarse en su fortaleza de A

Castillo de Moeche, San Xurxo, Moeche, A Coruña.
Sobrevivió a la Revuelta Irmandiña.

Frouxeira, en la comarca de Valadouro (norte de Lugo), donde se verá sometido a un sangriento asedio que terminará la traición de su propia servidumbre y que llevará aparejada la destrucción del bastión del Mariscal, quien se ve forzado a huir hacia su castillo y tierras vecinas de Castro de Ouro.

El principio del fin de Pardo de Cela se produce cuando es nuevamente traicionado y apresado en la casa de Fonsa Yáñez el 7 de diciembre de 1483. Trasladado a Mondoñedo, es juzgado y condenado a pena de muerte, lo que intenta evitar su esposa Isabel de Castro. Esta se traslada a entrevistarse con su prima la reina, que accederá a otorgar el indulto. Enterados los múltiples enemigos del Mariscal del éxito de las negociaciones en la corte, intentaron evitar la llegada del mismo, y así en un puente de entrada a la ciudad de Mondoñedo un grupo de guardias retuvo y entretuvo a la esposa de Pardo de Cela quien portaba el indulto salvador, mientras en la Plaza Mayor de la ciudad el verdugo hacía caer el arma decapitadora cercenando la cabeza del Mariscal en la puerta de la catedral.

Aquel puente es conocido, desde aquella nefasta intriga contra Pardo de Cela, como A *Ponte do Pasatempo*, triste anacronismo popular para un lugar en el que se jugaron las últimas bazas en defensa del Mariscal.

Héroe o villano, la huella dejada en la historia es alargada...

¡Teu nome será o facho luminoso
(¡Tu nombre será la antorcha luminosa)
que amostrará a vereda
(que enseñará el camino)
por onde camiñar, tempos adiante,
(por donde caminar, en tiempos venideros,)
os que sintan no peito a sagra arela
(a los que sientan en el pecho el sagrado anhelo)
de faguer libre o chán en que naceron,
(de hacer libre el suelo en el que nacieron,)
de ter patria de seu, honrada e ceiba!
(de tener su propia patria, honrada y libre!)[1]

Hechos y andanzas de un caballero muy madrugador

Contemporáneo del Mariscal Pardo de Cela, la figura de Pedro Álvarez de Soutomaior entrará a formar parte de la historia y la mitología gallega con el sobrenombre de *Pedro Madruga*. El origen del apodo no está muy claro aunque parece que se debe «por que madrugaba mucho quando facia sus cabalgadas».[2] Este Pedro Madruga hijo bastardo del señor de Soutomaior, seguía su carrera de clérigo cuando la muerte de su hermanastro sin descendencia le puso en sus manos el título y las tierras de los Soutomaior. A partir de aquí, el citado Pedro cambiará su hábito por la espada, con la que mostrará una sorprendente pericia, y por la política, que le llevará a ser el dueño absoluto de las tierras a ambos lados del río Miño.

Cuando se produce el levantamiento campesino que conseguirá la destrucción de todas las fortalezas nobiliares en Galicia, «Logo en este tiempo se levanto la Hermandad que todos los villanos se levantaron

1. Ramón Cabanillas. *O mariscal*.
2. Vasco de Aponte. *Recuento de las Casas Antiguas del Reino de Galicia*.

Ponte do Pasatempo, Muiños de Arriba, Mondoñedo, Lugo.

contra sus señores, en que derrocaron quantas fortalezas habia en Galicia, escepto la fortaleza de Pambre...»,[1] Pedro Madruga se refugia en Portugal, donde se unirá en matrimonio con una noble portuguesa.

En estos tiempos en que cerca de 60.000 irmandiños dominaban Galicia y el poder de los nobles estaba en entredicho, Pedro Madruga y su ejército penetran en Galicia y van derrotando, una tras otra, a las fuerzas irmandiñas que encuentran a su paso, liberan Pontevedra y se plantan en los alrededores de una Compostela ocupada por los levantados, donde se reúnen las fuerzas nobiliares a las que organizan y lideran. La derrota de los irmandiños y la posterior rendición de la ciudad significan el principio del fin de la revuelta. El peso del de Soutomaior dentro de la gran nobleza gallega es ya incuestionable, y su poderío se incrementa cuando el rey de Portugal le otorga el título de conde de Caminha. Aunque su sino empezará a cambiar cuando se decante totalmente en favor de la sucesión al trono de Castilla en la figura de Jua-

1. Vasco de Aponte. *Op. cit.*

na Beltraneja, frente a la actitud del arzobispo Fonseca, partidario isabelino.

Su actividad política se vuelve frenética: consensúa el fallido matrimonio entre el rey de Portugal y Juana, programa la invasión portuguesa de Castilla implicándose él mismo en un frente gallego que conllevará la prisión del obispo de Tui y su enfrentamiento con los nobles gallegos que se alinean en el bando fonsequino.

Madruga es hecho prisionero por el conde de Benavente durante un año, lo que es aprovechado por sus enemigos para apoderarse de casi todas sus posesiones, que al liberarse no tardará en recuperar. El enorme poderío militar de Pedro Madruga estaba basado en la utilización por primera vez en España de piezas de artillería, pequeños cañones y otras armas de fuego, todo ello requisado en el puerto de Baiona en unas embarcaciones que habían hecho escala en su camino hacia Flandes.

La consolidación de los Reyes Católicos en el trono y la firma de la paz entre España y Portugal significaron un cambio en la fortuna de Pedro Madruga, quien se ve acosado nuevamente. El hijo del de Soutomaior, protegido de los monarcas católicos, se presenta en las posesiones gallegas de Pedro Madruga, quien se encontraba en Portugal, y se apodera de ellas. Su padre lo deshereda y lo maldice, pero los hechos habían dictado sentencia: el apoyo de los reyes provoca que Álvaro de Soutomaior sea confirmado como heredero y Pedro Madruga encontrará la muerte de manera muy oscura y misteriosa en Alba de Tormes cuando buscaba, en un desesperado intento, congraciarse con los monarcas.

El más «maquiavélico» de los nobles gallegos («... este Conde se apoderó de la ciudad de Tui que era del obispo, y tomole Baiona a la corona real de Castilla, y tomó al Arzobispo á villa de Pontevedra, y la villa de Padrón, y las otras tres villas, Redondela, Vigo é Cangas...»)[1] pasaría a formar parte de la leyenda popular, y de las plumas de apreciados literatos como Otero Pedrayo nos quedan historias basadas en su belicosa vida. La memoria colectiva recuerda de este caballero tardomedieval que estando enfrentado con los Sarmiento por el control de la villa de Ribadavia, ambos señores deciden que cuando cante el gallo cada uno de ellos saldrá con sus respectivas huestes de sus fortalezas, y en el lugar en el que se encuentren establecerán las fronteras de sus dominios, lo que sellan con su palabra de caballeros.

1. Vasco de Aponte. *Op. cit.*

Castillo de Soutomaior, Soutomaior, Pontevedra,
Fortaleza del legendario Pedro Madruga.

Durante la noche don Pedro ordena a un vasallo que le retuerza el cuello a un gallo hasta que «cante», lo que una vez realizado significa la puesta en camino de sus huestes. Mientras tanto en el señorío rival, cuando los gallos cantan al alba, las huestes de los Sarmiento se preparan para iniciar la marcha y al abrir las puertas de la fortaleza se encuentran de bruces con el de Soutomaior y su séquito. Entre lacónicos e irónicos, los Sarmiento se dirigen al exclérigo en los siguientes términos: «Madrugas, Pedro, madrugas...».

El perfil femenino de la leyenda

Es incuestionable la importancia de la mujer en el entramado de la sociedad gallega, pues no solo el análisis histórico nos acerca en los primeros tiempos (como hemos advertido en el capítulo 2) a una sociedad en la que la mujer llega a poseer la propiedad de importantes bienes, sino que su papel adquiere mayor relevancia en el mundo intelectual como acontece en el siglo XIX donde nos encontramos mujeres de la valía e importancia de Rosalía de Castro, Concepción Arenal o Emilia Pardo Bazán. En relación con la sociedad gallega, el matriarcado es la estructura sobre la que se articula dicha colectividad, hecho que se ve fortalecido por la ausencia masculina provocada por la emigración o el trabajo en la pesca, lo que ha echado a la espalda de las mujeres el mayor peso de la vida familiar y social.

Pero el importante papel femenino no es solo fruto de la vida cotidiana, pues la historia gallega presenta también mujeres, heroínas o bandoleras, que han calado en la mentalidad popular y su recuerdo pervive en la propia historia, en forma de cuento o leyenda, o en los dichos populares de tradición oral. En estos parámetros se encuentran personalidades femeninas de diferente extracción como la reina Urraca, María Castaña, Pepa «A Loba» o María Pita.

Durante el siglo XII, conocido como «siglo de Xelmírez», la figura del poderoso prelado compostelano tiene como antítesis una sorprendente y conflictiva personalidad femenina en la agitada vida política gallega. El reinado de *Doña Urraca* representa la lucha desesperada de esta mujer por mantener el poder político y evitar su separación y arrinconamiento de los centros de decisión de la corona castellano-leonesa y su incapacidad para lograrlo.

Su vida es un continuo enfrentamiento con múltiples enemigos, y es que la habilidad política de la reina propiciaba la proliferación de estos. Enfrentada a su marido Alfonso de Aragón por la sucesión a la corona castellano-leonesa, su matrimonio camina entre una continua ruptura por las armas y breves épocas de reconciliación; unas veces asociada y otras peleada con la poderosa clase nobiliar gallega representada en la figura de Pedro Froilaz, el conde de Traba; ora con Xelmírez, ora contra él... El eterno vaivén de su mandato entre el enfrentamiento y la colaboración con sus aliados-enemigos propiciará un clima de inestabilidad política cuya más importante consecuencia será la proclamación en las tierras del sur de Galicia del reino de Portugal en la figura de su sobrino Alfonso Enríquez.

En su convulsiva actividad política perseguirá y cercará a su esposo y adversario político Alfonso, encarcelará a su vez a su circunstancial aliado, el arzobispo compostelano, siendo amenazada por ello con la excomunión y una cruzada militar por el papado, reconocerá a su hijo como legítimo heredero pero reclamará posteriormente su derecho a reinar en Galicia, sufrirá asedio junto a Xelmírez en la catedral, cuyas obras serán incendiadas por una revuelta popular y de donde intentará huir sufriendo el apedreamiento popular. En fin, el reinado de Urraca parece más digno de una leyenda que un hecho de la propia historia, y encarna la obstinada resistencia al abandono del poder y la utilización de cualquier método para aferrarse al mismo.

En el incendiario y convulsivo fin de la Edad Media gallega la sociedad estaba envuelta en un proceso de ruptura provocado por el proceso de agotamiento del sistema feudal, lo que generaba un clima de inseguridad y fomentaba la aparición de revueltas populares.

Como en muchas de las ciudades gallegas, en Lugo la situación solo estaba a la espera de que un chispazo encendiese el polvorín, lo que habrá de suceder cuando el rey Fernando II ratifique el testamento del obispo Odoario que confirmaba el señorío de la ciudad en favor de la catedral, lo que provocaría multitud de enfrentamientos civiles entre el ayuntamiento y los sucesivos prelados catedralicios.

A la cabeza de una de estas revueltas contra el obispo de Lugo se sitúa *María Castaña*, que protagonizó quizás una de las más sangrientas en los años finales del siglo XIV y que terminó con la muerte del mayordomo del propio obispo. Remitida la revuelta y una vez apresada María Castaña, esta se verá obligada a donar sus propiedades en la parroquia de Cereixa a la Iglesia y se le impone como parte de la condena por sus delitos el pago de una importante cantidad en moneda.

Quiso el pueblo que el nombre de la aguerrida agitadora no cayese en el olvido y desde aquellos lejanos hechos quedó en el subconsciente el dicho popular «En los tiempos de María Castaña...» para designar algo acontecido hace mucho tiempo.

Vinculado con las acciones de armas está también el caso de la heroína por antonomasia de A Coruña, ciudad que tiene en *Maria Pita* la representación de su tenacidad defensiva ante la amenaza inglesa en su intento por conquistar la ciudad. Una vez producido el desastre de la «Armada Invencible», la corona inglesa diseña una expedición de castigo contra los intereses españoles y se prepara una operación que tenía como primer y gran objetivo la toma de Lisboa y la proclamación de un rey portugués con lo que consumar la secesión de Portugal de la corona española. El tamaño de la empresa era tal que no se pudieron conseguir los recursos para desarrollarla, lo que no impidió que una importante fuerza naval saliese a la mar en busca de las naves de la gran armada que regresaban maltrechas a los puertos españoles. Sir Francis Drake, considerando que el puerto elegido para su resguardo era A Coruña, dirige la flota hacia la bahía coruñesa, donde desembarcan, un 4 de mayo de 1589, importantes fuerzas de infantería al mando de John Norris, con lo que el asedio a la ciudad se completaba por mar y tierra.

Tomada la ciudad extramuros, solo el pequeño sector amurallado de la misma resistía estando a punto de caer los últimos bastiones. Como antecesora de la figura de Agustina de Aragón, la tradición otorga el abatimiento del abanderado inglés, culminada la ascensión de la muralla, a una joven coruñesa, María Pita, quien con su acción reactiva y levanta el ánimo de los abatidos defensores. Ella se convertiría con su arrojo en el soplo renovado que fortalecería la defensa y la recuperación de las fuerzas sitiadas, lo que provocaría el empuje de los coruñeses que harían retroceder a los soldados ingleses hacia sus barcos. Con ello, la toma de la ciudad a manos de sir Francis Drake no se realizaría jamás.

Pero no solo los protagonistas de acciones heróicas tienen un lugar en el recuerdo de las gentes: el bandolerismo en Galicia presenta unas peculiaridades que le otorgan un carácter especial, entre las que destacan dos aspectos muy interesantes: el primero, y quizás más importante, es la importante presencia femenina entre los más afamados bandoleros gallegos. La segunda circunstancia es el atractivo que este quehacer desarrolló entre destacados miembros de la literatura gallega, lo que ha ayudado al desarrollo del mito de determinadas figuras del bandidaje gallego.[1] La tradición popular mantuvo vivas a través de sus usos de transmisión oral, especialmente con los cuentos y los comentarios en las aldeas, las andanzas y correrías de gran parte de bandidos que fueron adquiriendo carácter legendario. A la pervivencia en la memoria colectiva del pueblo se une el atractivo que convirtió al bandolerismo en tema de inspiración literaria. La figura del bandolero aparece en *El bosque animado* de Fernández Flórez tratada desde un punto de vista romántico, ya que el bandido *Fendetestas* es presentado como el hombre condenado a ser bueno, el salteador cuyos intentos de robo siempre terminan en una buena acción. No es una figura aislada «el bandido de la fraga de Cecebre», ya que los versos de Ramón Cabanillas dejan entrever la fascinación que genera el bandolero:

1. Durán, J. A. *Crónica, 1* y Bandidaje en *Gran Enciclopedia Gallega.*

E dende alí ollaban as veredas
e os camiños travesos
coa carabina ó lombo,
do paso dos civiles en axexo,
os espías da Loba e de Xan Quinto,
ladróns e cabaleiros.

Será *Pepa A Loba* la figura femenina más conocida y popular del bandolerismo gallego pero no la única. Nombres como los de Juanita de Paderne o María Costoya, entre otros, significan la presencia de la mujer dirigiendo partidas de bandoleros en los montes gallegos. La tradición oral mantiene el recuerdo de «A Loba» en el decir popular que manifiesta: «... parece la cuadrilla de Pepa A Loba», para calificar a un grupo falto de orden y uniformidad.

De Lugo a Viveiro

Según la tradición, *Lucus Augusti* fue un campamento fundado por orden del emperador romano Augusto en un bosque sagrado dedicado al culto del dios celta *Lug*. Esta ciudad bimilenaria permanece rodeada por la muralla que le sirvió de defensa en época romana. Las termas, los restos de calzadas, los innumerables yacimientos arqueológicos dentro de la propia urbe, la catedral, la belleza de sus calles y su sabor provinciano le confieren unas características únicas y una impronta especial que se aglutina de manera especial durante la celebración de las fiestas y ferias de San Froilán en el mes de octubre; el pulpo al estilo feria aquí sabe distinto.

En dirección norte se encuentra Castro de Rei, en cuyas tierras se hallan el gran castro de Viladonga y el museo del propio yacimiento. Muy cerca está Meira con una iglesia románica dedicada a Santa María, exponente de lo que fue un gran monasterio. Fonmiñá presume de ser el lugar donde nace el río Miño en perpetua discusión con los vecinos de Meira.

Mondoñedo es otra ciudad cargada de historia y de monumentos a cuya cabeza se encuentra la catedral, que posee un magnífico rosetón vidriera y en una de sus paredes interiores unos frescos alusivos a escenas medievales y a la lucha contra los musulmanes. Varias iglesias en la ilustre villa y en sus alrededores y sobre todo una magia de la que fue cantor el ínclito Álvaro Cunqueiro, Merlín y familia desfilan a diario, desde que su pluma así lo quiso, por esta comarca. En una de las entradas de la ciudad se encuentra el puente do Pasatempo, relacionado con *la trágica muerte del Mariscal Pardo de Cela*, y a pocos kilómetros la *Cova do Rei Cintolo*, paraíso de los espeleólogos y lugar mágico por excelencia.

En Vilanova de Lourenzá se encuentra el monasterio de San Salvador con fachada barroca diseñada por Casas Novoa. En Alfoz quedan los restos del castillo del Mariscal Pardo de Cela, su torre del homenaje y capilla, todos del siglo XV.

En las cercanías de Foz encontramos la iglesia, otrora catedral, de San Martiño de Mondoñedo con partes prerrománicas del siglo IX y el resto de la construcción románica del siglo XII; su interior es austero y sobrio pues responde a los cánones de iglesia-fortaleza con gruesos muros y pocos y estrechos vanos. En una de sus naves está el sarcófago del *Bispo Santo*, es decir, de San Gonzalo, que fuera obispo de la diócesis y derrotara a los normandos. Entre Foz y Viveiro el mar Cantábrico baña una agreste costa intercalada de blancas playas y los importantes puertos pesqueros de Burela y Celeiro. Entre ambos se encuentra la factoría de cerámica de Sargadelos.

Viveiro conserva restos de su antigua muralla y fundamentalmente la puerta plateresca de Carlos V. También destacamos las iglesias de Santa María do Campo, románica, y la de San Francisco. Es recomendable subir al monte San Roque, a cuya capilla se acude en romería, para tener una amplia perspectiva de toda la ría de Viveiro.

Por el litoral del golfo Ártabro

Las aguas del antiguo golfo Ártabro se interponen entre A Coruña y Ferrol. Esta es una histórica ciudad departamental, cuyo motor era la marina de guerra y alrededor de ella se construyeron fortalezas y fortificaciones entre las que destacan los castillos de San Felipe y La Palma, baluartes defensivos en la entrada de la ría.

Al norte, por la costa, dejando atrás Valdoviño y su espectacular playa, se encuentra la villa de Cedeira, llena del encanto de los pueblos marineros; la playa de A Madalena, de casi dos kilómetros de longitud, tiene una arena fina y blanca que la hace muy atractiva para el turismo veraniego. A Cedeira pertenece la parroquia de San Andrés de Teixido, uno de los santuarios romeros más importantes de Galicia al que se peregrina todos los fines de semana del año desde cualquier punto de la geografía gallega. En Teixido el paisaje cambia y el mar se estrella contra acantilados como los Herbeira. A fin de disfrutar del entorno conviene continuar hasta el cabo Ortegal para luego retornar hacia el sur por San Sadurniño no sin detenerse en Moeche para disfrutar del castillo medieval en el que cada año celebran la fiesta *irmandiña.*

En la ribera sur de la ría ferrolana está Mugardos, puerto pesquero con plato con nombre propio: «pulpo a la mugardesa». Muy cerca Ares, con famosas alfombras florales en el Corpus.

En dirección A Coruña atravesamos Pontedeume, villa señorial de los Andrade, de quienes permanecen en pie la torre del homenaje y a pocos kilómetros en el cerro de A Nogueirosa su fortaleza inicial. Importancia biológica especial tiene la *fraga do Eume*, una zona boscosa de arboles autóctonos a ambos lados del último tramo del río Eume antes de desembocar en la ría. En plena *fraga* se encuentra el monasterio de Caaveiro, muy deteriorado pero de visita obligada.

La antigua Betanzos de los Caballeros no tiene muy clara su fundación, que algunos relacionan con la *Brigantium* romana. Los conventos de San Francisco y de Santo Domingo y numerosos pazos como los de Bendaña y Lanzós son solo una muestra del carácter monumental de Betanzos, que también se aprecia paseando por su casco antiguo y sus calles estrechas. En agosto celebran las fiestas de Santa María y San Roque, en las que tienen protagonismo especial el lanzamiento del globo de papel y la romería fluvial, por el río Mandeo, llamada de *Os Caneiros.*

La Torre de Hércules es el elemento arquitectónico más significativo de la ciudad de A Coruña, pero no el único; su modernidad actual se apoya en su historia y en sus características más peculiares, como la Marina con sus galerías acristaladas, fotografía típica como lo es también el Castillo de San Antón, hoy Museo Arqueológico e Histórico. Pero A Coruña tiene también un castro, el de Elviña, y museos de corte vanguardista como el de las Ciencias, el del Hombre y el Acuario con especies propias del Atlántico, pero también con muestras de otros mares más exóticos.

4

La Ciudad Santa de Occidente

Primero fue el sepulcro y luego la ciudad. Hoy Compostela representa espiritualidad y religiosidad, la meta de un camino iniciático que se culmina en el gran templo catedralicio. Pero no solo peregrinos se pueden encontrar en el camino, la idea de una Europa unida y solidaria se ha forjado en sus senderos por los que la cultura, el arte y las ideas han viajado sin detenerse en fronteras: Compostela es eso y mucho más. Porque en palabras de Dante: «... no se entiende por peregrino sino aquel que va a la tumba de Santiago, o vuelve...»;[1] de modo que aunque antiguamente todos los caminos conducían a Roma, el descubrimiento del sepulcro ha convertido a un remoto enclave del finis terrae en luz y guía del concepto de una Europa que busca, en sí misma, su identidad integradora y plural.

Pero ¿qué significado etimológico tiene «Compostela»? Hoy la interpretación más aceptada, quizás por sencilla, es la que nos remite a su origen en el *Campus Stellae* o «Campo de la estrella», por ser este astro el que una vez observado señaló el lugar exacto del enterramiento del apóstol Santiago. Sin embargo, si el seguimiento del Códice Calixtino es aceptado como la primera fuente en la que hay que beber para entender el hecho jacobeo, en aquel se evidencia que significa «bien compuesta, bien hecha». Otros investigadores defienden que el nombre de Compostela viene del latín *Compositum tellus*, que significa «Cementerio», como alguna vez ocurre en textos de Virgilio.

Pero antes de llamarse así, el lugar en cuestión tuvo otros nombres:

---

1. Dante. *La vida nueva*.

el primero y primitivo, antes de producirse el enterramiento del sepulcro, era *Libredón,* que para algunos sería una palabra céltica que significaría «Castro del camino», y para otros latina (*liberum donum*), o «Libre concesión de un terreno».[1] Posteriormente, entre los siglos IX y XI se conocería el lugar por *Arcis Marmoricis*, con el elemento arca que nos remite a una mámoa en toponimia; y será finalmente en el siglo X cuando aparezca el suburbio con nombre *Compostella,* que acabará por convertirse en nombre de la ciudad.[2]

El bosque del Libredón y los primeros tiempos

Como ya hemos mencionado anteriormente, Atanasio y Teodoro, discípulos del apóstol Santiago, fueron los que realizaron la *traslatio* del cuerpo martirizado desde Palestina hasta Iria Flavia, cruzando el mar Mediterráneo y bordeando la península Ibérica por sus costas atlánticas, siguiendo las rutas de los comerciantes fenicios y griegos. Desde allí, una vez amarrada la barca en el *pedrón* y tras el acuerdo con la Reina Lupa, «... rubia probablemente, con unas trenzas ásperas y largas y unos modales bruscos. Cultivadora aparente de la religión de Zeus, entregada en secreto a la antigua druídica»,[3] llegaron al bosque del Libredón, en el que los mansos bueyes se pararon como señal de fin de trayecto y de lugar elegido para el enterramiento de los restos de Santiago el Mayor.

Era el Libredón un frondoso bosque de árboles autóctonos, tal vez una *carballeira* o una *aciñeira*,[4] ubicado en el extremo occidental de la comarca de A Mahía, diócesis de Iria Flavia, en cuyos límites algunos autores apuntan la existencia, por aquel entonces, de un castro o poblado indígena romanizado, de ocupación tardía y abandonado bastantes años antes del descubrimiento del edículo. Otros apuntan, apoyados en los datos proporcionados por distintas campañas arqueológicas, la posibilidad de que en la zona estuviera ubicado algún *camposanto* o necrópolis utilizada hasta bien entrado el siglo VII, con tumbas entre

1. *Diccionario dos nomes galegos*. Ed. Ir Indo.
2. *Diccionario dos nomes galegos*. Ed. Ir Indo.
3. Torrente Ballester, Gonzalo. *Compostela y su ángel*. Ediciones Destino.
4. Robledal y encinar, en lengua gallega.

Representación jacobea en la fuente del Carmen, Padrón, A Coruña.

las cuales algunas bien pudieran ser cristianas,[1] lo que explicaría de algún modo la presencia de luces titilando día y noche y que serían confundidas con estrellas en el siglo IX. El caso es que los discípulos de Santiago escogieron un lugar en el mentado bosque para enterrar el cuerpo del apóstol, construyendo sobre su tumba un pequeño mausoleo en el que había sitio para dos tumbas más, que en su descubrimiento fueron atribuidas a las de los propios Atanasio y Teodoro. El templete encontrado por Paio y después por Teodomiro se supone era una pequeña cámara de unos 17 metros cuadrados, de aspecto tosco en su exterior pero sorprendentemente lujoso en su interior, en el que destacaban su estructura abovedada, su construcción en mármoles, sus arcos y sus arcas. Tan sobresaliente descubrimiento hizo a los presentes relacionar arcas con *Arcis Marmaricis*, la enigmá-

1. Andrade Cernadas, J. M. y Pérez Rodríguez, F. J. «Galicia Medieval» en *Historia de Galicia, III.* Vía Láctea Editorial.

tica *Arca Marmórica* que ya mencionaba el Beato de Liébana en su Mapa Mundi.[1]

En cualquier caso, y tal como profetizaron los discípulos de Santiago, el bosque del Libredón se haría aún más frondoso e inaccesible como queriendo ocultar y, por tanto, proteger tan digno secreto, a pesar de que muy cerca del lugar del descubrimiento existía una encrucijada de caminos en la cual convergían varias calzadas romanas de tipo secundario. Tal vez por ello se incrementase la leyenda sobre un lugar mágico, teniendo en cuenta las circunstancias que concurrían: bosque frondoso lleno de maleza, castro abandonado, necrópolis así mismo abandonada, encrucijada de caminos...; no es de extrañar el temor a circular por el lugar sobre todo si entre las gentes que habitaban la zona, los más indígenas de Galicia,[2] se hablaba de apariciones de ángeles[3] y de luces extrañas.

Y así fue, tanto que tuvieron que transcurrir nueve siglos para que los designios de la historia, la necesidad espiritual y hasta una conjunción astral se pusieran de acuerdo y tomaran forma iluminando a un anacoreta del lugar llamado Paio para que pudiese «ver luces ardientes durante la noche en el mismo lugar donde se decía habían aparecido con frecuencia ángeles»,[4] descubriendo, al adentrarse en el bosque, la existencia de un *arca marmórica* en cuyo interior se encontraban inhumados los restos del apóstol Santiago, tal como en pocos días certificó el obispo de la diócesis de Iria Flavia: Teodomiro.

Tres nombres para un lugar o tal vez tres zonas próximas en busca de un sitio en la historia: Libredón, un bosque mágico y lleno de misterios que alimentaron los temores de las gentes; Arca Marmórica, una capilla, un mausoleo o quizás un lugar limítrofe al bosque, y Compostela, el que perduró, con topónimo tan controvertido como los anteriores.

Pronto sobre la cripta original se edificó una iglesia, y a su alrededor es lógico suponer la construcción de las primeras viviendas para albergar a los más tempraneros peregrinos y a los primeros miembros del clero, del incipiente cabildo. Nacía así el núcleo de población que muy

---

1. Andrade Cernadas, J. M. y otros. *Op. cit.*
2. Andrade Cernadas, J. M. y otros. *Op. cit.*
3. Códice Calixtino.
4. Códice Calixtino.

Cripta y sepulcro del Apóstol. Catedral de Santiago.

pronto se convertiría en la ciudad más importante de Galicia hasta la llegada del siglo XX. Todo ello coincide con el comienzo de la revitalización agraria en el medio rural, de la mano de las órdenes monásticas que controlaban los grandes monasterios gallegos y, al tiempo, de las *villae*, verdaderos gérmenes de las posteriores ciudades. Los hombres y mujeres que abandonan el campo buscan la ansiada libertad, la independencia del señor feudal, laico o clerical, para poder desarrollar las habilidades de sus respectivos oficios al amparo de una urbe con fueros propios y con leyes diferentes. Así, se consolidan muy pronto en las ciudades, y Compostela es una de ellas, las sociedades formadas por artesanos de diferentes oficios agrupados en gremios que dotaban a los habitantes de la ciudad y a los peregrinos de las más imprescindibles necesidades: trabajadores de la construcción para levantar viviendas, puentes, murallas, iglesias, hospitales, etc.; el sector de la alimentación; el sector servicios (posadas, casas de comida...); sastres, carpinteros, herreros, etc. Con ellos se revitaliza la propia ciudad, generándose un comercio no solo interior sino también exterior con otras comunidades del norte de la península, a través del *camino francés* y de las viejas calzadas romanas, o con la Europa atlántica, por mar fundamentalmente, con un comercio más o menos importante que ayudó al crecimiento de villas marineras como A Guarda, Baiona, Noia, Betanzos, Viveiro, Ribadeo...[1]

La aparición de Compostela como nuevo foco espiritual de Europa, en una época plagada de convulsiones y guerras, y como meta de las nuevas peregrinaciones –hay que recordar que en menos de un cuarto de siglo ya había noticias escritas sobre el culto al apóstol Santiago en monasterios franceses y que el Papa Calixto II, en 1119, instituyó el Año Santo Compostelano o Año Jubilar con *indulgencias plenarias* para los peregrinos–, trajo consigo la llegada a la nueva ciudad de multitud de visitantes, algunos de los cuales se instalaron al socaire de tanto fulgor. Calles como la *Rúa do Franco*, en la que vivían los franceses, y la barriada judía en las proximidades del Monasterio de San Martín Pinario eran prueba de ello. Compostela se iba haciendo a sí misma con aportaciones que procedían de todo Occidente.

1. Villares, R. *A Historia*. Ed. Galaxia.

La amenaza de normandos y musulmanes

> En aquel tiempo (año 844) un pueblo desconocido para nosotros hasta entonces, los normandos, gente pagana y extremadamente cruel, llegaron con un ejército de naves a nuestras costas. El rey Ramiro reunió, con tal motivo, un gran ejército y en el lugar llamado Farum Brigantium les hizo frente. Allí mató a muchos soldados de ellos y destruyó sus naves con fuego.[1]

En las costas gallegas se observó por primera vez la esbelta figura de los temibles barcos vikingos, los *drakkar*, en los años centrales del siglo IX y fue durante esta centuria cuando las incursiones de los «hombres del norte» se prodigaron contra las poblaciones de las riberas gallegas en la búsqueda de botines y fortuna.

En los tiempos de las grandes peregrinaciones medievales el esplendor que irradiaba la metrópoli cristiana de Compostela fue tal, que la asimilación del territorio gallego con la ciudad de Santiago motivó que Galicia fuese conocida por los normandos como *Jacobsland* (*Tierra de Santiago*), término que sería utilizado posteriormente por los alemanes y que por extensión designaría a toda España. Dicha magnificencia y la atracción de las riquezas del santuario del apóstol impulsaron a los normandos a introducirse repetidas veces en la ría de Arousa con la intención de remontar las aguas para acercarse a Compostela: «... llegaron ante su presencia mensajeros para comunicarle que francos, normandos y una gran muchedumbre de enemigos se dirigían a Iria, tomando como cautivos a todos cuantos hombres y mujeres encontraban en su correría y saqueando y devastando el territorio. Ante esta nueva el obispo Sisnando,[2] fuera de sí, cogió las armas y se enfrentó a ellos en Fornelos, cayendo muerto al lanzarse en medio de las tropas enemigas».[3]

Tal desafío motivó la fortificación del estuario del río Ulla (fortale-

---

1. Gómez Moreno, M. *Crónica de Alfonso III* de Boletín R. Academia Historia. En *Textos e materiais para a Historia de Galicia*. Ed. Crítica.

2. Sisnando, obispo de Iria, muere en un enfrentamiento contra los normandos en el año 968.

3. Almazán, V. *Gallaecia Scandinavica* de Ed. Galaxia. En *Textos e materiais para a Historia de Galicia*. Ed. Crítica.

za de Torres del Oeste) y el levantamiento de torres de defensa en ambas orillas de la ría de Arousa. La importancia de los ataques vikingos y su fortaleza quedan contrastadas históricamente. Tras la muerte del obispo Sisnando y la derrota de sus tropas, los vikingos permanecieron en Galicia durante, al menos, tres años; tales eran su poderío y su número que fue casi imposible derrotarlos, y solo el permanente hostigamiento por parte de ejércitos privados, de señores feudales afectados en sus intereses por tal presencia, fue lo que finalmente consiguió su objetivo: expulsarlos.

Los vikingos insistieron, a lo largo de los años, en sus intentos de asalto a la Ciudad Santa, o cuando menos a sus dominios. Los puertos de Muxía, Ribadeo y otros, sufrieron los embates de los *bárbaros* procedentes del norte de Europa. El monasterio de San Xiao de Moraime fue destruido por ellos y sufrió ataques en distintas épocas. En el año 966 don Gonzalo, después San Gonzalo, era obispo de Mondoñedo y cuenta la leyenda, recogida por Vicente Risco, que ante el intento de los normandos de fundar reino en Galicia deslumbrados por el oro y las riquezas que se suponía almacenaban las arcas de Compostela, y no teniendo ejércitos suficientemente preparados para enfrentarse al enemigo, optó por las plegarias y no le fue mal, pues con cada oración hundió un barco enemigo, uno detrás de otro, hasta destruir completamente su flota. Los normandos debieron tomar nota de lo sucedido porque en el año 1014 regresaron mandados esta vez por Olaf Haraldson, y navegaron triunfantes por las costas gallegas e incluso secuestraron al obispo de Tui y a su séquito. El triunfo de los noruegos no pudo ser evitado, en esta ocasión, por las oraciones; la historia daría con el tiempo una explicación racional ya que el pirata Olaf Haraldson se convertiría, a la postre, en San Olaf, patrón de su país.[1]

El peligro musulmán, salvo la incursión sobre Compostela del caudillo Almanzor, se circunscribió fundamentalmente a la realización de razzias sobre los asentamientos agrarios del sur de Galicia y las incursiones en la capital eclesiástica de Galicia, Braga. Esta presión no se prolongó en el tiempo y la repoblación de los territorios que habían sido abandonados en el sur de la Galicia entre el Miño y el Duero significará el final de esta amenaza.

---

1. Pérez-Prado, A. *Los Gallegos y Buenos Aires*. Ediciones La Bastilla.

... el 8 de agosto del año de nuestro señor de 997, al caer la tarde..., Almanzor con su blanco alquicel subió la rampa y penetró a caballo bajo sus naves, encontrándola totalmente desierta. Recorrió la catedral, y como solo viese un monje anciano, de luenga barba blanca, ante la tumba del Apóstol, que venía a destrozar, dirigióse a él preguntándole:

–¿Qué haces aquí?

–Estoy orando ante el Sepulcro del Apóstol –contestó el monje.

–Pues reza cuanto quieras.

Y dirigiéndose al que podríamos llamar su Estado Mayor, ordenó:

–Que nadie toque a este monje y a este Sepulcro; poned una guardia para que nadie lo profane.[1]

Este hecho de gran trascendencia para el mundo cristiano, pues llegó a estar amenazado el propio sepulcro del apóstol, supuso la destrucción de la ciudad de Compostela por las tropas de Almanzor, correría que fue relatada de esta manera por el obispo de Tui:

Non fue çibdad nin guarniçión que se le puediese resistir hasta que vino a las partes de las marismas oçidentales de España y destruyó la çibdad y la yglesia donde está enterrado el cuerpo de Santiago; y allegóse osadamente al sepulcro de Santiago Apóstol por quebrantarlo, más espantado de un relámpago tornóse, y quebrantó las yglesias y los monasterios y los palacios y con fuego los quemó».

... Más levó el bárbaro las campanas de la yglesia mayor de Santiago, y por señal las fizo llevar a Córdova y enfocar por lámparas en su oratorio.»[2]

El monje que oraba frente al sepulcro del apóstol era el venerable San Pedro de Mezonzo, por aquel entonces obispo de Compostela, y hoy en día todavía permanecen las marcas del incendio,[3] con el que Al-

1. Sánchez Rivera, C. *Notas Compostelanas*. Editorial Sucesores de Galí.

2. Puyol, J. *Crónica de España por Lucas obispo de Tui»*. En *Textos e materiais para a Historia de Galicia*. Ed. Crítica.

3. Precedo Lafuente, M. J. *Santiago el Mayor y Compostela*. Ed. Aldeasa.

manzor arrasó el santuario a excepción de la cripta, en el muro delantero de la iglesia construida en el siglo IX, sobre la que se levantó posteriormente la catedral.

La Compostela de Xelmírez

Tras la figura histórica de Xelmírez se esconde, como ya hemos analizado en el capítulo anterior, el personaje decisivo en la transformación del pequeño locus compostelano en el mayor centro religioso de la Iglesia en Occidente. Es significativo que los reyes de la España cristiana se dirijan a los arzobispos compostelanos, a partir de la figura de Xelmírez, con el tratamiento de «Padre mío y Pontífice de todo el Orbe».

La concesión por parte del Papa Calixto II en 1119 del privilegio de la realización del Año Santo en Compostela, con la dispensa de perdones especiales e indulgencias en los años en que la festividad de Santiago coincidiese en domingo, representó el asentamiento definitivo de Compostela como lugar de peregrinación y su afirmación como capital espiritual, no solo de los reinos cristianos de la península, sino también como segunda iglesia de la cristiandad.

Bajo el auspicio del arzobispo Xelmírez, en Compostela se produce un gran desarrollo urbanístico, lo que se explica por la política de los reyes de Asturias y León de designar a los prelados como auténticos señores, no solo de los enclaves episcopales, sino también de los territorios próximos a los mismos, con lo que, de facto, equiparaban su Status al que tenían los condes en dichos reinos. Estos reyes en los siglos IX-X otorgaron el carácter de señorío eclesiástico a la mayor parte de las ciudades episcopales de Galicia, lo que les permitía imponer un control efectivo y seguro para sus intereses.

En Compostela, las obras iniciadas por Diego Peláez en 1075 son retomadas por Diego Xelmírez, quien dará el impulso definitivo a las obras de la basílica románica. La magnitud del proyecto catedralicio supone, en un principio, un gasto desorbitado para las arcas de la iglesia compostelana, que se ve obligada a perder una parte muy importante de su patrimonio para sufragar las obras. Sin embargo, la construcción de la basílica supondrá en la práctica la reactivación económica de la ciudad ya que, por un lado, distribuye cantidades importantes de dinero entre la población generando nueva riqueza y, por otro, promueve el establecimiento y desarrollo de las actividades gremiales. Con todo

Sarcófago del «Bispo Santo», San Martiño de Mondoñedo Foz.
Sepulcro del obispo San Gonzalo.

ello el prelado ve recompensada su inversión, ya que como señor de la ciudad recibe las tasas y los impuestos que se establecen sobre unas actividades burguesas plenamente consolidadas.

Aunque durante todo su pontificado no decrece la actividad constructora, es en la primera década del siglo XII cuando se desarrolla con más fuerza motivada por la «paz social» que se vive en el entorno compostelano. Las obras de la catedral en los años centrales de esta década tienen un gran impulso, pues se consagran los altares de la girola y se encuentran rematadas las puertas norte o del Paraíso y sur o de Platerías, con lo que se finalizaba el crucero catedralicio. Además, Xelmírez ordenará derribar, con gran oposición del propio cabildo, el cenotafio de época romana y que se identificaba con la tumba del apóstol Santiago, edificando en su lugar un nuevo altar sobre el que sitúa un majestuoso baldaquino de oro y plata y construyendo bajo este una nueva cripta. En 1112, la nave central se termina y se derriba, parcialmente, la antigua iglesia de Alfonso III que había sido reconstruida por San Pedro de Mezonzo tras el ataque de Almanzor, y que limitaba el espacio en el interior. En 1122 se puede decir que prácticamente se remata el magno proyecto catedralicio, pues solo en el exterior quedaban por levantarse algunas torres. Habían pasado más de 44 años tras la colocación de la primera piedra.

Sin embargo, hay proyectos arquitectónicos relacionados con la basílica que el prelado no llegó a ver concluidos, pues la muerte le privó de ello, entre los que destaca la construcción del claustro.

La gran basílica no fue el único espacio religioso en el que se centraron los ánimos constructores del prelado, pues con la intención de desarrollar el sistema parroquial, intra y extramuros, se restauran iglesias (San Benito, San Fiz y San Miguel), se reedifica la iglesia en el Souto dos Poldros (hoy Paseo de la Alameda compostelana), donde se depositan las reliquias de Santa Susana traídas desde Braga, se construyen otras nuevas (en el Monte do Gozo; en el Camino Francés, bajo la advocación de la Santa Cruz)...

Con la intención de crear instalaciones adecuadas para la acogida de peregrinos, especialmente para dar solución a su atención sanitaria, se crea una institución primordial, el Hospital de Santiago. Con ello se da solución a una importante problemática y se refuerza la fuente de ingresos arzobispal, pues esta institución será receptora de sustanciosas donaciones piadosas.

La pasión constructora del arzobispo no solamente se limitó al recinto de la catedral y a las edificaciones eclesiásticas, pues el entorno urbano de Compostela se benefició de los proyectos que se patrocinaban desde la sede episcopal. Las necesidades de expansión se multiplicaban ya que al importante crecimiento poblacional se unía la necesidad de albergar a un número creciente de peregrinos y mercaderes.

La primera necesidad pública que acomete el arzobispado es la dotación de una conducción de aguas para la ciudad que finalizará en la Fonte do Paraíso, en la puerta norte de la catedral, para ofrecer servicio a la multitud de peregrinos.

Una de las principales reestructuraciones urbanas de la Compostela de Xelmírez se produce con la apertura de una nueva calle que fue concebida como zona residencial y que correría paralela a la *Rúa do Vilar*; esta nueva calle todavía hoy conserva su viejo nombre: la *Rúa Nova*.[1]

1. «Calle Nueva», anacrónico nombre para una de las calles más antiguas y de mayor tradición de Compostela.

Catedral de Santiago. Construida sobre lo que fue el bosque del Libredón.

Una joya arquitectónica relacionada con las construcciones palatinas nos legó el «arzobispo-constructor»: su palacio. Adosado a la cara norte del complejo catedralicio, el palacio de Xelmírez, en realidad una fortaleza, fue destruido durante la revuelta popular de 1117. Posteriormente fue reconstruido para convertirse en el monumento civil de estilo románico más sobresaliente de la España cristiana.

La Compostela medieval

Entre dos ríos, uno de los cuales se llama Sar y el otro Sarela, está situada la ciudad de Compostela. El Sar está al oriente, entre el monte del Gozo y la ciudad; el Sarela está al poniente. Siete son las entradas y puertas de la ciudad. La primera entrada se llama Puerta Francesa; la segunda, Puerta de la Peña; la tercera, Puerta de Subfratibus; la cuarta, Puerta del Santo Peregrino; la quinta, Puerta Fajera, que lleva a Padrón; la sexta, Puerta de Sussanis; la séptima, Puerta de Mazarelos, por la cual llega el precioso vino a la ciudad.

Esta es la descripción que se hace en el Códice Calixtino de la ciudad de Compostela en los siglos altomedievales, en uno de los períodos de mayor expansión del fenómeno de las peregrinaciones. Alrededor de dicho fenómeno florece prontamente un desarrollo urbanístico y comercial que convierte al pequeño caserío surgido en torno a la primera basílica apostólica en un importante centro comercial en el siglo XII. La multitud de hombres y mujeres que peregrinaban a la ciudad se encontraron a expensas de comerciantes desaprensivos y fueros abusivos que tuvieron que ser vigilados por el concejo mediante el establecimiento de normas severas que reglamentasen las transacciones comerciales: «Los acaparadores y revendedores sean expulsados irremisiblemente de dentro y de las afueras de la ciudad, y no se compre pescado ni carne, ni mariscos, ni pulpos, ni langostas, ni lampreas, ni cabritos, ni pan, ni frutas para ganar revendiendo, sino tan solo para comer, y quien trajere estas cosas, él mismo por sí las venda a todos».[1]

A mediados del siglo XIII la ciudad tiene ya adquirida su hechura urbana, donde las murallas dan forma intramuros a una estructura urbanística típicamente medieval, en la que se observan ya los barrios especializados según la estructura gremial: de esta manera los caldereros, zapateros, tejedores, orfebres o herreros se organizan corporativamente agrupándose, según oficios, en sus calles determinadas. En la actualidad la ciudad de Santiago conserva en su casco histórico algunos nombres de antaño para las rúas y plazas en las que se agruparon estos oficios: Acibechería (azabacheros), Caldeirería (caldereros), Praterías (plateros), Concheiros...[2]

Toda la ciudad era un gran mercado especializado, pues estaba el mercado de productos del campo en los alrededores de la iglesia de San Benito, el mercado de vinos y frutas en Mazarelos, o el mercado del Paraíso, que estaba situado en la plaza norte de la catedral compostelana conocida como del «Paraíso», hoy como de la Acibechería, y en el que comerciantes y artesanos vendían sus mercancías a los peregrinos:

1. Códice Calixtino.

2. Se nombró así este barrio por ser el lugar al que se trasladaron los mercaderes que ponían a la venta gran cantidad de motivos jacobeos, incluida la «concha» de vieira que identifica al peregrino compostelano.

Santo dos Croques, representación escultórica del Maestro Mateo. Catedral de Santiago.

> Después de la fuente está el atrio o paraíso, pavimentado de piedra, donde entre los emblemas de Santiago se venden a los peregrinos las típicas conchas, y hay allí para vender botas de vino, zapatos, morrales de piel de ciervo, bolsas, correas, cinturones y toda suerte de hierbas medicinales y además drogas, y otras muchas cosas.[1]

En esta plaza se encontraban también el Palacio Arzobispal y la Casa de la Moneda, el Hospital de Santiago, la Puerta de Sofrades y en ella comenzaba la Rúa Maior.

Debido al gran desarrollo alcanzado por el mercado en la Compostela medieval aparecen, en los intercambios mercantiles, repentinas alzas de precios y malos usos, vinculados con los períodos de mayor afluencia de peregrinos. La falta de un ordenamiento general que regulase dichas transacciones motivaría profundos malestares sociales y la aparición de un mercado clandestino en manos de especuladores muy difícil de controlar. Un decreto de 1133 intenta frenar el fraude, que era moneda de cambio habitual, pero también fue aprovechado para conseguir un mayor control del arzobispado reafirmando la tutela señorial del concejo y sin otorgar mayor autonomía a los gremios, lo que desembocaría en revueltas populares.

En la plaza donde estaba instalado el mercado público se encontraban, por orden de estos «Fueros de la Tierra de Santiago» reguladores de los intercambios comerciales, las medidas oficiales representadas en el modelo de talega de piedra existente en este *Campo de Compostela*,[2] explicación quizás del nombre tradicional de la hoy conocida como plaza de Cervantes y popularmente antes conocida como *Praza do Pan*. Esta medida era el referente y estaba penada, tanto dentro como fuera de la ciudad, la realización de compras y ventas que no se sometiesen a la misma. Alrededor de este lugar se engarzaba toda la vida social y económica de la ciudad, pues también en este recinto se reunía la asamblea concejil, se celebraban los asuntos judiciales o se divulgaban bandos o pregones. Acaso sea esta la correcta explicación del nombre de la calle que discurre desde esta plaza, la del *Preguntoiro*.

No solo permanece en la actualidad el recuerdo de los oficios que

---

1. Códice Calixtino.
2. Barreiro Somoza, J. Diego Xelmírez en *Gran Enciclopedia Gallega*.

se desenvolvían en cada una de las calles, pues también existen algunas que conservan el nombre de sus habitantes, como la popular *Rúa do Franco*, así llamada por ser el lugar en el que se instalaron los numerosos mercaderes franceses que se asentaron tanto en Compostela como en numerosas ciudades del Camino.

La gran basílica: los símbolos y conocimientos escondidos

Aunque en el mundo clásico se diseñó el estudio y desarrollo de las proporciones arquitectónicas, el concepto matemático vinculado a una unidad o conjunto arquitectónico es un referente en todas las grandes construcciones de la Edad Media, pues en este período los magnos edificios, ligados a una concepción espiritual (no en vano son construcciones religiosas), fueron los lugares en los que se plasmaron las teorías filosóficas y el resultado creativo de la magnificencia de Dios.

> *El hombre es una piedra, se integra en su lugar exacto en la ciudad celestial que los Maestros de Obras tratan de construir sobre la tierra.*[1]

Los iniciados en el saber arquitectónico, que no deja de ser en esencia más que el desarrollo de unas ideas y pensamientos filosóficos y conceptuales que han sido plasmados y desarrollados primero en un plano, recogen sus enseñanzas a través de estos símbolos universales de sabiduría, ya que las fábricas arquitectónicas son en sí mismas claves secretas que esconden la transmisión de conocimientos. El legado de los constructores se mantuvo vivo, pues no se debe olvidar que organizaciones secretas, como la masonería, están basadas en las agrupaciones medievales de los albañiles y sus estructuras imitan los niveles de especialización de estos oficios medievales (maestros, oficiales y aprendices).

La arquitectura de la seo compostelana encierra, como todas las grandes catedrales europeas, múltiples secretos y simbologías. El propio Códice Calixtino nos revela que la gran basílica estaba articulada

---

1. Jacq, C. *El Iniciado*. Ed. Martínez Roca.

en torno a un número, el *nueve*,[1] sobre el cual se estructurarían los espacios y que estaría presente en toda la ligazón del edificio, ya que tendría nueve naves, que estarían separadas por 63 pilares y columnas (siete veces el número integrador), 63 vidrieras iluminarían las naves, que estarían complementadas por nueve capillas y donde el coro estaría compuesto por 72 sitiales (ocho veces dicho número). Además, el proyecto catedralicio se vería culminado en su exterior con la construcción de nueve torres. Los números eran importantes y trascendían a su significado puramente cuantitativo. El nueve, múltiplo de tres, que tanto se repite no solo en la catedral compostelana sino también en otras ya mencionadas relacionadas asimismo con el culto y la tradición jacobeos, como número impar que es, hace referencia clara y directa, según los cabalistas e iniciáticos, al espíritu y a la perfección. Nueve son las etapas de la Gran Obra, las fases de la transformación espiritual. Nueve significa plenitud del conocimiento y última fase antes del retorno a la que es la unidad que es Principio y Fin: el Uno.[2]

La catedral presenta una planta de cruz latina propia de las grandes iglesias de peregrinación, como su hermana gemela de Saint Sernin de Toulouse, y a lo largo de los siglos ha sufrido numerosas ampliaciones ocupando en la actualidad una superficie cercana a los 23.000 metros cuadrados. La nave principal alcanza los 100 metros de longitud, aunque debido al espesor de sus muros el interior es de 97 metros, cuestión que también se aprecia en el transepto, pues su longitud interior de 65 metros se convierte en 70 en el exterior.

En el interior de la basílica el punto más alto se eleva más de 30 metros sobre el suelo, lo que sucede en su cúpula, mientras que las naves centrales de cada uno de sus brazos se encumbran hasta los 20 metros quedándose las menores en la mitad de esa altura. La monumentalidad de los espacios interiores se ve acrecentada por la amplitud de las naves centrales que se prolongan a lo largo de sus nueve metros de anchura.

En el aspecto exterior del complejo catedralicio se aprecia de nuevo una curiosa distribución numérica en torno al número «cuatro». Cua-

---

1. Íñigo, J. M. y Aradillas, A. *999 preguntas y respuestas sobre el Camino de Santiago*. Ed. Viajes y vacaciones.

2. Morín, J. P. y Cobreros, J. *El Camino iniciático de Santiago*. Ediciones 29.

Pórtico de la Gloria, Catedral de Santiago. Obra cumbre del Románico.

tro son las grandes plazas que lo circundan (Obradoiro, Azabachería, Quintana y Platerías) y cuatro son las torres que se elevan al cielo compostelano, entre las que destacan por su espectacularidad y esbeltez las torres del Obradoiro conocidas popularmente como *de las Campanas* y *de la Carraca,* que se elevan 76 metros sobre el suelo, cuatro metros más que los alcanzados por la conocida como *Torre del Reloj*, en la que se integra la gran campana denominada *Berenguela*, cuyo sonido se escuchaba en Padrón cuando soplaba el favorable viento del *nordés*[1] hasta bien entrados los años cincuenta.

El «Camino de Santiago» o *camino francés* remata en la antigua plaza del Paraíso, hoy conocida como de la Acibechería. Una antigua tradición de origen medieval obligaba a dirigirse a los tejados situados sobre la cabecera de la basílica para depositar las viejas ropas con las que se había realizado el camino, y que después serían quemadas, ante la

1. Vientos del noroeste, predominantes en las costas gallegas en verano.

Cruz dos Farrapos:[1] un acto de gran simbología, pues con ello se representaba el abandono de las viejas costumbres para ser reemplazadas por el nuevo espíritu surgido tras la realización del Camino. Se cerraba así el camino iniciático y se daba paso al nuevo hombre fruto de esa búsqueda de la espiritualidad y el conocimiento interior que era la peregrinación a Santiago.

El peregrino, si quiere disfrutar de la grandiosidad de la catedral y admirar la fachada barroca con sus dos torres apuntando al cielo, debe dirigirse a la plaza del Obradoiro, llamada así porque era el lugar donde estaba situado el *obradoiro*[2] de canteros que construyeron la basílica.

Traspasado el umbral de las puertas de dicha fachada, se encuentra el Pórtico de la Gloria, primera visión del peregrino medieval hasta que la fachada barroca lo ocultó. El Pórtico de la Gloria es el monumento por excelencia del románico en España, síntesis en piedra de la Teología de la Iglesia, representada en figuras que evocan las imágenes de la literatura del Antiguo Testamento y de sus versiones apócrifas.[3]

Obra del genial y a la vez enigmático maestro Mateo, quien dejó constancia de su autoría para la posteridad esculpiendo en el dintel del arco principal la siguiente inscripción:

ANNO: AB: INCARTIONE: DNI: M.º C.º: AAA
LXXXVIII V.º. ERAM-CXXX. VI. DIE KL.: APRILIS:
SVPER LIMINARIA: PRINCIPALIVM:
PORTALIVM: ECCLESIAE: BEATI: JACOBI:
SVUNT: COLLOCATA: PER: MAGITRVM: MATHAEVM:
VI: A: FVUNDAMENTIS: IPSORVM:
PORTALIVM: GESSIT: MAGISTERIVM:[4]

1. Cruz de los Harapos.
2. Taller, en lengua gallega.
3. Precedo Lafuente, M. J. *Op. cit.*
4. «En el año de la Encarnación del Señor 1188, era 1126 día de las calendas de abril, los dinteles del Pórtico principal de la iglesia del Bienaventurado Santiago fueron colocados por el maestro Mateo, que dirigió la obra desde sus cimientos.» Pousa, X. R. y Lobato, X. *El camino de Santiago*. Ed. La Voz de Galicia.

Además de cumplimentar con la liturgia, el creyente y el turista coinciden en una serie de ritos que tienen que ver más con la superstición que con los actos de fe, pero que se han convertido en tradición jacobea. El primero se realiza al entrar en el Pórtico de la Gloria: después del éxtasis de grandiosidad que trasciende lo meramente escultural o arquitectónico, se ponen los dedos de la mano derecha en los huecos de la columna central del Pórtico y se piden humildemente cinco deseos; los creyentes acompañan esta petición con el rezo de cinco padrenuestros. El segundo acto es el de acercarse a la figura del «Santo dos Croques», que mira arrodillado al altar mayor desde la base de la misma columna antes mencionada y que representa a la figura del propio maestro Mateo; la acción a realizar consiste en golpear con la cabeza la del *santo* con el fin de que se produzca una transferencia de inteligencia del maestro a la cabeza del que realiza la acción; existe otra leyenda que dice que al maestro Mateo, una vez concluida su magnífica obra, se le arrancaron los ojos para que no pudiera hacer ningún otro trabajo igual o superior en ningún otro lugar. La tercera parte del ritual consiste en abrazar la figura del Apóstol que preside el altar mayor y a la que se accede por una estrecha escalinata con puerta de entrada en la girola frente a la capilla del Pilar. Antes, o después, según se prefiera, se debe visitar la cripta en la que se encuentra el sarcófago de plata que contiene los restos del apóstol Santiago, a la que se accede por una pequeña puerta situada entre las capillas del Espíritu Santo y de la Concepción.

Mención especial merece la llamada *Puerta Santa* o *Puerta del Perdón.* Siendo quizás la menos vistosa de la basílica, es también la más añorada, pues no en vano es la que permanece cerrada a cal y canto durante años para ser abierta únicamente en la ceremonia litúrgica que se celebra el 31 de diciembre del año que da paso al nuevo año jubilar. Eso sí, la Puerta Santa entonces permanece abierta día y noche mientras transcurre el *año santo* justo hasta el 31 de diciembre cuando, en otra ceremonia religiosa que se celebra en la plaza de la Quintana, se clausura el año jubilar y se cierra de nuevo. Es quizás por ese motivo por el cual muchos fieles seguidores del apóstol Santiago deciden peregrinar a Compostela en Año Santo, para poder tener la satisfacción de cruzar su umbral. Según algunas opiniones, la Puerta Santa o del Perdón se corresponde con una de las puertas menores que cita el Códice Calixtino: «La tercera, de las puertas menores, es la puerta de San Paio, porque por ella se servían los monjes de Antealtares».[1] El peregrino penetra en el recinto catedralicio recorriendo con sus dedos humedecidos en agua bendita la sencilla cruz dibujada por un maestro cantero sobre la jamba derecha de la puerta, accediendo así por el naciente al templo, y siguiendo el deambulatorio o girola, hacia su derecha, pronto encontrará la puerta de acceso al sepulcro del apóstol.

La Puerta Santa o de los Perdones que se ve en la actualidad desde levante, la plaza de la Quintana, es la segunda construida en sustitución de una anterior considerada poco digna y efectista para tan importante templo, teniendo en cuenta que si bien la principal entrada es la de poniente, la de la fachada del Obradoiro, en el siglo XVII la ciudad se extendía principalmente a levante y por tanto era lógico que los peregrinos siguiendo el *camino francés* cruzaran la ciudad y vieran de la catedral, aparte de las torres que seguramente ya vislumbraran desde el Monxoi, hoy Monte do Gozo, la parte absidal:

> ... Adonde para la gente es en la Quintana, pues por estar toda la ciudad y sus calles hacia levante, todos cuantos vienen a esta Santa Iglesia encuentran con ella por aquella parte, que es donde hace frente el famoso lienzo de las monjas de San Paio, el cual descubre la baxeça de la fachada de nuestra Iglesia viéndose una mala puertecilla metida en un estrecho rincón y unos catorce o quince tejadillos que cubriendo los cubos parecen capillas de hornos.[2]

Fue esa la causa que motivó la rehabilitación monumental que hoy se observa, con un proyecto arquitectónico que ocultase los mencionados *tejadillos* de las distintas capillas que conforman el ábside, dando más empaque a la fachada de oriente de la basílica. La entrada de la Puerta Santa fue adornada con 24 figuras en relieve que, según Jesús Carro, representan a patriarcas, profetas y evangelistas que salieron del taller del maestro Mateo y que originalmente formaron parte del coro.[3]

---

1. El monasterio de San Paio o San Pelayo es desde el siglo XV monasterio de monjas benedictinas, pero desde su fundación por Alfonso II El Casto en el año 813, y hasta el siglo XII, estuvo bajo la advocación de San Pedro de Antealtares. En su primera época fue monasterio de monjes.

2. Recogido por Vega y Verdugo, J. *Memoria sobre obras de la Catedral* en *La Puerta Santa*, de Antonio Fraguas Fraguas.

3. Fraguas Fraguas, A. *Op. cit.*

Puerta Santa (interior), Catedral de Santiago.

Para la ceremonia de apertura de la Puerta Santa con la que se inaugura el año jubilar, se construye previamente un liviano muro de piedra dentro del pasillo existente entre el muro exterior y la propia puerta que se encuentra en el ábside, quedando, por tanto, oculta desde el exterior. En un momento dado de la ceremonia, el prelado, tras dar lectura al mensaje papal, se acerca, martillo en mano, al muro que representa a la propia Puerta Santa y dando un primer golpe dice:[1]

– *Abridme las puertas de la casa en que habita el justo.*
– *Responden: Para que entre por ellas y alabe al Señor.*

Golpea y dice por segunda vez:

– *Entraré en tu casa, Señor.*
– *Responden: Te adoraré reverentemente en tu Santo Templo.*

Por tercera vez golpea, con más fuerza, y dice:

– *Abrid las puertas, que el Señor está con nosotros.*

En ese momento el muro se derrumba, y mientras se retiran las piedras, el prelado seguido por un séquito formado por los obispos, clero catedralicio, autoridades invitadas y fieles, penetra en la catedral recogiendo, con más o menos disimulo, algún resto del muro caído. Varios son los motivos de la posesión de estas «reliquias»: recuerdo para algunos; superstición para otros, pues esas piedras bendecidas auguran buena fortuna; o por cumplir con una de las innovadoras tradiciones jacobeas.

Religión, arte, historia, tradición y leyenda, se conjugan en la catedral, pero también existe una parte de espectáculo, apenas tres minutos de ceremonia para un rito, una tradición jacobea, que deja atónito al que la contempla por primera vez y a los que tienen la suerte de presenciarla en más de una ocasión: el *Botafumeiro.*[2] Se trata del incensario más grande que existe, pues mide metro y medio de alto y pesa unos cincuenta kilos. Es tan antigua su existencia como la propia catedral,

1. Fraguas Fraguas, A. *Op. cit.*
2. Botafumeiro: del gallego bota fume, «que hecha humo».

Nave del crucero y Botafumeiro. Catedral de Santiago.

pues ya aparece representado en algunos relieves del Pórtico de la Gloria, y en el Códice Calixtino se describe la ceremonia de hacerlo volar de puerta a puerta, de la Acibechería a Praterías, atravesando el crucero de la catedral. Se habló y se escribió mucho sobre el significado y la intencionalidad del uso del *botafumeiro*; entre otras cosas se dijo que antiguamente se empleaba como ambientador y desinfectante del aire del templo, pues durante siglos permanecía abierto día y noche y muchos peregrinos dormían en él. No nació para la contemplación, sino que tiene y tuvo siempre un uso litúrgico de homenaje y para incensar la imagen y las reliquias del apóstol.[1] Lo ponen en funcionamiento los *tiraboleiros*,[2] ocho en total, que lo trasladan desde la sacristía al altar mayor y lo enganchan en la alcachofa que pende de una larga cuerda aga-

1. Precedo Lafuente, M. J. *Op. cit.*

2. *Tiraboleiro*: derivación gallega del latín *thuribularii*, que significa «que lleva el incienso».

rrada con anclajes en la cúpula del crucero; del otro extremo de la cuerda salen siete cuerdas menores que son las que enganchan los siete tiraboleiros para elevar el botafumeiro –el octavo es el que dirige la operación–, y, con habilidad, lo hacen volar de una punta a otra de la catedral, repartiendo así el humo del incienso que se quema en su interior por todo el recinto. Por eso Víctor Hugo lo llamó «el rey de los incensarios»:

Tiene un Santo Compostela
Y el rey de los incensarios
Que de nave a nave vuela.[1]

El *botafumeiro* se desprendió en varias ocasiones, aunque quizás la que se menciona como más trágica no está documentada y se refiere a que en cierta ocasión se soltó de la alcachofa, salió volando por un ventanal de la fachada de Platerías y se estrelló en la entrada de la rúa del Vilar contra una castañera, a la que ocasionó la muerte. En realidad, y perfectamente documentados, se sabe de tres accidentes: el primero ocurrió en 1499, estando presente en la ceremonia la infanta Catalina de Aragón; la segunda vez se estrelló contra un muro que existía entre el coro y la capilla mayor, y el tercer accidente se produjo en 1937 al desviarse de su trayectoria y golpear contra los laterales de la nave, al igual que un cuarto incidente ocurrido, probablemente, en 1925.

El *botafumeiro* se pone en funcionamiento en ocasiones especiales, durante la misa de doce de todos los domingos, la misa del peregrino, y en Año Santo, todos los días, también en la misa del peregrino.

El laberinto de piedra

Con el devenir del tiempo aquel frondoso bosque del Libredón que acogió en su seno protector el edículo con el cuerpo del Apóstol descansando en su interior, vio cómo sobre un templete surgía una iglesia que inmediatamente pasaba a ser sede episcopal al trasladarse de Iria al lugar santo. Sobre esa iglesia ocupada en principio por un grupo de monjes benedictinos se levantó la catedral, la primera, destruida por

1. Víctor Hugo. *Orientales*. Una de sus tres obras líricas.

Fonte dos Cabalos y Torre del Reloj, Santiago. La torre alberga la campana de la Berenguela.

Almanzor y cuya reconstrucción comenzó el propio San Pedro de Mezonzo. El obispo Diego Peláez inició la gran obra de la actual basílica que con el empujón de Xelmírez adquirió su máximo apogeo. No sería hasta los siglos XVII-XVIII cuando la catedral sufriría nuevas reformas, como la construcción por el arquitecto Casas Novoa de la fachada barroca del Obradoiro, que ocultó definitivamente la obra del maestro Mateo a las inclemencias del tiempo y a la mirada exterior. El Pórtico de la Gloria, como ya hemos apuntado, es la primera visión una vez que se entra en la catedral por las puertas de la nueva fachada barroca.

Pero no fue solo la catedral la que evolucionó a lo largo de los siglos. Bajo su manto protector fue naciendo y creciendo una ciudad con mucha historia cuyos designios mucho tuvieron que ver con las decisiones que los propios prelados tomaran, pues su poder alcanzaba también a las cuestiones temporales y cotidianas, no solo a las *divinas*. Y la ciudad se convirtió en un monumento de piedra toda ella. Santiago es una de esas ciudades del mundo, pocas, con un «casco viejo» o zona monumental en la que se pueden fácilmente imaginar escenas tanto medievales como románticas decimonónicas; a la vuelta de cualquier esquina puede aparecer el arzobispo Xelmírez con todo su esplendor y amplio séquito repartiendo bendiciones a diestro y siniestro y alguna que otra moneda entre los más desfavorecidos que piden limosna en las puertas del templo sagrado; quizás sea *A tola* (La loca) el personaje evocado paseando entre furtivo y melancólico una tarde lluviosa bajo los soportales de la Rúa do Vilar y la atenta mirada de las fisgonas, cotillas o simplemente aburridas señoras que desde el salón de sus casas y merced a una trampilla practicada en el suelo, el techo para los paseantes de los soportales, controlaban las idas y venidas del vecindario. *A tola* es el sobrenombre impuesto por la burguesía compostelana a una de las mujeres más relevantes de la historia gallega: la poetisa Rosalía de Castro.

Las Rúas do Vilar y Nova, con sus paseos cubiertos por soportales, y las de la Calderería y el Preguntoiro son las arterias vivas de la *ciudad vieja* que conservan el latido de la historia y, con los pequeños y a veces estrechos callejones, convierten la zona monumental compostelana en un laberinto de piedra. Pero el paseo es fácil, porque todos los caminos conducen a Roma y en Santiago casi todas sus calles, a la catedral.

La gran plaza, por tamaño y monumentalidad, es la del Obradoiro. Se cierra por el este con la fachada catedralicia del mismo nombre y dos edificaciones complementarias: el Museo de la Catedral y el palacio de

Puerta Santa (exterior), Catedral de Santiago.

Xelmírez, que a su vez se encuentra unido por un arco con el actual palacio arzobispal.

Por el oeste, con el edificio neoclásico del Pazo de Raxoi, antiguo Seminario de Confesores, construido por el obispo Raxoi y Losada en 1776, en el que comparten sede en la actualidad el consistorio municipal y la presidencia de la Xunta de Galicia. El grupo escultórico, realizado en mármol por el italiano Gambino, que corona el frontón de la fachada representa la intervención del Apóstol en la batalla de Clavijo, en recuerdo de uno de los milagros del Apóstol, pues según cuenta la leyenda Santiago Apóstol combatió contra los moros integrado en las filas del rey Ramiro I. Los antepasados de este rey se habían comprometido a entregar 100 doncellas cada año como pago por la ayuda recibida de Abderramán I para hacerse con el trono de Asturias. La batalla de Clavijo comenzó mal para Ramiro I y sus tropas, pero aquel soñó con la ayuda del Apóstol y este se apareció en medio de la refriega montando un caballo blanco y vestido de igual color con sombrero de peregrino, eso sí, con espada en mano. La batalla de Clavijo se recuerda aún como una gran victoria de la cristiandad frente al enemigo musulmán.

El norte de la plaza está delimitado por el Hospital Real, pues ese era el nombre que se daba a los edificios de acogida de peregrinos a lo largo del *camino* y en Santiago era necesario uno de fin de trayecto. El hoy Hostal de los Reyes Católicos, Parador Nacional de Turismo, es una obra arquitectónica magnífica auspiciada por los Reyes Católicos a instancias del deán de la catedral Diego de Muros en el año 1501. Su fachada de estilo plateresco fue realizada en menos de año y medio por dos maestros franceses llamados Colas y De Blas. En su interior se encuentra la Capilla Real, también llamada de la Vera Cruz, exigencia de los Reyes Católicos, que también ordenaron la construcción de un cementerio lo más cerca posible de la misma. En el interior del Hostal hay también cuatro patios o claustros, dos de los cuales son los más antiguos, de estilo renacentista.

El sur de la plaza del Obradoiro está delimitado por el Colegio de San Xerome, que en la actualidad alberga el rectorado de la Universidad de Santiago y que fue mandado construir por el obispo Fonseca III como colegio para los niños pobres. Este edificio se comunica con el Pazo de Fonseca, colegio universitario que lleva el nombre del fundador hace más de 500 años de la Universidad de Compostela, arzobispo de la diócesis así como gran impulsor de la vida cultural y social de la ciudad.

Frente al Pazo de Fonseca se encuentra la capilla del Apóstol, que más que capilla es un oratorio situado al lado de una fuente de leyenda, la del Apóstol, pues se dice que fue aquí donde se detuvieron los bueyes regalados por la Reina Lupa a los discípulos Atanasio y Teodoro para trasladar el cuerpo. En esa fuente, cuenta la leyenda, recobró la vista san Francisco de Siena cuando vino en peregrinación a Compostela.

Otro gran espacio abierto en el entorno catedralicio es la plaza de Praterías, en cuyo centro está la fuente de los Caballos, que en número de cuatro custodian el Arca Marmórica. A su alrededor sus cuatro lados están custodiados: la fachada de Praterías de la catedral, la única románica que se conserva en el exterior, cierra la plaza por el norte y la torre del Tesoro, otra dependencia del templo, por el oeste; en el lado este se encuentra el edificio del Banco de España y, en el principio de la Rúa do Vilar, la «casa del Deán», edificio construido por Fernández Sarela, siendo su estilo barroco de evolución, que si bien fue propiedad de Xoana de Ulloa, posteriormente se convirtió en residencia oficial para los obispos que visitaban Santiago. En el lado sur un curioso edificio, la

Casa del Cabildo, es un majestuoso ejemplo barroco de fachada-telón, pues la profundidad del edificio no llega a los tres metros. Subiendo las escaleras de Praterías se entra en la plaza de la Quintana, que fue cementerio; de hecho, son dos Quintanas distribuidas en dos niveles, la de *vivos* y la de *muertos*.

Santiago de Compostela es en sí misma una ciudad monumental, son muchas las iglesias y los monasterios de distintas épocas y estilos: Santa Clara, a cuyas monjas se siguen donando docenas de huevos por parte de novios y novias para que no llueva el día de la ceremonia de casamiento; Santa María Salomé, mandada construir por Xelmírez, románica por tanto y con imagen pétrea de la Virgen en curioso estado de gestación en su fachada; el monasterio de San Martiño Pinario, uno de los más poderosos de su tiempo, no solo en Galicia sino de la España cristiana; el convento de San Agustín, del siglo XVII; la iglesia de San Bieito, neoclásica sobre una obra del románico reconstruida a su vez por Xelmírez en el siglo XII; y la iglesia de San Fiz de Solovio, la más antigua de Compostela ya que en ella residía el anacoreta Paio que descubrió el sepulcro del Apóstol, aunque hoy en día solo conserve la puerta románica.

Santo Domingo fundó el convento que lleva su nombre cuando visitó Compostela en el año 1220, y que hoy alberga el museo etnográfico llamado Museo do Pobo Galego. En el interior de su iglesia conventual se levanta el «*Panteón de Galegos Ilustres*», lugar en el que descansan figuras egregias de la vida y la cultura gallegas: los poetas Rosalía de Castro y Ramón Cabanillas, el escultor Asorey, el pensador político Alfredo Brañas, el geógrafo Domingo Fontán y uno de los padres del nacionalismo gallego, Alfonso R. Castelao.

El «Convento de Madres» se encuentra frente a la Puerta de Mazarelos, la única nombrada por el Códice Calixtino que aún sigue en pie, y por donde entraban los afamados vinos del Ribeiro en la ciudad. La iglesia-colegiata románica de Santa María do Sar (siglo XII) está a orillas del río que tanto cantó Rosalía de Castro en sus poemas y en su interior asombra por el desplome de sus pilares y muros que parecen dispuestos a venirse abajo en cualquier momento. La iglesia de Santa Susana, construida sobre un castro, en principio estaba destinada a la adoración del Salvador y luego quedó bajo la advocación de la santa que le da nombre ya que conserva las reliquias de la misma, traídas de Portugal.

Uno de los conventos importantes es el de San Francisco, fundado por el santo de Asís con la ayuda de un carbonero compostelano llamado Cotolai; cuando San Francisco llegó a Santiago pidió ayuda al carbonero para construir el cenobio. Cotolai preguntó con qué dinero, pues él era pobre, a lo que San Francisco contestó mandándole cavar una fosa cerca de la fuente, y allí encontró un tesoro con el que pudo edificar el convento en terrenos cedidos por el todopoderoso monasterio de San Martiño Pinario, a cambio de una cesta de truchas que anualmente se seguían entregando hasta bien entrado el siglo XVIII.

La Compostela universitaria

Hace más de quinientos años un Fonseca, a la sazón arzobispo, fundó la Universidad de Santiago. Los grandes hombres del Renacimiento no solo gobernaban sino que se complacían en el mecenazgo de obras importantes, de artistas y de todo lo relacionado con la cultura y la erudición. El arzobispo Alonso de Fonseca, el segundo de la dinastía –luego vendría el tercero para escándalo de las jerarquías eclesiásticas de la Corte de Madrid–, quiso que los niños pobres de los peregrinos y de la ciudad tuvieran un lugar para estudiar, y ese fue el origen de la universidad compostelana. Su palacio sigue albergando en la actualidad dependencias universitarias,[1] y frente a sus puertas hay una plazoleta que también lleva su nombre. Nombre que está en boca de muchos universitarios del mundo cuando entonan una de las más famosas canciones que pueda interpretar una tuna...

Triste y sola
sola se queda Fonseca.
Triste y llorosa
queda la Universidad...

En la actualidad, en que Compostela se ha convertido en una ciudad, pequeña pero cosmopolita gracias al turismo, la Tuna Compostelana sigue cantando todas las noches esa y otras canciones de su reper-

1. También fue sede del primer Parlamento Autonómico de Galicia, al que acogió en su salón artesonado. Es hoy Biblioteca Xeral y sala de exposiciones de la propia universidad.

torio para los turistas bajo los soportales de la antigua casa del Cabildo, hoy edificio de Correos y Telégrafos. El ambiente universitario impregna las calles tal como lo hizo durante siglos, y muchos *novatos*, con las ideas claras, siguen acercándose al «Árbol de la Ciencia y de las Letras» forjado en hierro y que hace de celosía de una de las ventanas del palacete en el que se encuentra el Seminario de Estudios Galegos «Padre Sarmiento», entre los colegios de Fonseca y de San Xerome, para de espaldas asir una de aquellas hojas que representa cada una de las disciplinas universitarias, sabiendo así lo que le depararía el destino en caso de confiar en el azar.

La Universidad Compostelana, como todas, tuvo sus altos y bajos a lo largo de los siglos. De unos momentos iniciales de empuje se pasó a una decadencia provinciana coincidente con el final de la Ilustración y el comienzo del romanticismo. Santiago perdía pujanza a favor de A Coruña, una ciudad portuaria que emergía con fuerza gracias a su burguesía y a su talante liberal; Compostela representaba el absolutismo y el conservadurismo más anquilosado.

Decía Gonzalo Torrente Ballester, universitario en Santiago, que Compostela careció de la fortuna de contar entre los profesores de su universidad con un Leopoldo Alas; sin embargo, contó, en cambio, con un Pérez Lugín, que vio de la ciudad lo más superficial y efímero, si bien gracias a su novela[1] se sabía en España que en Compostela había una universidad.[2]

> Al llegar a la Universidad encontraron a los estudiantes en la puerta. Sentados unos en la escalinata, encaramados otros a las pequeñas pirámides que ornaban la escalera, y en pie los demás, dirigíanse todos con gran bulla, aplaudiendo y gritando..., entre el ruidoso regocijo de la facultad y las risotadas de las muchachas que se asomaban gozosas a las ventanas de las casas vecinas...[3]

Si bien La *Casa de la Troya* reflejaba la vida del estudiante universitario de finales del siglo XIX y principios del XX, con la picaresca, las novatadas, el hambre y el costumbrismo de la ciudad, la universidad

1. Pérez Lugín, A. *La Casa de la Troya*.
2. Torrente Ballester, G. *Santiago de Rosalía de Castro*. Ed. Planeta.
3. Pérez Lugín, A. *Op. cit.*

Fachada de Platerías. Único elemento románico en el exterior de la catedral de Santiago.

era el contrapunto al inmovilismo antes mencionado con unas ideas de progreso quizás mal orientado.[1] Un progreso que quedaba lejos de los centros de poder, de la corte central; la ciudad solo estaba comunicada por su camino y este seguía manteniendo las mismas comodidades que en la Edad Media; únicamente quedaba el mar, de ahí la eclosión de Vigo y A Coruña.

La Compostelana ha dejado de ser la única universidad de Galicia ya que ahora convive con las de A Coruña y Vigo, lo que no significó demérito puesto que la propia ciudad ayuda mucho en poder de convocatoria. Santiago se ha convertido en ciudad de congresos universitarios y profesionales; rara es la semana sin ilustres visitantes de las más prestigiosas universidades del mundo para impartir sus conocimientos entre los alumnos y participantes congregados a tal efecto.

Auge universitario que da prestigio a sus alumnos, que, sin embargo, no olvidan la «tradición universitaria» en sus ceremonias de ini-

---

1. Torrente Ballester, G. *Op. cit.*

ciación estudiantil: siguen buscando *peces de colores* en las fuentes de Praterías, Fonseca y la Alameda; tratan de observar los pies de Cervantes en el fondo de la fuente que rodea su busto; intentan subir de par en par las escaleras de Praterías (los «bisoños» aún no advirtieron que su número es impar), o bien ganan el jubileo pagano introduciendo el dedo corazón de su mano derecha en el ano de un ángel tallado en piedra y que forma parte del motivo escultórico de un capitel en los soportales de la Rúa do Vilar.

Los universitarios más románticos visitarán, siguiendo las indicaciones de sus padres o abuelos, la calle de la Troya en busca de aquella casa, pensión de estudiantes, que acogió a los protagonistas de la obra de Pérez Lugín, y que hoy es reconocible porque en su fachada luce varias placas conmemorativas, alguna de las cuales fue regalada por antiguos estudiantes americanos que también pisaron las aulas de tan ilustre universidad.

Curiosidades compostelanas

> Sabido es –decíanos hace medio siglo un prebendado sexagenario– que cuando el sol empieza a declinar, entrar a raudales por los ventanales del Obradoiro los rayos del astro-rey iluminando toda la nave de la Soledad de la Basílica, y hasta el hermoso baldaquino del altar mayor vese con todo detalle. Ilumínase, asimismo, la imagen del Apóstol, pero su rostro, su faz, solo tres días al año ilumina el sol. Y lo curioso es –nos decía el prebendado– que estos tres días son los tres de sus fiestas: el 23 de mayo, aparición en Clavijo; 25 de julio, fiesta del Apóstol, y 30 de diciembre, fiesta de la Traslación de su cuerpo a Occidente.[1]

Muchos son los mitos, tradiciones e historias que se esconden entre las piedras y calles de Compostela. La mentalidad popular ha concedido explicaciones misteriosas a «intrigantes» fenómenos, la reflexión de la concurrencia compostelana ha descansado en el tópico para solucionar los enigmas, la imaginación encendida no se ha detenido en imposibles. Entre los aficionados a la música se sabe que el rasgar de

1. Sánchez Rivera, C. *Op. cit.*

Plaza de A Quintana, Santiago.

una guitarra o el sonido de una voz *a capella* en un lugar determinado de la plaza de la Quintana permiten que, sin esfuerzo del intérprete, se escuche su melodía en cualquier parte de la plaza.

Escondidos tras las columnas de los soportales en la «Casa dos Coengos», que cierra la plaza de la Quintana por el sur, observaremos cada noche durante todos los días del año la sombra enigmática de un monje encorvado, que camina inmutable, enmarcada en los muros exteriores de la basílica compostelana. Es una más de las sombras del arcano que acechan en cada esquina, una más de las muchas páginas íntimas de la ciudad. Siempre hay un lugar para el asombro, siempre hay un misterio en cada plaza, siempre hay un secreto escondido en cada piedra...

Paseando por las angostas y viejas calles del antiguo barrio de mercaderes en torno al monasterio de San Martiño, asiento de judíos y demás comerciantes llegados a la ciudad en el medievo, si miramos con diligencia en la calleja conocida por las «Campanas de San Juan», una curiosidad se nos presenta en la línea de tejadillos de sus casas: una de estas se encuentra coronada por un atributo eclesiástico, una espadaña campanil. Evidencia de la existencia de una iglesia levantada antaño en ese lugar, hoy intenta elevarse, modesta, entre los tejados vecinos. El traslado de sus campanas al vecino monasterio de San Martiño hizo surgir una copla, pues en la mentalidad popular las campanas se rebelaban contra el desplazamiento sonando sin cesar:

Las campanas de San Juan,
desde que están en San Martín,
no cesan de decir dan-din,
siempre repiten din-dan.

Y diz que así siempre estarán
repitiéndolo hasta el fin:
que nos quiten de San Martín
y nos vuelvan a San Juan.[1]

Existió hace siglos una calle entre las Rúas do Vilar y Nova: era conocida como la Rúa de la Balconada. «Diego de Muros» fue el nombre que Celestino Sánchez Rivera, cronista oficial de Compostela en las primeras décadas del siglo XX, escogió como sobrenombre, quizás como homenaje al verdadero Diego de Muros, arzobispo medieval de Compostela. El cronista, en sus *Notas Compostelanas* cuenta la leyenda de la Rúa de la Balconada, historia que tiene que ver con el hecho real del asesinato de un obispo. La leyenda dice:

> Cuando salía la procesión, el día de Corpus, de la calle de la Balconada, y entraba en la de la Rúa Nova, frente a la iglesia de Santa Salomé, en la cual el arzobispo portaba el Viril con el Santísimo, de entre la multitud, que religiosa y fervorosamente la presenciaba, destacóse una «persona», que por su veste revelaba ser de la nobleza, la cual, dirigiéndose al arzobispo, asestóle fuerte golpe de daga, cayendo instantáneamente mortalmente herido.

Como el propio «Diego de Muros» recoge, el saber popular rápidamente sacó una copla:

¡Adiós, Rúa Nova hermosa,
calle de la Balconada,
mataron a un Arzobispo
y fue por una madama!

1. Sánchez Rivera, C. *Op. cit.*

El arzobispo don Suero Gómez de Toledo fue asesinado el 29 de junio del año 1366. Las culpas recayeron en uno de los miembros de la noble familia de los Churruchao, que nunca más pudo encontrar tranquilidad de conciencia; lo que no se sabe es que haya sido por culpa de una madama como reza la copla. Pero determinante fue para la vida de Compostela, no solo por el pavor de una muerte sacrílega de un arzobispo que llevaba al Santísimo, sino por el hecho de que desde aquel entonces la Rúa de la Balconada permaneció cerrada al tránsito con un muro que la tapiaba. No hace muchos años el muro fue tirado con el fin de recuperar la «Casa da Balconada», en la que se instalaron dependencias universitarias, pero el resto de la calle solo es accesible a la vista de los propietarios de las casas de las otras dos calles que avanzaron sus huertas y patios al interior de la clausurada rúa.

5

Hábitos, usos y costumbres medievales

Es la Edad Media un período de la historia que tiende a trascender una opinión, más o menos generalizada, de ser una época oscura presidida por la miseria y la opresión. Un período de la historia del hombre en el que la naturaleza humana se vio pisoteada por lo más inmundo de su condición: la codicia, la venganza, la guerra... Una humanidad ahogada en muerte, enfermedades y hambre..., pero que también legó importantes aportaciones, como los primeros grandes contactos con las culturas de Oriente, la monumentalidad de las grandes catedrales, destacados avances en las ciencias (las lentes, la partitura, la brújula y tantos adelantos en la navegación...) y las artes (en cualquiera de sus disciplinas: literatura, pintura, escultura...). En la península Ibérica se produce un hecho de enorme trascendencia como fue la cohabitación de las tres grandes culturas monoteístas (cristiana, musulmana y hebrea), que permitiría una mutua permeabilidad y una simbiosis de extraordinaria importancia cultural.

En el caso de Galicia se puede decir que probablemente disfrutará en este período difícil y supuestamente oscuro de la Edad Media de sus siglos de oro, de su época de mayor influencia política y cultural, no solo porque desempeñará una preponderancia cultural entre los reinos de la península a través de su idioma y su cultura, sino también porque políticamente vivirá su breve experiencia como reino independiente. En la tumba del rey García de Galicia en san Isidoro de León, se puede leer:

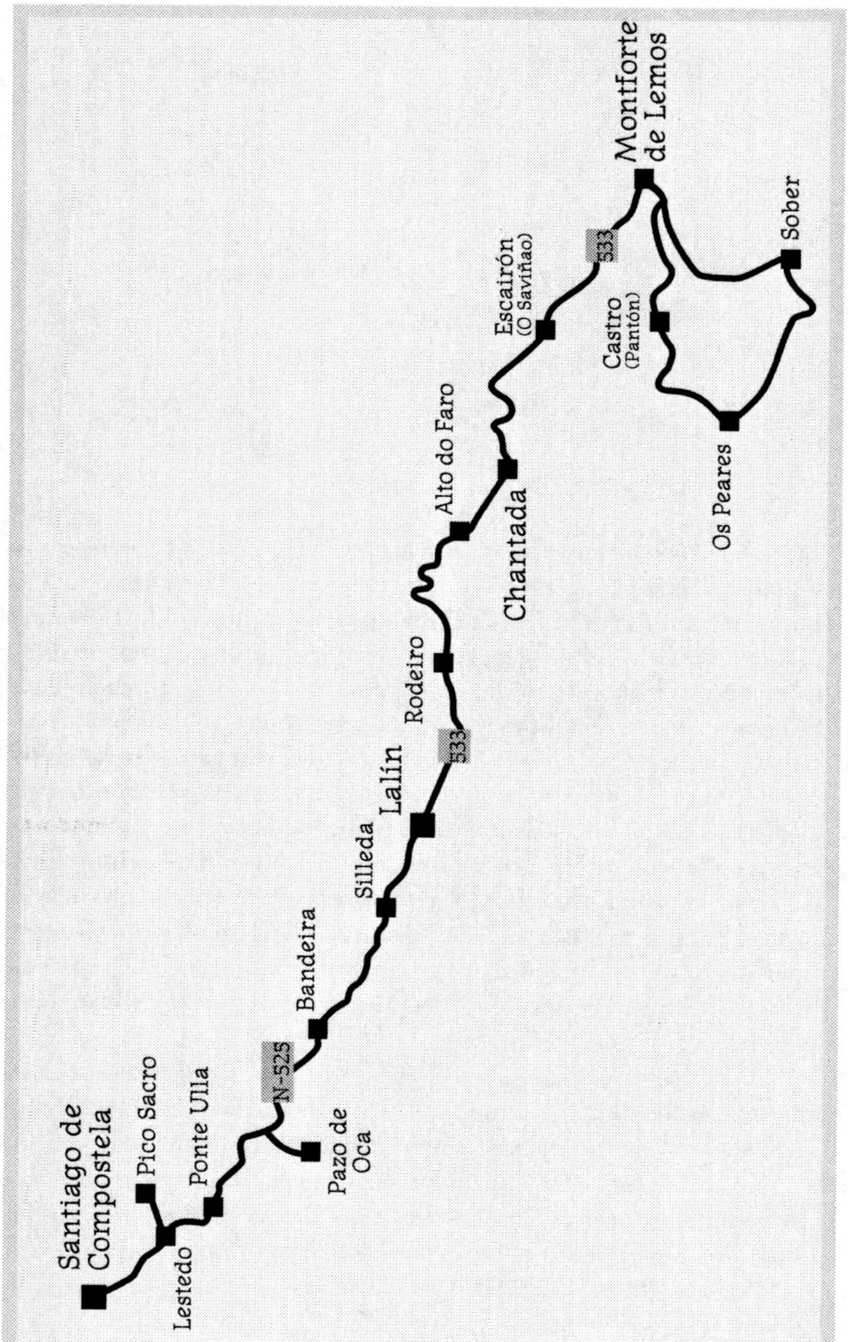
Santiago de Compostela
Lestedo
Pico Sacro
Ponte Ulla
Pazo de Oca
N-525
Bandeira
Silleda
Lalín
533
Rodeiro
Chantada
Alto do Faro
Escairón
(O Saviñao)
533
Montforte de Lemos
Castro
(Pantón)
Sober
Os Peares

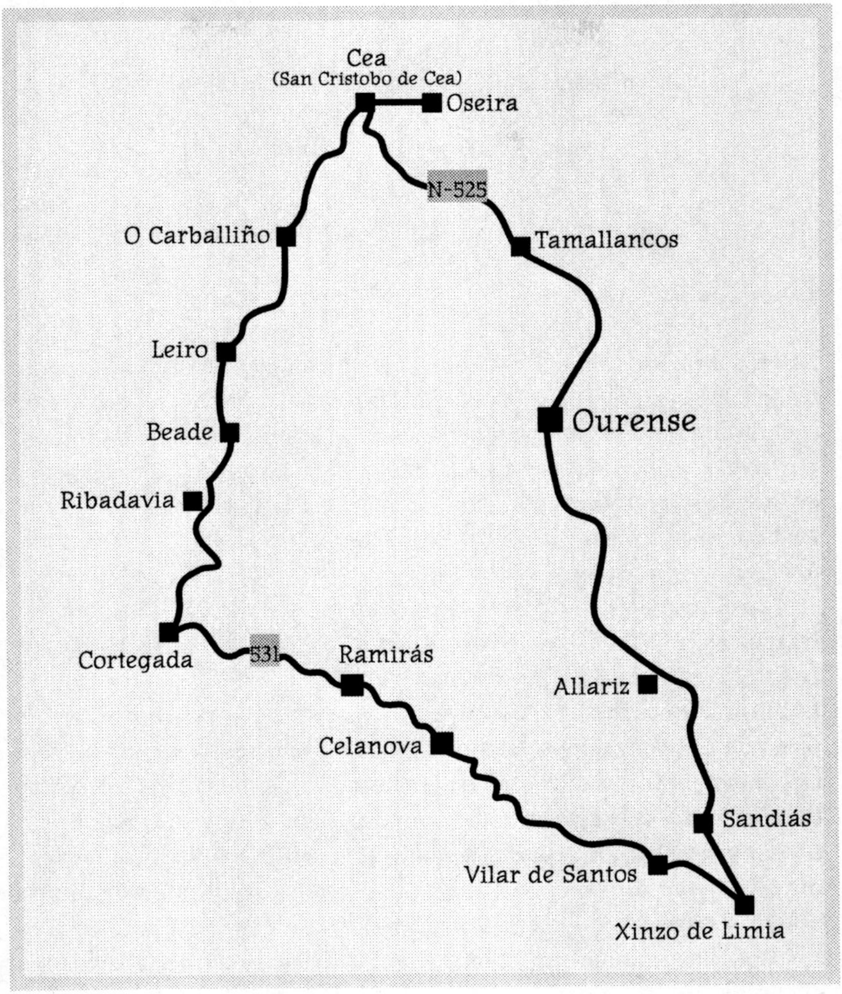

Cea
(San Cristobo de Cea)
Oseira
N-525
O Carballiño
Tamallancos
Leiro
Ourense
Beade
Ribadavia
Cortegada
531
Ramirás
Allariz
Celanova
Sandiás
Vilar de Santos
Xinzo de Limia

H. R. DOMINUS GARCIA
REX PORTUGALLAE ET GALLECIAE
FILIUS REGIS MAGNI FERNANDI
HIC INGENIO CAPTUS A FRATRE SUO
IN VINCULIS OBIIT.
ERA MCXXVIII XI KAL. APRILIS.[1]

La vida cotidiana

La uniforme vida de los habitantes del medievo noroccidental peninsular solamente se veía interrumpida por la celebración del *dies dominici* en honra del Creador, ya que después el resto de la semana transcurría en el monótono desenvolvimiento de las tareas cotidianas. Los días de la semana en todo el reino de León aún se designaban en torno al año 1000, con la nomenclatura de *secunda feria*, *tertia*, *quarta*, *quinta*, *sexta feria y septima feria o die sabbati*.[2]

En el terreno agrario, se alcanzará un estatus de equilibrio relativo. La aparición del contrato de *foro*[3] permitirá el reparto de la producción entre el propietario y el trabajador.

Primeramente este acuerdo agrario permite el acceso a la tierra por parte de los campesinos en condiciones no muy gravosas y, una cuestión muy importante es que se crea un excedente susceptible de comercializarse. La vida del trabajador agrícola no se ve anclada en una economía de autoconsumo, generándose con ello un flujo monetario por un lado, y por otro una especialización en aquellos productos agrarios que más demanda tienen en los mercados.

Con ello también el propietario de las tierras que son trabajadas por el campesino ve aumentado su nivel de vida, pues percibe o bien una renta o una parte de las cosechas, que producirán unos buenos réditos una vez colocadas en el mercado, por el usufructo de las mismas.

Los conocimientos técnicos que emanan de los monasterios cister-

---

1. «Aquí descansa don García, rey de Portugal y de Galicia, hijo del gran rey Fernando, capturado con astucia por su hermano, murió en prisión. Era MCXXVIII, XI calendas de abril.»

2. Sánchez Albornoz, C. *Una ciudad de la España cristiana hace mil años*. Ed. Rialp.

3. Contrato agrario de larga duración que estipula el pago de una renta y que se acompaña de servicios de carácter vasallático.

Molino, Finca Galea/Castro de Ouro, Alfoz, Lugo.

cienses posibilitan un importantísimo desarrollo del trabajo del hierro y la formación de herreros.

Las ciudades van creciendo fruto de los mercaderes y artesanos que se asientan en sus muros. Fuera de las murallas surgen nuevos barrios o arrabales en los que se asienta la nueva mano de obra atraída por las posibilidades de trabajo. Las ciudades gallegas que más se desarrollan son las que se encuentran emplazadas en lugares favorables: en Pontevedra tiene una gran prosperidad el «gremio de mareantes», merced a su protegido puerto fruto de su situación en la desembocadura del río Lérez; Ourense, por ser centro neurálgico para el vado del río Miño a través de su viejo puente; Tui, por su situación en el navegable Miño y su cercanía con Portugal, lo que le convierte en lugar de intercambio comercial de las dos riberas. Y Santiago..., poco queda por decir, pues su Camino es un argumento de peso que posibilitó su crecimiento.

En las ciudades los artesanos se agrupan en las mismas calles por oficios estructurándose en gremios. Los que desempeñan la misma profesión se integran en *cofradías*. Cada cofradía está puesta bajo la protección de un santo patrono y cada una de ellas regula todo lo concerniente a la profesión (salarios, precios...).

El desarrollo de las ciudades motiva la aparición de nuevas instituciones que regulen su vida y organización. Con el fin de ejercer la administración de las mismas nace el *concejo*: en su cúspide se sitúa la figura del alcalde, que está acompañado por los regidores. Estas instituciones concejiles sufrirán la continua interferencia señorial, lo que motivará un constante enfrentamiento entre estas y las clases nobiliares, situación que se extenderá hasta finales del siglo XV.

El siglo XIV será una centuria negra para la población gallega, pues en ella aparecen los «cuatro jinetes del apocalipsis»: hambre, peste, guerra y muerte.

El hambre viene como consecuencia de una compleja evolución económica:[1] se ha detenido el movimiento roturador de tierras y se aprecia una gran pérdida de la productividad de la tierra. La riqueza sigue siendo fundamentalmente la propiedad de la tierra, y esta a lo largo del medievo ha ido incorporándose al patrimonio de la Iglesia: han desaparecido en la práctica los pequeños propietarios y los nobles laicos se ven en peligro por la propia crisis y porque su base territorial se halla reducida por la presión eclesiástica.

Con este panorama no es difícil entender el período de hambruna al que se vio sometida la población, el campesinado fundamentalmente. La llegada de la peste negra a los puertos de Galicia en 1348 supuso otra vuelta de tuerca a la ya débil situación del país.

La posición de la nobleza laica es insostenible, pues a la escasez de tierras ahora une la falta de brazos para trabajar. El agobio que provocaba la inestabilidad de su propio sustento hace que los señores se lo aseguren por procedimientos ilícitos, lo que derivará en una situación de inestabilidad social y la aparición de las revueltas irmandiñas.

Mercado e intercambio

Es difícil explicar las primeras aglomeraciones comerciales, pues quienes se dedicaban a escribir y describir la sociedad medieval eran los clérigos y monjes, que medían la importancia de los hechos en función de

1. Pallarés, M. C.; Portela, E. y otros. *Historia de Galicia*. Ed. Alhambra.

Batán. Finca Galea/ Castro de Ouro, Alfoz, Lugo.
Ingenio para la fabricación de tejidos.

lo que representaban para la Iglesia, y la sociedad laica solamente era descrita en tanto se relacionaba con la sociedad religiosa.[1] Sin embargo, sabemos que en el último cuarto del siglo XI (hasta la convocatoria de la primera Cruzada a los Santos Lugares por el papa Urbano II) se llevaron a cabo importantes mejoras y construcciones (puentes, principalmente) en el Camino de Santiago, lo que ayudó a incrementar el fenómeno de las peregrinaciones y la instalación en el mismo de colonias de mercaderes. El renacimiento comercial llevaría aparejado el desarrollo de las ciudades en la época medieval.

La rápida propagación del fenómeno jacobeo significó la aparición a lo largo y ancho del Camino de nuevos asentamientos poblacionales en los que se instalaron gentes que encaminaron sus actividades económicas a cubrir las necesidades del creciente volumen de peregrinos que se dirigían a la ciudad de Santiago. Alrededor de hospederías surgieron villorrios y en los pequeños burgos se levantaron hospitales y albergues, posibilitan-

1. Pirenne, H. *Las ciudades de la Edad Media*. Alianza Editorial.

do todo ello la aparición de mercados y lugares de intercambio; de tal modo se convirtió la vía de peregrinación en una gran feria longitudinal.

No se debe olvidar, en una península Ibérica ocupada en sus tres cuartas partes por los musulmanes, el importante papel desarrollado por el comercio con la España islámica. Aunque hasta el siglo X, la España cristiana permanece encerrada en sí misma, en una economía de subsistencia, a partir de esta fecha se convierte en el mercado más importante para la industria de Al-Andalus y en un centro de re-exportación de los productos andaluces (algodón, seda, azafrán, lino, lana...) hacia Europa: la calidad de dichos productos era muy apreciada en la Francia merovingia, por ejemplo, y su demanda, muy grande allende los Pirineos.[1] La gran pujanza y desarrollo de la economía islámica española permitirá un continuo intercambio comercial en el que los productos agrícolas tendrán un importante peso (producción de excedentes cerealísticos, gran desarrollo del olivo y las huertas, gran extensión de bosques...). Las relaciones entre Galicia y la España islámica no son por tanto superfluas, pues hay un hecho determinante que reafirma estos lazos, ya que en el siglo XI los taifas de Badajoz y Sevilla pagaban sus tributos al reino de Galicia, como el de Zaragoza a Castilla y el de Toledo a León, según acuerdo territorial al que habían llegado los príncipes cristianos.

Por todo ello el Camino de Santiago se ve inundado de gentes que ofrecen sus productos pero también por otras que buscan las manufacturas que realizan los artesanos agrupados en multitud de gremios a lo largo del mismo. Importantes asentamientos de mercaderes franceses se producen en muchas ciudades del Camino a imagen y semejanza de Santiago (Rúa do Franco). En esta ciudad aún quedan vestigios de la presencia de otros mercaderes como los judíos en viejos nombres de calles como *Truques*, *Algalia*, *Moeda Vella*...

En las relaciones comerciales imperaba el intercambio de productos como pago de las transacciones. El uso generalizado de la moneda en la Galicia medieval no se puede datar con exactitud aunque en el siglo X la acuñación de moneda era importante: hasta las investigaciones de Sánchez Albornoz se había negado la existencia de la fabricación de moneda en esta época, pero dichos estudios[2] sobre los *solidos gallicanos*, *kalicenses*, *calicenses* o *galleganos* que se encuentran en la documentación de

1. Jackson, G. *Introducción a la España Medieval*. Ed. Altaya.

2. Sánchez Albornoz, C. *Los sueldos «Gallicanos», monedas gallegas*. Cuadernos de estudios gallegos II.

Barrio judío, Ribadavia, Ourense.

la época han arrojado luz sobre este hecho, confirmándose la continuación en Galicia de la tradición sueva de acuñación de moneda propia.

Las juderías gallegas

Las primeras noticias sobre la presencia del pueblo judío en la península Ibérica parecen situadas entre los siglos III-IV de nuestra era y sus primeros asentamientos en las regiones mediterráneas. Estos primeros momentos serán de relativa tranquilidad para el «pueblo elegido», pues no aparecerán las primeras fricciones hasta la implantación del cristianismo como religión oficial. Posteriormente sufrirán la expulsión durante el poder visigodo (Sisebuto en el 612) y bajo ocupación musulmana, la transigencia del poder islámico para con cristianos y judíos, cuyas religiones consideraban escalones previos hacia la revelación final de la verdadera fe proclamada por Mahoma, se romperá con la llegada de los intolerantes almorávides y almohades, lo que provocará el éxodo de gran parte de los judíos que habitaron hasta entonces Al-Andalus. Esta cau-

Casa de la Inquisición, Ribadavia, Ourense.

sa principal, junto al crecimiento económico de los reinos cristianos, motivó la llegada de un número sustancial a los territorios del norte posibilitando la presencia de importantes comunidades hebraicas en sus ciudades. Galicia, de tal manera, se convierte así en una zona atractiva para la instalación de estos nuevos aportes de población judía: por un lado ya existían comunidades judías prósperas en ciudades y villas (Allariz, Monforte, Ourense, Ribadavia...) y, por otro, se había producido un gran desarrollo comercial y económico gracias al Camino de Santiago.

Las actividades de los judíos gallegos no difieren en mucho de las comunidades asentadas en otros lugares, ya que en las actividades comerciales tuvieron un papel fundamental: en los centros económicos ligados a la ruta jacobea, dominaron el comercio de vinos y paños especialmente, y en puertos marítimos con intercambio mercantil con los países atlánticos principalmente y mediterráneos en menor medida desarrollaron sus actividades ligadas siempre al préstamo y la especulación. También ocuparon mayoritariamente los puestos encargados de la recaudación de impuestos debido a su pericia en el manejo de las técnicas económicas y la dimensión monetaria de dicha gestión.

Pero no solo en los negocios destacaron los judíos gallegos, ya que en el campo de la farmacéutica o en el de la medicina, en el que sus actividades estaban ligadas al hospital de Santiago, gozaron de gran prestigio. Además, ocuparon también oficios artesanales relacionados con las piedras preciosas y los metales nobles (joyeros o plateros).

Los establecimientos principales de los judíos en Galicia están vinculados con importantes rutas comerciales y con asentamientos en las proximidades de grandes monasterios para aprovechar el gran movimiento comercial que desarrollaban (Celanova, Sobrado...). Los principales núcleos judíos de Galicia fueron Allariz (comunidad con su propia sinagoga), Ribadavia (donde el 50 % de la población era de origen semita) y Tui.

La vida de la comunidad judía giraba en torno a la *sinagoga*, no solo templo sino también escuela en la que se enseñaban los preceptos talmúdicos, y en la que la máxima autoridad la desempeñaba un rabino mayor, y donde la comunidad rabínica no solo explicaba sino también interpretaba la Ley. En Galicia se deduce la existencia de sinagogas en las comunidades hebraicas de Allariz, Ares, Ourense, Sobrado, A Coruña y por supuesto Ribadavia.

Los judíos de Galicia no sufrieron las intensas persecuciones que se desataron contra ellos en otros reinos de la península porque su «leyenda negra» no estaba tan extendida en este territorio: a diferencia de reinos cristianos donde la presencia musulmana había sido mayor, aquí no cargaron con el sambenito de su colaboración con los invasores árabes durante la ocupación. Su importancia en muchas ciudades (el caso de Ribadavia es esclarecedor) se manifestaba en el desempeño de importantes cargos en los gobiernos municipales o en la propia administración de los concejos, en los que, además, su papel contributivo era esencial. Igualmente su colaboración con instituciones eclesiásticas, junto a los beneficios económicos que generaban y los servicios que prestaban a la jerarquía, posibilitó el consentimiento de la nobleza eclesiástica para con la comunidad hebrea.[1]

Tras la expulsión de 1492 por parte de los Reyes Católicos, parece que la mayor parte de los integrantes de las comunidades judías gallegas se decantaron por la conversión para evitar su exilio. Los que no renunciaron a su fe se trasladaron en su mayor parte al vecino reino de Portugal, y en menor medida a los puertos atlánticos europeos.

Los conversos sufrieron, en menor medida que sus coetáneos, el acoso del Santo Oficio que fue implantado en Santiago. En esta ciudad se instauraron instrucciones de limpieza de sangre motivadas por el gran número de conversos que aspiraban a alcanzar cargos eclesiásticos. Estos protocolos de limpieza de sangre fueron disminuyendo con el tiempo a medida que los conversos se introdujeron en la burguesía cristiana por vía matrimonial y que su influencia económica fue cada vez mayor dentro de las ciudades.

El reino de los juglares y trovadores

> ..., y así proseguiría expresándose en un lenguaje algo semejante al que hoy todavía se conserva en algunos rincones más occidentales de la provincia de León, hacia Ponferrada, en los valles del río Sil. El lenguaje que el vulgo hablaba en la ciudad de León a raíz de ser hecha corte, se parecía más al gallego que al castellano, según vemos. El castellano sonaba a los oídos leoneses como algo bastante extraño; sonaba a lengua extravagantemente modernista, que re-

1. Deaño Gamallo, C. Judíos en *Gran Enciclopedia Gallega*. En Mondoñedo residía una colonia judía la bajo protección del propio obispo.

pugnaba al espíritu más tradicional de un leonés culto; en el principal centro cortesano y político de la Península el castellano era tenido por dialecto bajo o demasiado familiar.[1]

De esta manera describe la situación cultural en la corte monárquica leonesa el filólogo e historiador Menéndez Pidal en el prólogo «Sobre el habla de la época» al estudio hecho por Sánchez Albornoz acerca de la ciudad de León en los albores del año 1000.

En el mismo prólogo se atestigua el peso de la Galicia medieval, destacando la importancia de la cultura gallega en la misma corte: «En ella concurrían tendencias venidas de Galicia, con el gran prestigio de la cultura, la riqueza y la gran densidad de población de aquella tierra occidental...».[2]

En la actualidad el cancionero galaico-portugués se conserva en cuatro códices: Ajuda (Portugal), Vaticana, Colocci-Brancuti (Biblioteca Nacional de Lisboa) y Berkeley (EE.UU.), siendo significativo que ninguno haya encontrado acomodo en Galicia. La poesía lírica galaico-portuguesa se puede estructurar en los siguientes cancioneros de manera general: *cantigas de amigo*, *cantigas de amor*, *cantigas de escarnio* o *maldizer* y unas composiciones que se enmarcarían dentro de la *lírica religiosa*.

Las *cantigas de amigo* se caracterizan por el protagonismo de la mujer. El diálogo con la naturaleza, la noción de amor y la base popular, entre otros, son representativos de estas composiciones.

Sediame eu na ermida de San Simón	Estaba yo en la ermita de San Simón
e cercareonmi as ondas, que grandes son;	y me cercaron las olas que grandes son
¡eu atendendo o meu amigo,	¡esperando yo a mi amigo,
eu atendendo o meu amigo![3]	esperando yo a mi amigo!

Las *cantigas de amor* presentan un mayor protagonismo masculino, y el poema es una reflexión de carácter amoroso o directamente está dirigido a una dama. Presentan estas obras una gran influencia de la es-

1. Sánchez Albornoz, C. *Op. cit.*

2. Sánchez Albornoz, C. *Op. cit.*

3. Mendiño. *Sediame eu na ermida de San Simón*. «Ocho siglos de poesía gallega». Alianza Editorial.

cuela provenzal con inclusión de palabras de esta lengua. Fundamentalmente tienden a la idealización de las cualidades y virtudes de la mujer amada y a la proliferación de la nostalgia y angustia amorosa.

A que vi antre as amenas,
¡Deus, como parece ben!;
eu mireila das arenas,
des y penado meten;
eu das arenas la mirei,
e des enton sempre penei.[1]

La que vi entre las almenas,
¡ay, Dios, y qué bien parece!;
la miré desde la arena,
desde entonces me enloquece:
desde la arena la miré;
y desde entonces siempre pené.

Las *cantigas de escarnio o maldizer* aparecen relacionadas con los más antiguos trovadores que se conocen, y son tratadas tanto por juglares como por trovadores. Tuvieron gran repercusión en todos los estratos sociales aunque están fuertemente impregnadas de popularismo. Llenas de elementos satíricos y burlescos, despliegan estas composiciones una gran agudeza y utilización del juego verbal, pues en ellas se aborda desde la caricatura individual hasta la mordacidad colectiva.

–Filla, douvos por consello
que, tanto que vos el vexa,
que toda ren lli façades
que voso pagado sexa.[2]

–Hija, el consejo que os doy
es que si otra vez os ve
no dejéis de hacer aquello
que satisfacción os dé.

Dentro de la *lírica religiosa* destacan las 426 canciones que se encuadran en las *Cantigas de Santa María* y cuya autoría es del propio rey Alfonso X El Sabio.

E daquesto un gran miragre vos quero eu ora contar,
que fezo Santa Maria por un monxe, que rogar
lle ia sempre que lle mostrase qual ben en Paraiso ha,
Quen a Virxen ben servira
a Paraiso ira.[3]

---

1. Pero Anes Solaz. *A que vi antre as amenas. Op. cit.*
2. Pero da Ponte (siglos XII o XIII). *Madre, vos que me mandastes. Op. cit.*
3. Alfonso X El Sabio. *Cantigas de Santa María.*

La corte era el lugar en el que aspiraba a desarrollar su arte todo juglar o trovador que se preciase y en la corte de Alfonso X tuvieron los creadores galaico-portugueses la oportunidad de ser merecedores de su mecenazgo.

Los *juglares* eran continuadores de la tradición romana de los músicos y acróbatas por un lado, y de los cantores germánicos por otro. El juglar con la aparición de los primeros trovadores va a pasar a definirse como el intérprete de las composiciones que crean. Es en este momento, a finales del siglo XI, cuando florece la juglaría gallega en la corte. Simplemente nombres o apodos conocemos de estos juglares: Palla, Mendiño, Lourenço, Lopo... Acompañaron a los reyes (desde Fernando III a Alfonso X y don Denís) en las reconquistas de territorios a los musulmanes y se establecerían en sus palacios. Su labor, en la que eran características las cantigas de amigo y las de escarnio y maldecir, caerá en desgracia cuando se produzca el auge de la juglaría castellana, centrada en la épica y el romancero. Tuvieron una vida itinerante, pues buscaban en los caminos o en los distintos palacios su público, participando en castillos y cortes en las solemnidades y festejos de la nobleza, pero sin rechazar las fiestas públicas, las peregrinaciones, las romerías y las ferias. A pesar de su arte no eran tenidos en gran consideración: la aristocracia despreciaba su origen y a nivel eclesiástico eran acusados de personificar todos los vicios y depravaciones.

Los *trovadores*[1] eran poetas y músicos que escribían en lengua vulgar (occitano, gallego, francés...). En un principio eran apadrinados y educados por los reyes en las cortes. Las cantigas de amor serán sus piezas fundamentales y estaban destinadas para ser interpretadas con acompañamiento musical.

Los ideales caballerescos y las Órdenes Militares

Las raíces de las Órdenes Militares, como las de las justas en torneos o la misma ceremonia de armarse caballero, se remontan a usos religiosos del pasado.[2] Pues como tal hay que encuadrar un antiguo rito de

1. *Trovador*, palabra proveniente de la lengua de Oc.
2. Huizinga, J. *El otoño de la Edad Media*. Ed. Altaya.

Castillo medieval, Pambre, Palas de Rei, Lugo.

pubertad, la entrega de las armas a los jóvenes guerreros, y la concepción del torneo como un primitivo ceremonial religioso.

Pero ello no puede hacernos olvidar que en la génesis de dichas Órdenes hay un profundo elemento cristiano que es deudor de la época y circunstancias en las que se generan estas entidades: una fuerte amenaza religiosa exterior que ocupa territorios propios. Por ello es correcto afirmar que las Órdenes Militares están basadas en el espíritu medieval propiamente dicho: una fusión del ideal monástico con el caballeresco.

Tres grandes Órdenes estaban asentadas en Tierra Santa (Temple, Hospitalaria de San Juan y Teutónica), y tres fueron las Órdenes que surgieron en la península Ibérica: la amenaza integrista del movimiento religioso proveniente del norte de África conocido como «almohade» significaba un serio peligro para las fronteras cristianas establecidas por Alfonso VI. Para afrontar esta amenaza militar, el abad Raimundo del monasterio cisterciense de Fitero (Navarra), continuando con el espíritu de cruzada propio de su Orden, convoca una cruzada para la defensa de Calatrava frente a la amenaza infiel (1158). Esta iniciativa desembocará en la constitución, entre 1160 y 1180, de tres entidades monásticas de caballeros concebidas para defender las fronteras frente al islam: las Órdenes de Calatrava, Alcántara y Santiago.

Hasta el establecimiento de las fronteras del siglo XIII, defendieron las fronteras meridionales de la meseta sur en Castilla (Calatrava), Extremadura (Alcántara) y Portugal (Santiago). Esta última, la postrera de las Órdenes ibéricas en su creación y que en sus inicios se denominó «freires de Cáceres»,[1] terminó convirtiéndose en una gran organización económica y militar. La Orden de Santiago presentaba importantes diferencias con sus coetáneas: la primera y principal es que sus caballeros no adoptaron la observancia benedicto-cisterciense sino la de san Agustín, que les permitía practicar los votos de pobreza y castidad de manera atenuada. Así, raramente se veían obligados a renunciar a sus bienes y además podían pertenecer a la Orden los casados e incluso ingresar con sus esposas. Son quizás estas las razones que motivaron su auge al poder integrarse en ella los caballeros que tendrían su admisión imposible en las otras Órdenes.

La estructura de la Orden de Santiago estaba articulada por un *maestre* en la cúspide de dicha organización que contaba con el asesoramiento de trece *freires*, y por el prior de los *clérigos*. Todos ellos, junto a los *comendadores*, debían reunirse anualmente con el fin de tomar las decisiones necesarias para el perfecto funcionamiento de las milicias. Esta esctructura unitaria colisionó con el nacionalismo incipiente en Castilla, Portugal y León, lo que en la práctica terminaría con una autonomía en cada una de las oganizaciones de dichos reinos. En Portugal la Orden terminaría rompiendo los lazos con sus hermanas castellano-leonesas para convertirse en la Orden de Avís.

La importancia y poder de las Órdenes Militares hizo que progresivamente fueran utilizadas por los soberanos para extender su influencia, con lo que acabaron por ser un peón más en manos de la monarquía española y terminaron perdiendo su carácter militar con el paso de los años. Ser designado miembro de una de ellas acabó convirtiéndose en símbolo de gran reconocimiento dentro de la corte de Madrid y así grandes personalidades de la sociedad y cultura españolas recibieron tal distinción: Quevedo y Velázquez, entre otros, fueron distinguidos con el hábito de la cruz de Santiago.

---

1. Cáceres fue el primer lugar que les concedió Fernando II. Adoptaron su nombre definitivo en 1171 cuando el arzobispo de Santiago dio a sus caballeros el nombre de Santiago, tras nombrar a su maestre.

Monasterio de San Pedro de Rocas, Esgos, Ourense. Excavado en la roca en el siglo VI.

Tras la pérdida de Tierra Santa, la Orden de los Caballeros Templarios, fundada para la reconquista de Jerusalén y para otorgar protección a los peregrinos en los Santos Lugares, fue trasladándose paulatinamente hacia Occidente y se estableció en el siglo XII en la península Ibérica.

> Todo hermano debe esforzarse en vivir honestamente y en dar buen ejemplo a los seglares y a otros conventos, en todas las cosas, de tal forma que quienes le vean no puedan observar nada malo en su comportamiento, ni en su forma de cabalgar, caminar, beber, comer o mirar ni en cualquiera de sus actos ni en ninguna de sus obras.[1]

La estructura de la Orden Templaria en la península Ibérica se articulaba en torno a dos provincias: Aragón y Portugal. La proximidad de los sarracenos motivó que hubiese en estos territorios un gran desarrollo de las *encomiendas*.[2]

En Ponferrada levantaron estos caballeros de la Orden del Temple una fortaleza desde la que seguir protegiendo a los peregrinos, esta vez a los que se dirigían a la ciudad santa de Occidente, Compostela. Siempre bajo el mismo lema: «Non nobis, Domine, non nobis, sed tuo nomini da gloriam».[3]

Fue en el año 1178 cuando Fernando II, rey de León, dona a los Templarios el burgo de Ponferrada, pasando por tanto a depender de la Orden Militar de los Caballeros del Temple. Estos caballeros tenían como misión custodiar el Camino de Santiago, a los peregrinos (a quienes ofrecían albergue) y a las tierras y habitantes de todo el valle del Bierzo. Entre sus posesiones se encontraba un pequeño castillo construido sobre lo que había sido un castro prerromano que los Templarios mejoraron ampliando sus defensas para dar cabida a un numeroso grupo de caballeros; en una fortaleza que hacía las veces de cenobio, palacio y castillo como siempre ocurría con los asentamientos de las Órdenes Militares. Pero no solo engrandecieron el castillo de Ponferrada sino

---

1. Regla del Temple. Bordonove, G. *La vida cotidiana de los templarios en el siglo XIII*. Ed. Temas de Hoy.

2. Parte del territorio de una orden militar cuyo gobierno se encomendaba a un caballero de dicho hábito.

3. «Da gloria, no para nosotros, Señor, no para nosotros sino para tu nombre». Bordonove, G. *Op. cit.*

Monasterio de Samos, Lugo. Ejemplo del poder monacal en Galicia.

que construyeron y ocuparon los castillos próximos de Cornatel, Balboa, Aguiar y Sarracín.

Durante la presencia templaria en Ponferrada la ciudad gozó de un gran esplendor, ya que la seguridad estaba garantizada, y a partir de ella el desenvolvimiento del comercio, la industria artesanal y la huerta florecieron con vigor. Será precisamente a partir del año 1312, con el abandono de la fortaleza templaria motivado por la supresión traumática de la Orden, cuando se produzcan situaciones de inestabilidad debidas a la inseguridad provocada por las luchas intestinas entre burguesía asentada e intereses de los señores feudales que pretendía la «herencia» templaria.

Órdenes Monásticas: el poder de la mística

En el siglo VII San Fructuoso, que había fundado monasterios durante su retiro en el Bierzo, se traslada a Galicia, donde continuó su labor fundacional. El impulso monacal se reactiva en el territorio gallego con la

Monasterio de Caaveiro, A Capela, A Coruña.

regla de San Benito, sobre cuyo precepto se levantan las abadías de Samos, San Paio de Antealtares, San Estebo de Ribas de Sil, Celanova, Sobrado dos Monxes... Tras una etapa de esplendor cluniacense, la decadencia se supera con los nuevos aires renovadores del Cister, que con un ideal más austero funda el monasterio de Oseira y posteriormente los de Sobrado, Melón, Monfero, Armenteira y Oia.

La enorme influencia de los grandes monasterios gallegos no solo se centra en su ingente labor cultural como garantes de la intelectualidad medieval y focos de propagación cultural: los benedictinos ayudaron a extender y difundir el románico, los cistercienses legaron el gregoriano, la miniatura de sus códices...; además, los monjes enseñaron los métodos de cultivo más adelantados, explotaron nuevas extensiones de tierras, con lo que propiciaron la aparición de nuevas villas, y colaboraron en la repoblación de comarcas inhóspitas...

Se atestigua la existencia del monacato en Galicia mucho antes de la llegada de la regla de San Benito, pues la fundación del monasterio compostelano de San Martiño Pinario se sitúa en torno al siglo X. Otras fundaciones como San Paio de Antealtares (Santiago) y Vilanova de Lourenzá (Lugo) le siguen en antigüedad y los de Celanova (Ourense) y Caaveiro (Pontedeume/A Coruña), vinculados a la figura de San Rosendo, o Carboeiro (Silleda/Pontevedra), entre otros..., si bien es cierto que se generaliza la observancia *benedictina*. San Benito de Nursia dejará su regla perfectamente estructurada: señala el tiempo que se debía dedicar a la oración, a la penitencia, al trabajo manual, al estudio, a la lectura..., todo ello con una estudiada organización interna en los monasterios y una forma de vida firmemente establecida. Los cenobios antes citados más los de Samos (Lugo), San Estebo de Ribas de Sil (Ourense), Poio y Lérez (Pontevedra), etc., convertirán a la orden benedictina en el principal foco revitalizador de la Galicia medieval.

Los monjes negros tendrían unos continuadores reformistas en los seguidores de la congregación benedictina de Cluny. Los *cluniacenses* tuvieron un papel muy importante en la expansión de la regla benedictina, cuya interpretación consistía en la potenciación de la misa conventual como labor fundamental del monje, es decir, la celebración comunitaria de la misa en el cenobio, con lo que se refuerza el carácter e importancia de la abadía. La segunda gran actividad era la copia de libros litúrgicos, por lo que se explica la perfección de las miniaturas de los códices cluniacenses y la importancia de sus bibliotecas. En la península gozará del apoyo de la monarquía navarra, contribuyendo en

Cáliz del Santo Milagro, Santuario de O Cebreiro, Pedrafito, Lugo. Relacionado con el Santo Grial de la tradición artúrica.

Claustro románico, Monasterio de San Estebo de Ribas de Sil, Nogueira de Ramuín, Ourense. Enclavado en la Ribeira Sacra.

gran medida a la expansión del románico, fundamentalmente por el Camino de Santiago.

En Galicia, a pesar del mutuo apoyo entre Cluny y Xelmírez, ninguno de sus asentamientos se produjo en Santiago ni en las cercanías del Camino, y ni siquiera son producto de nuevas fundaciones. Cinco prioratos se establecieron en territorio gallego a la manera cluniacense: San Vicente de Pombeiro y Santa María de Ferreira (Pantón/Lugo), San Martiño de Xubia (Narón/A Coruña), San Pedro de Valverde (Monforte/Lugo) y San Salvador de Budiño (O Porriño/Pontevedra).

Los *cistercienses*, reformadores benedictinos que buscaban restaurar de forma estricta la regla de San Benito, encuentran en Bernardo de Claraval la figura que los convertirá a partir del siglo XII en la gran Orden Monástica.

Tras la creación de Oseira, la expansión del Cister en Galicia continuará con las fundaciones de Sobrado, Toxosoutos, Monfero (A Coruña); Meira (Lugo); Melón, Montederramo (Ourense) y Armenteira, Oia, A Franqueira (Pontevedra), entre otras. Una curiosidad de estas funda-

San Miguel de Celanova, Monasterio de San Rosendo, Celanova, Ourense, Minúscula construcción mozárabe.

ciones es que en su mayoría fueron realizadas sobre centros benedictinos, ya que solo en dos casos (Meira y Xunqueira de Espadañedo) los cenobios son cistercienses en su origen.

Este florecimiento de los monasterios del Cister es promovido y auspiciado directamente por la monarquía, ya que les concederán grandes privilegios territoriales. Su labor será doble: por un lado, transformarán y organizarán la producción agraria, y por otro, controlarán políticamente el territorio. Los reyes castellano-leoneses no se fiaban de las noblezas laica y eclesiástica gallegas, por lo que decidieron que Galicia fuese gobernada por el monacato de registro cisterciense.[1]

Estas grandes abadías crecerán en importancia y poder al incrementar notablemente sus dominios mediante donaciones, intercambios y compras de tierras. Sus inmensas posesiones serán explotadas por un

1. Villares, R. *Historia de Galicia*. Alianza Editorial.

sistema de granjas dirigidas por los propios monjes o mediante contratos de usufructo y explotación (especialmente, *foros*).

El ciclo artúrico y la Canción de Roldán

Los diferentes ciclos de leyendas medievales europeos, fundamentalmente franceses y británicos, tuvieron su proyección en Galicia: personajes de leyenda como Galván, Galahaz, hijo de Lanzarote del Valle, el propio Lanzarote, caballeros de la corte del rey Arturo, o bien el propio emperador Carlomagno o sus caballeros Roldán y Turpín, son protagonistas de historias que tienen lugar en Galicia. Y fue precisamente la búsqueda del Santo Grial lo que movilizó hasta las tierras del noroeste peninsular a algunos de los caballeros de la Tabla Redonda. El Santo Grial, el cáliz sagrado que contiene según unos la sangre derramada por Cristo en la Cruz, según otros la copa en la que se bebió el vino de la Última Cena de Jesús con sus apóstoles, ha llegado hasta nuestros días como uno de los mitos más emblemáticos de Occidente.

Los *echtrai* irlandeses, los *bardos* galeses y los *conteurs* bretones, y posteriormente las influencias de los alquimistas alemanes, relacionados con el despertar de las nuevas «ciencias naturales», más el pensamiento transmitido por árabes (misticismo oriental e islámico) y judíos (Cábalas, nuevas ideas astrológicas, numerológicas y alquímicas) a través de su convivencia con la cultura cristiana en la península Ibérica, sumado todo ello a la influencia de las Cruzadas y la defensa de la Tierra Santa, junto a la publicación por Chrétien de Troyes de la primera versión del *Cuento del Grial* inspirada en un antiguo, y nunca visto, manuscrito, fueron suficientes condimentos que acrecentaron el mito[1] de un objeto que trasciende lo material para convertirse en esencia pura de espiritualidad y misticismo, lo que hoy llamaríamos superación personal en busca de un ideal, normalmente inalcanzable, utópico.

Encontrar el Grial sería, pues, como la culminación de un sueño, el acceder a la presencia de Dios, alcanzar la felicidad, el amor, la belleza, la bondad y la sabiduría, algo a lo que muy pocos llegaban, solo lo conseguían los caballeros más esforzados.[2] Según la leyenda, la relación de

---

1. Godwin, M. *El Santo Grial*. Ed. Círculo de Lectores.

2. Ferret Talimé, J. *El Grial y el complot de los caballeros templarios*. Ed. Martínez Roca.

Lanzarote con Ginebra, esposa del rey Arturo, provoca la ruptura del lazo de perfección que significaba la unión de los caballeros de la Tabla Redonda. El *aura* del Grial se desvanece y abandona a los mortales, por lo que Arturo conjura a sus caballeros en busca del Santo Grial. La gesta se cobra la vida de casi todos, pero Galván y Galahaz, hijo de Lanzarote, llegan al Cebreiro un viernes santo y en el altar de la ermita ven el Grial repleto de sangre líquida, recuperando así la armonía para el reino de Arturo. Otra leyenda habla de la presencia del ejército del rey Arturo, de más de 180.000 soldados, en la laguna de Antela,[1] pero hechizados y convertidos en luciérnagas que sobrevuelan las tranquilas aguas en espera de que su rey regrese de Avalon para rescatarlos. Otro lugar de Galicia cargado de tradiciones es San Andrés de Teixido y toda la sierra de A Capelada. Allí también tiene presencia el ciclo artúrico, pues cuenta la leyenda que esas fueron las tierras en las que se refugió Lanzarote cuando huía de Bretaña acompañado por un perro gigante que asustaba a los lugareños y por otros animales que nunca habían sido vistos en esas tierras.

La presencia del milagro del Cebreiro es el ejemplo de la galleguización del mundo artúrico y la conversión de este como un elemento más de la cultura gallega. Ello llevará a importantes escritores y pensadores gallegos a hacer girar en torno a Galicia el mundo céltico y trasladar las leyendas artúricas. Un ejemplo esclarecedor son estos versos del poema de Ramón Cabanillas dedicados a la mítica espada del rey Arturo, «A espada Escalibor», que en la isla de Sálvora espera que el «elegido de células manos» la libere:

Amada dos vellos dioses,
mortos e esquecidos xa,
que Sálvora lle chamaron
afeitos nela a topar
repouso dóce e tranquilo
de celestiaes afáns,
inda está tendida a escada
que baixa do ceo ó chan
envolveita e recuberta

1. Situada en la provincia de Ourense, ha sido desecada y convertida en un valle fértil.

de bretemoso cendal
feito de rendas garnidas
por diviños teceláns.
Nunha furna que galgantes
zarran as ondas do mar,
apreixada nas firentes
poutas dunha aguia reial,
gardada por un dragón
de alenta que é solimán,
brillaba a fúlxida espada
Escalibor, o trunfal
aceiro da heroica edade
cantada por Osián,
que ten de ser sobre a Terra
ergueita en céltigas mans,
símbolo, florón e escudo
da Cruz, do Amor e da Paz.[1]

La presencia de las leyendas de héroes franceses en Galicia es también significativa y siempre está relacionada con el Camino de Santiago y el culto al Apóstol. Históricamente se sabe que no hay indicios de la presencia de personajes como Carlomagno, pero es un dato significativo el que hasta finales del siglo XIX si un peregrino entraba en la catedral podía escuchar cómo se rezaba en el coro por el alma del emperador Carlos de Francia, que no era otro que Carlomagno.[2] No en vano, el emperador está ligado al descubrimiento del sepulcro del Apóstol en Compostela, no solo por la tradición gala sino también por el propio Códice Calixtino que la recoge.

Según la historia de *Karoli Magni et Rotholandi*, el arzobispo Turpín le cuenta al deán de Aquisgrán los hechos por los cuales el apóstol Santiago se aparece al emperador y le muestra el camino de estrellas que adornan el cielo diciéndole que «... si sigue con su ejército la Vía Láctea llegará a los confines del mundo, a Galicia, y tras él irán los pueblos peregrinando por los siglos venideros». De tal manera que, según el arzobispo Turpín, Carlomagno penetra en España por los Pirineos, con-

1. Cabanillas, R. *A noite estrelecida*.
2. Filgueira Valverde, X. *Santiago de Compostela*. Ed. Ir Indo.

quista Pamplona con la ayuda del Apóstol, y continúa camino a Compostela, abriendo así la ruta de las peregrinaciones hasta llegar a Galicia, donde la predicación había sido olvidada y sus gentes habían vuelto al paganismo. Carlomagno llega hasta Padrón y toma posesión del mar ignoto (*et infixit in mari lanceam*); permanece, con sus caballeros, al menos tres años en estas tierras antes de regresar a Francia. El emperador, siempre según la tradición gala, volvió en otras dos ocasiones a Compostela y de regreso de una de ellas sufrió emboscada en Roncesvalles, donde Roldán, Turpín y otros caballeros mueren como mártires y héroes del Imperio francígeno, tal como narra la obra épica *La chançon de Roland*.

Incluso en esta leyenda o mito no puede evitar la memoria colectiva del pueblo introducir variaciones. Una epopeya mítica y fantástica nos explica la aparición de la estirpe gallega de los Mariños y su origen a partir del desastre carolingio.

Derrotado y destruido el ejército de Carlomagno al mando de Roldán en el paso de Roncesvalles, el héroe carolingio tiene la oportunidad de escapar malherido de la matanza. Al límite de sus fuerzas consigue llegar a la costa del golfo de Vizcaya, donde embarcará hacia su destino en poniente, pues no es merecedor de presentarse en la corte del emperador después del desastre y la pérdida de su ejército. Navegando a lo largo de la costa hacia la puesta del sol penetra en el Atlántico, y quiso la fortuna que su embarcación se dirigiese a una isla mágica habitada por seres fantásticos. Embelesado por los cantos de una sirena, Roldán se ve irremisiblemente atraído hacia la isla. En ella descubrirá el amor en los brazos de aquel ser mitad mujer, mitad animal marino. Fruto de esa unión nacerá un vástago, el primero de una dinastía que a partir de su nacimiento se llamaría por su origen: Mariño.

Anacoretas en la ribera sagrada

Como ya hemos comentado, el «priscilianismo» se convirtió para la Iglesia oficial en un problema difícil de erradicar. Por eso se crearon numerosas sedes episcopales de carácter casi comarcal con el fin de controlar muy directamente la rectitud de las ideas religiosas tan fáciles de contaminar, bien por supuestas herejías como la de Prisciliano, bien por la fuerza intrínseca de los ritos ancestrales celtas y preceltas que pervivieron en la cultura popular con el paso de los siglos. También hemos mencionado la proclama de San Martiño Dumiense, que en su obra *De Correctione rusticorum* defiende la eliminación de la amplia serie de ritos paganos en la vida cotidiana de sus fieles. Su trabajo lo continuó en el siglo VII San Fructuoso, abad-obispo de Dumio al igual que San Martiño y también obispo metropolitano de Braga. Fructuoso fundó numerosos monasterios en toda Galicia[1] redactando, entre otras cosas, la *Regula Monachorum* dirigida a los monjes del claustro de Compludo, en el Bierzo, en la que recoge un apurado espíritu ascético y rigorista para la vida en los conventos[2] que probablemente guarda relación con la tradición de eremitas de siglos anteriores.

En la Ribeira Sacra, conocida así por la cantidad de pequeños cenobios del prerrománico y del románico gallego situados en las orillas de los espectaculares cañones que fueron dibujando en su confluencia los ríos Sil y Miño, entre las provincias de Lugo y Ourense, hubo un monasterio poderoso, el de San Estebo de Ribas de Sil. Esta fundación es probablemente anterior al siglo X, pues se sabe que en el año 909, en un privilegio otorgado por el rey Ordoño II, se señalan los límites del coto monacal y se confirma a los monjes la propiedad del mismo. En ese mismo año, y ante la reiteración del acoso por parte de los señores feudales de las comarcas limítrofes e incluso del obispo de Ourense, el papa Inocencio IV otorgó una bula a favor de la fundación conventual. El abad Franquila, que vivía en las proximidades de la ermita de San Xoán de Cachón, reunió en el monasterio, que por aqurel entonces se encontraba abandonado, a los ermitaños que vivían dispersos por toda la *ribeira*, iniciando así una nueva etapa que mantendría la advocación de San Estebo, a quien estaba dedicada originalmente la vieja iglesia monacal. A pesar de las intrigas de los señores feudales vecinos, el cenobio se convirtió muy pronto en referencia de santidad para los creyentes; tanto es así que en él murieron nueve obispos que renunciaron a sus respectivas diócesis y al poder terrenal que representaban, por la búsqueda de la paz y del sosiego en la meditación, algo que sin duda consiguieron en San Estebo, pues fueron enterrados en el propio monasterio y sus cuerpos descansaron en sarcófagos que durante muchos

1. Galicia en esa época incluye el norte de Portugal y el Bierzo leonés.

2. Andrade Cernadas, J. M. y Pérez Rodríguez, F. J. *Galicia Medieval* en *Historia de Galicia* T. III. Vía Láctea Editorial.

siglos permanecieron depositados en el claustro llamado «de los obispos»,[1] para posteriormente ser trasladados al altar mayor.

En el siglo X, el conde Gutierre Meléndez auspició el hecho de la rehabilitación de San Estebo de Ribas de Sil con la ayuda de muchos de los anacoretas que poblaban la zona. Estos hombres seguían las reglas más estrictas y rigurosas en el desempeño de su dedicación a Dios: las dictadas por ellos mismos, siguiendo una vida muy espartana, sin ningún tipo de concesión a lo mundano y sobreviviendo de lo que la propia naturaleza les aportaba en cada estación. Habitaban en cuevas o pequeños eremitorios en los que la austeridad de su construcción, pura expresión del románico inicial, era la nota más aparente. En muchas ocasiones, el anacoretismo fue algo más que una elección personal de ascetismo: también significó un abierto enfrentamiento con la vida monacal a la que veían como algo impuro y alejado de toda espiritualidad, más pendientes del poder terrenal que generaban sus dominios y propiedades que de servir abiertamente a Dios.

Uno de los cenobitas más relevantes fue Valerio del Bierzo, quien en el siglo VII tuvo fama como hombre de Dios y escritor, siendo de gran influencia entre los demás anacoretas de la comarca y de toda Galicia. Gracias a Nuño Valerio conocemos mucho más sobre su maestro San Fructuoso, pero el propio Valerio tuvo su mérito personal, reconocido por la Iglesia al ser elevado a los altares, ya que su origen era noble y su educación, conforme a su posición social.[2] Pronto se retiró para dedicarse a la meditación y con tal fin escogió un monte sagrado para los habitantes de la zona, mucho antes de la llegada de los romanos: el pico de la Aquiana. Desde muy abajo, en Compludo, donde el propio Fructuoso había fundado un convento y mandara construir a sus arquitectos y forjadores la famosa *Herrería* que aún hoy funciona, pasando por el Valle del Silencio hasta su pico más alto, aquellos lugares quedaron para siempre impregnados del misticismo de los anacoretas, a semejanza de la Ribeira Sacra, en la que cuevas y pequeños eremitorios se distribuyen por los lugares más inaccesibles de los cañones del Sil y del Miño, y junto a ellos una serie de monasterios que convierten la zona en un privilegiado lugar por la concentración de románico que en ella existe: San Salvador de Chantada, San Paio de Diomondi, San

---

1. Sa Bravo, Hipólito de. *Monasterios de Galicia*. Ed. Everest.
2. Atienza, J. G. *Monjes y monasterios españoles en la Edad Media*. Ediciones Temas de Hoy.

Estebo de Ribas de Miño, San Vicente de Pombeiro, San Estebo de Ribas de Sil, Santa María de Ferreira de Pantón, Santa Cristina de Ribas de Sil y San Pedro de Rocas son algunos ejemplos de cenobios que se encuentran distantes no más de 40 kilómetros.

Por la Ruta de la Plata y la Ribeira Sacra

El camino que saliendo de Santiago hacia Ourense recorre en sentido contrario el último tramo de la Ruta de la Plata avanza a los pies del Pico Sacro, cumbre rodeada de leyendas y estrechamente ligada al hecho jacobeo. Su perfecta figura cónica nos anuncia las fértiles tierras del valle del Ulla, enclave pródigo en las más conocidas construcciones civiles gallegas: los *pazos*, entre los que destaca el de *Oca*, a escasamente un kilómetro de la N-525, una vez cruzado el río Ulla.

A la altura de Bandeira es conveniente desviarse hacia Merza, pues a mitad de camino se encuentra la *Fervenza do Toxa*, entorno natural de gran belleza con la cascada de dicho río como principal atractivo y desde donde una ruta de senderismo nos traslada al cercano monasterio de Carboeiro, de estilo románico del siglo XII.

Por la misma N-525 y antes de llegar a Lalín, un desvío nos señala el *Santuario do Corpiño* en Losón, lugar donde se celebra la víspera de San Juan la famosa romería. En Lalín, centro natural de la comarca del Deza, se celebra el domingo anterior al Carnaval la gran fiesta gastronómica *Feira do Cocido*, en la que los productos de la matanza del cerdo son protagonistas.

Ya en tierras lucenses, Chantada, con sus bellas calles porticadas, es la antesala del valle del Miño. Por sus sometidas aguas del embalse de Belesar se puede realizar un fascinante crucero en catamarán que nos acercará la impactante belleza del «Pai (padre) Miño». La ribera izquierda tiene mucha culpa de que a estas tierras se les denomine *Ribeira Sacra*, pues es inagotable la proliferación de pequeñas iglesias (San Miguel de Eiré, San Estebo de Atán, San Fiz de Cangas, San Estebo de Ribas de Miño...) y monasterios (Ferreira, Pombeiro, Diomondi...); joyas todas ellas del románico gallego entre los siglos XI y XIII.

Monforte es el enclave primordial del valle del Cabe y solar de una de las familias nobiliares gallegas más importantes, los Lemos. Su antigua fortaleza preside el paisaje y a sus pies se extiende un destacado conjunto monumental. Es aconsejable realizar unas escapadas a lugares cercanos: la ya resaltada *Ruta del Románico del Miño*, y la que nos llevará por tierras del concejo de Sober hasta el *Cañón del Sil*, donde también podremos realizar la «Ruta de los Embalses y Cañón del Sil» en embarcación a lo largo del último trayecto del río Sil antes de confluir con el Miño.

Los amantes del buen vino tienen aquí la oportunidad de acompañar la gastronomía local con los buenos caldos de *Amandi*, y los apasionados de la artesanía popular no podrán resistirse a la peculiar cerámica de *Gundivós*.

Por tierras de pan, vino y letras

Sirviéndonos la ciudad de Ourense como inicio y final de nuestro recorrido, viajaremos por lugares de importante patrimonio monumental e histórico, pero también de indudable acervo cultural y etnográfico. Tomando el viejo Camino de Santiago nos encaminamos al lugar donde el pan alcanza denominación de origen, ya que en las tierras de Cea se elabora a la manera artesana, es decir, en viejos hornos de leña que antaño eran comunales. Muy cerca se encuentra el monasterio de Oseira, de imprescindible visita, y tras visitar la villa balnearia de O Carballiño, nos adentraremos en tierras de *O Ribeiro*. Es Ribadavia la capital histórica y artística de tan afamada tierra del vino. Su *barrio judío* presenta una indudable estampa gallega con sus soportales y voladizos, entre los que se encuentran la antigua Sinagoga y la Casa de la Inquisición. El castillo de los Sarmiento nos recuerda la importancia de su pasado, a cuya cita se acude cada año en la «*Festa da Istoria*», cuando Ribadavia retorna a época medieval.

En las cercanías de Celanova se encuentra el pintoresco pueblo medieval de Vilanova dos Infantes y Castromao, uno de los más importantes asentamientos castreños gallegos. Celanova tiene un significado especial para la cultura gallega, pues en estas tierras nacieron Curros Enríquez, Celso E. Ferreiro y Méndez Ferrín. La villa desarrolla su vida alrededor del monasterio de San Salvador, en cuyo interior se encuentra la pequeña iglesia de San Miguel, joya mozárabe construida por San Rosendo también en el siglo X. Camino de Xinzo, atravesamos la fértil comarca de A Limia, que recibe su nombre del río que las legiones romanas conocieron como el «Río del Olvido». Xinzo es una de las capitales del más ancestral carnaval gallego, que tiene en tierras ourensanas su mayor esplendor y en sus *pantallas* o máscaras una de las principales figuras carnavalescas.

De camino hacia la capital provincial se encuentra Allariz, villa de enorme belleza que aún conserva el *barrio judío* entre sus muchos atractivos monumentales. Antiguo establecimiento suevo, recibe su nombre de Alarico, quien la funda en el siglo VI. En sus proximidades está Santa Mariña de Augas Santas, donde se encuentra el «Forno da Santa». Visitar Allariz durante la «Festa do Boi» nos permitirá disfrutar de una fiesta con marcado sabor popular.

La ciudad de Ourense es desde muy antiguo un importante enclave a las orillas del Miño. Ya en época romana era un destacado lugar de paso como lo atestigua la necesidad de construir la *Ponte vella*, uno de los emblemas de la ciudad. Origen romano tiene también otro de sus símbolos, *As Burgas*, manantiales de agua caliente (70 °C) de abundante caudal (300 l por min). La catedral tiene a gala ser el segundo mayor templo románico tras el de Compostela (del que imita estilo), con una longitud de 84 m y 43 en su crucero. Su «Pórtico do Paraíso» solo cede en belleza ante la obra del maestro Mateo en la basílica compostelana.

6

Los referentes del calendario

La cultura tradicional popular tiene en la *fiesta* el escenario más importante en el que desarrolla la mayor parte de sus relaciones sociales. Y en una sociedad agrícola mayoritaria como lo es la gallega, las fiestas están vinculadas con lo marcado por el calendario agrario. Esto es, la mayor parte de las fiestas en un principio venían determinadas por las celebraciones derivadas de las faenas del campo. De esta manera la llegada de la primavera, la vendimia, la época de la recolección de castañas o la matanza, por poner unos ejemplos, tenían como punto álgido de conmemoración la celebración de festejos a propósito de dichos momentos estacionales.

Con el aumento de la influencia cristiana en la vida social, estas celebraciones fueron ampliadas, cuando no solapadas, por las fiestas religiosas. Jornadas como el día del Corpus, las celebraciones patronales o romerías marianas, entre otras, han ido convirtiéndose en puntos de referencia en las festividades comunitarias populares.

Otro tipo de festejos con claro pasado pagano y con origen que se remonta a los más ancestrales momentos pretéritos, posteriormente resituados en la órbita cristiana, gozan de gran predicamento y seguimiento entre el pueblo gallego: el carnaval galaico (*Antroido*)[1] o los festejos de san Juan se encuadran en esta asociación.

1. También conocido como Entroido.

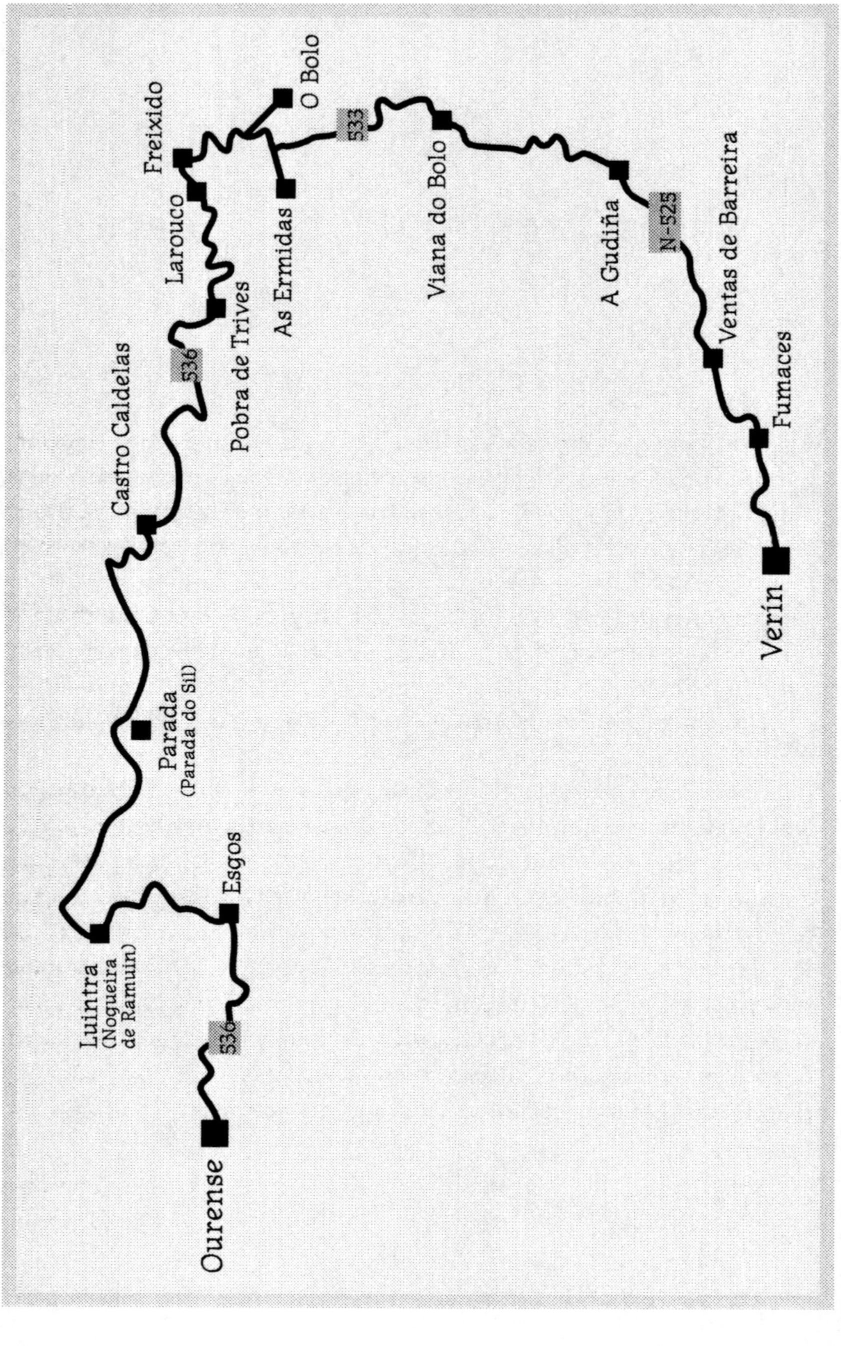
Ourense
536
Luintra
(Nogueira de Ramuin)
Esgos
Parada
(Parada do Sil)
Castro Caldelas
536
Pobra de Trives
Larouco
Freixido
O Bolo
As Ermidas
533
Viana do Bolo
A Gudiña
N-525
Ventas de Barreira
Fumaces
Verín

Acantilados de Herbeira, Cedeira, A Coruña. El percebe prolifera en los acantilados más agrestes.

«O Antroido»: el carnaval y la tradición

Parece que el origen del término *antroido* se sitúa en el vocablo latino «introitus» (entrada) por señalar esta fecha la posterior entrada del período de Cuaresma. En las raíces del carnaval están presentes tres temas fundamentales: comida, sexo y violencia.[1] El primer aspecto es evidente, pues la comida es la reina de estas celebraciones; y es indudable que la prohibición de «comer carne» en los cuarenta días posteriores significa «carnalidad», y es obvia la carga sexual de estas fiestas; y en cuanto al tercer componente, la violencia, tiene una presencia aunque mitigada en la tolerancia de la agresión verbal o el acoso de determinadas figuras carnavalescas como son en el caso de Galicia los cigarróns, peliqueiros, etc.

Estos festejos siempre gozaron de gran seguimiento popular, pues la doctrina cristiana exigía en el subsiguiente período de Cuaresma

1. Burke, Peter. *La cultura popular en la Europa Moderna*. Ed. Altaya.

una rígida penitencia y abstinencia. No solo en cuanto a la prohibición de comer carne, sino en la suspensión de todo tipo de festejos y celebraciones en los cuarenta días que duraba este período litúrgico cristiano.

Por todo ello, en los días anteriores a la entrada de la Cuaresma, en los que se celebra el Antroido o carnaval, se realizan grandes rituales gastronómicos en los que la carne de cerdo, presente en todas las fiestas gallegas que se realizan alrededor de una mesa, tiene una presencia esencial. El cerdo en todas sus variantes: *cacheira*,[1] *lacón*, *chicharrones*, *tripas*, *botelo*,[2] *chorizos* y *demás embutidos*..., exquisitos postres de carnaval como *o bolo de antroido*,[3] las *filloas*,[4] las *orellas* y *flores*,[5] entre otros muchos; excesos, en fin, de la cocina y del buen comer.

Pero no solo gastronomía es la fiesta del Antroido. Sin lugar a dudas estamos ante la fiesta popular de mayor trascendencia a lo largo del año. Antiguamente era la época preferida para la representación de obras teatrales, pues el Antroido en sí mismo es una gran pieza teatral. Durante la misma se puede decir, por una vez y con relativa impunidad, lo que pensaba no solo un reducido grupo sino lo que era «vox populi» entre la comunidad. Antaño las fiestas del carnaval empezaban en enero, es decir, con bastante antelación a lo que hoy se conoce como domingo de carnaval. Con dos domingos de antelación se celebraba en algunos lugares de Galicia el *fareleiro* o día en que los más jóvenes esparcían el *farelo*[6] sobre las chicas (también se utilizaba a veces el hollín o la ceniza). El domingo inmediatamente anterior al «de Antroido» se conoce como *corredoiro*, pues en algunos lugares era tradicional la «corrida do galo».

Los jueves anterior y posterior al «Domingo corredoiro» se conocen como de los *compadres y comadres*, que simbolizan la eterna lucha de sexos: cuando se celebra el de comadres, los representantes del sexo masculino portaban imágenes que representaban a las mujeres y las mujeres salían a la calle para intentar arrebatárselas y evitar su quema.

---

1. Cabeza del cerdo.
2. Estómago del cerdo que se rellena de carne.
3. Preparado con harina de maíz y algo de centeno. Pan de mesa sin fermentar.
4. Pueden prepararse de leche y de agua, y con sangre.
5. Dulces hechos con masa de harina, huevos, anís..., y que después se fríen.
6. Cáscara desmenuzada del grano de los cereales, que en el molino se separa de la harina.

Con la celebración del día de compadres las tornas se cambiaban y eran los mozos quienes intentaban evitar la quema de los monigotes que los representaban.

Pero es el sábado y domingo de Antroido cuando comienza el esplendor de la celebración carnavalesca: la calle se convierte en escenario esencial y lúdico de la celebración popular. Muchos son los protagonistas del carnaval gallego, pero sin duda los más espectaculares y atractivos son aquellos que han llegado hasta nosotros desde las más antiguas raíces populares. Estos son algunos de los más importantes:

- Los *cigarróns* (Verín), los *peliqueiros* (Laza), los *felos* (Maceda y O Bolo) y las *pantallas* (Xinzo de Limia) son las más antiguas máscaras del carnaval ourensano y gallego, formando parte de la más ancestral forma de celebración carnavalesca de la península Ibérica. Todos disfrutan de total inmunidad durante el carnaval (no se les puede tocar) y van gastando bromas y golpeando a los viandantes con un latigo o una vejiga que llevan unida a un palo.

  Los cigarróns y peliqueiros llevan un curioso gorro en el que se representan motivos animales o astrales (sol, luna...) con careta de madera. Con vestimenta antigua formada de calzón y chaquetilla anuncian su presencia mediante el atronador ruido de los cencerros de gran tamaño que llevan en su cintura. Desfilan en fila india, saltando sin parar sin que nadie pueda descubrir su identidad. A la puerta de un vecino aguardará un poco de la tradicional comida del carnaval o un buen vaso de vino.
- Los *generales y correos* son la más notoria figura del Antroido en el valle del Ulla. Sus encuentros representan el punto culminante de las celebraciones: una agrupación conducida por un general a caballo, y precedida por sus «correos», se enfrenta a otra homónima y rival produciéndose el curioso *atranque*: se entabla una guerra de agudeza en la composición de versos. Primero acontece la llegada del correo que dialoga con el centinela de la agrupación rival, para que finalmente sean los generales de ambos bandos quienes diriman el conflicto utilizando como armas diálogos sutiles y perspicaces con el fin de «derrotar» al contrario:

Cigarróns, Verín, Ourense. Manifestación ancestral del carnaval gallego.

General 1

Aquí me tienes cobarde,
frente a tus barbas tan tristes,
que solo con esta mano
te voy a romper las narices.

General 2

Su Majestad me está faltando
con palabras tan groseras.
Si no se calla la boca
le voy a cortar las orejas.

General 1

Lo que es usted un canalla,
un carota sinvergüenza,
que está engañando al pueblo
con esos chulitos cuentos.

General 2

No necesito al pueblo
que es un valiente traidor.
¡Me quiero ver cara a cara
contra su bravo sudor![1]

Los generales, ante tales argumentos, firman una tregua que durará hasta el carnaval venidero cuando la farsa vuelva a ser realizada.

- Las *madamas y galanes* de Cobres-Vilaboa (Pontevedra) representan el último ejemplo en Galicia de estas representaciones carnavalísticas, en las que el vestuario destaca por su colorido y fastuosidad: sobre una vestimenta de color blanco lucen enorme cantidad de llamativos complementos (mantones de manila, collares, sombreros, cintas...). Hoy estas comparsas centran su actividad en los bailes de Antroido.
- *El rey Urco y el loro Ravachol* son las figuras representativas del carnaval pontevedrés. El primero es un invento de un grupo de ilustrados románticos que en 1876 sitúan a *Urco*[2] como rey de la fiesta de la burla,[3] convirtiendo las fiestas en encuentros literarios y artísticos. El rey Urco se presenta en Pontevedra con sus ejércitos, y Teucro, en vista de su inferioridad, lo recibe amistosamente organizándole una fiesta de tres días; muere envenenado llegado el final.

  El entierro del *loro Ravachol*[4] se celebra el sábado posterior al

---

1. Mariño Ferro, X. R. *Cultura popular*.
2. Del latín *orcus*, que significa «ultratumba». Tiene un doble significado: lugar del destino de los muertos e infierno.
3. Cocho, Federico. *O carnaval en Galicia*. Ed. Xerais.
4. Nombre de un anarquista francés que fue puesto por Perfecto Feijoo a su loro. La botica de Feijoo fue un foro político y cultural de gran trascendencia en la Pontevedra de finales del siglo XIX.

martes de carnaval y sustituyó al entierro de la sardina tras la celebración del entierro del loro que presidía las tertulias en casa del boticario Feijoo (1913).[1]

- *El entierro del carnaval*: el carnaval termina el «miércoles de ceniza» con el *enterro da sardiña* en la mayoría de los lugares. Una tradición importada desde la meseta y que fue introducida en Galicia en la segunda mitad del siglo XIX, pues lo tradicional en territorio gallego eran los *enterros de mecos, entroidos ou momos.* Dicho entierro no deja de ser una inhumación por el rito cristiano, en el que el difunto es la sardina.

  Según la tradición gallega cada localidad representa en un muñeco la figura del carnaval, que tiene varias denominaciones según el lugar (entroidos, mecos, momos...). Este muñeco-rey de los festejos es quemado en la ceremonia con que finalizan las fiestas. Hay multitud de representaciones carnavalescas: además de los anteriormente mencionados, en la comarca de Barbanza (A Coruña) es «*O Felipe*» y «*O Felipiño*»; en otros lugares, «*O Marcial*», «*O Farruco*»...
- *Domingo de piñata*: se celebra el domingo posterior al miércoles de ceniza, es decir, en el primer domingo de cuaresma y es una oportunidad para romper por un momento la penitencia y el recogimiento que se suponen en cuaresma. Recibe el nombre de la palabra de origen italiano *piñata*,[2] juego infantil que se corresponde con el gallego «*xogo das olas*», y que se celebraba en algunos lugares de la provincia de Ourense durante los días de carnaval.

La fiesta de la primavera: «Os Maios»

La naturaleza tiene un ciclo anual y si hay un momento en el que se puede situar un punto y seguido, ese es el de la floración de las plantas y la aparición de los primeros frutos. La fiesta en la que se celebra el retorno de la primavera se conoce como «*Os Maios*» y tiene una especial tradición en Pontevedra y Ourense.

Esta es una fiesta muy ligada a las sociedades agrarias, y por lo tanto, su origen se pierde en la noche de los tiempos. Este tipo de celebra-

1. Cocho, Federico. *Op. cit.*

2. Pignata: olla. Vasija llena de dulces que se cuelga en el techo para intentar romperla a palos con los ojos vendados.

ciones tenía una doble motivación: por un lado, festejar el fin del crudo invierno y la llegada de la primavera, y por otro, la petición de buenas cosechas solicitando a la madre naturaleza protección frente a las plagas de animales, los fenómenos meteorológicos adversos o los malos espíritus. Esto se debe a que en las raíces de «Os Maios» están antiguos cultos a divinidades campestres protectoras de plantas y vegetales cuyos orígenes sitúan algunos investigadores en el mundo céltico y otros en el mundo clásico, griego o romano.

Su raigambre es muy antigua, como lo atestigua el hecho de que ya en el Concilio de Braga (570) se prohibió colocar ramos en las casas buscando la protección de los espíritus primaverales. Es curioso que aún hoy, en multitud de hogares gallegos (e incluso barcos y automóviles), se colocan el primero de mayo ramos de *xestas*[1] con su típica flor amarilla con el fin de alejar de los lugares o recintos en los que se emplazan cualquier tipo de desgracia o peligro. Además, este tipo de liturgia naturista también fue denunciado por Martín de Dumio por ser propio de seres paganos, y en concilios posteriores se condenó este tipo de «cultos» por considerarlos contrarios al cristianismo. Pero lo que son las cosas, el mes de mayo fue situado por la jerarquía católica bajo la advocación de la Virgen María, lo que no habría de mitigar estas creencias.

La presión sobre estos rituales ha conllevado que en la actualidad los principales intérpretes de las celebraciones de «Os Maios» sean los niños, quienes, perdida la antigua simbología, saludan la regeneración del mundo vegetal. Pero ¿qué es un «maio»? En esencia, una figura vegetal con estructura formada por ramas y mimbres, decoradas con frutas, plantas y flores. Pueden ser de dos tipos: en el primero, una persona se introduce en su interior, y en el segundo, por su tamaño solo permanece el icono vegetal. Era costumbre robar los elementos necesarios para construirlos y dichos trabajos eran, a menudo, temas que se trataban en las coplas.

Las representaciones vegetales se acompañan de coplas que en los últimos tiempos se han convertido en más irónicas y satíricas, y siempre por lo general hacen mención de hechos y sucesos acaecidos en el entorno del lugar. Los recitados o cánticos son iniciados por una persona y continuados por el resto que conforma el grupo que canta dando vuel-

1. Retamas.

tas alrededor del maio siguiendo el compás marcado por el golpeo de dos palos (*fungueiros*) que portan.

Levántate Maio
que tanto durmiches
xa pasou o inverno
e non o sentiches.[1]

Los maios en un principio eran mayoritariamente figuras cónicas para, en los últimos tiempos, imitar otras representaciones (cruces, cruceiros, hórreos...).

Las *lumieiras do pan* son otras ceremonias ligadas a la protección de las cosechas que se realizaban el 30 de abril (noche de Walpurgis, noche de meigas) en algunas comarcas cercanas a Santiago: «Desde el punto mismo en que las parroquias del circuito tocan a las ánimas, comienzan a aparecer en los montes luces aisladas, cuyo número va aumentando a medida que adelanta la noche. Al primer canto del gallo las luces descienden hacia la llanura, viniendo de los cuatro puntos cardinales: primero poco a poco, más aprisa luego y con rapidez vertiginosa por último. En el valle se juntan y detienen un instante miriadas de ellas, formando un conjunto verdaderamente fantástico, y después, subdivididas en infinitas fracciones, danse a correr por los sembrados hasta que amanece el día».[2]

Se conocen algunas variaciones sobre estas celebraciones: en unas, los vecinos recorrían los campos sacudiendo sobre los sembrados haces de paja encendidos, o bien encendían hogueras en el medio de las fincas de cereales mientras cantaban:

Alumea o pan
alumea ben
alumea o pan
para o ano que ben.[3]

En otra variante los vecinos cortaban un árbol (normalmente, un pino) y lo clavaban en un sitio por lo general alto; a su alrededor se

---

1. Mariño Ferro, X. R. *Op. cit.*

2. Vicenti, Alfredo. *La ilustración Gallega y Asturiana.*

3. Fraguas Fraguas, A. *La Galicia insólita-Tradiciones gallegas.* Cadernos do Seminario de Sargadelos.

congregaban en la medianoche para plantarle fuego y dando vueltas alrededor cantaban coplas:

Alumea, pai,
cada grao, seu toledán!
Alumea, fillo,
cada espiga, seu pan trigo!
Alumea ó liño
cada freba, seu cerriño.[1]

El Corpus o la fiesta de los gremios

Parece ser que la fiesta del Corpus Christi tiene su origen en la ciudad valona de Lieja (Bélgica), donde fue celebrada por primera vez por su obispo en el año 1246. Es una celebración católica que conmemora la institución de la Eucaristía y fue el papa Urbano IV quien promulgó su constitución en festividad eclesiástica. Barcelona fue la primera ciudad peninsular en la que se celebró dicha fiesta y su presencia en Galicia está ligada a un hecho luctuoso: el asesinato, en una calle compostelana, del obispo de Santiago durante la procesión en la que portaba al Santísimo.[2]

A pesar de que es una celebración relativamente tardía, pues no se inicia hasta el siglo XIV, muy rápidamente comienza a ganar adeptos y seguidores. La razón fundamental es que la festividad del Corpus se convierte en la celebración de los gremios: con la constitución de la Cofradía del Santísimo Sacramento, surge la preocupación por la donación de obras de arte (custodias) y la organización de procesiones tendentes a lograr un mayor esplendor de la celebración. En estas procesiones al paso de la custodia bajo palio se extendían alfombras florales y vegetales, formadas por hinojo, flores y demás hierbas, que una vez pasada la comitiva procesional eran recogidas por los creyentes para llevarlas a sus casas. La villa de Ponteareas (Pontevedra) ha sido la principal depositaria de esta tradición y sus alfombras florales del día del Corpus, motivo de atracción popular por el carácter artístico de las

1. Fraguas Fraguas, A. *Op. cit.*
2. Véase el capítulo IV.

mismas. Hoy se vive en Galicia una recuperación de tales actividades ornamentales, y a partir de la citada villa en otras poblaciones como Ares y en la comarca del Barbanza (A Coruña), entre otras muchas, se realizan ornamentos florales de conocido relieve.

En época moderna, pues, la importancia del Corpus corre paralela a la participación de los gremios en su elaboración: cada gremio participaba con sus respectivas danzas (danzas de espadas, de cintas, de arcos o de palillos, entre otras), e intervenían además en los festejos agrupaciones de gigantes y alegorías de animales míticos y monstruosos (como la Tarasca) que representaban el mal. Estos animales fantásticos, hoy desaparecidos de la celebración del Corpus, tienen en la *Coca* de Redondela el último de sus representantes. La «Coca», un monstruo de temible aspecto con forma y facciones de dragón alado provisto de ruedas que permiten su desplazamiento, recorre las calles de la villa redondelana, iconografía del animal infernal derrotado por el triunfo de la verdadera fe, el Demonio vencido por Cristo.

El protocolo procesional estaba fuertemente establecido y cada cofradía tenía su lugar en la procesión, en la que portaba las imágenes de su patrón y sus insignias y pendones como se atestigua en Pontevedra:[1] «El orden de andas y gremios debía ser el siguiente: Espíritu Santo, de los toneleros; Santa Lucía, de la cofradía y gremio de los hortelanos de una legua en contorno; San Mauro, de los horneros y panaderos; San Cristóbal, del gremio de molineros en una legua en redondo; San Julián, de la cofradía y gremio de zapateros y correeiros; San Miguel, de la cofradía y gremio de mareantes; San Antonio Abad, de la cofradía y gremio de alquiladores y tejedores; San Sebastián, de la cofradía y gremio de mercaderes; San Nicolás de Bari, de cerrajeros, armeros, espaderos y cuchilleros; San Juan Bautista, de la cofradía y gremio de picapedreros y carpinteros de ribera; Nuestra Señora la Blanca o de la Esperanza, de escribanos y procuradores «de calzón corto, medias, zapato con hebillas, casaca y sombrero apuntado»; enda con los Santos Apóstoles, de la cofradía y gremio de cirujanos, sangradores y barberos; y la de la Trinidad, de los sacerdotes».

Otro lugar donde los festejos del Corpus tenían y tienen gran conmemoración es la ciudad de Lugo; no en vano, la «Ciudad del Sacramento» tiene a gala el privilegio permanente de la exposición del San-

---

1. Fraguas Fraguas, A. *Corpus* en *Gran Enciclopedia Gallega*.

Cacharela o luminaria. El fuego es el protagonista en la noche mágica de San Juan.

tísimo, noche y día durante todos los días del año, desde los primeros tiempos del cristianismo. Un hecho sin parangón en cualquiera de las iglesias del mundo católico.

La noche meiga: la noche del fuego purificador

El fuego es un elemento regenerador y protector al mismo tiempo. Desde los albores de la civilización el hombre ha tenido hacia el fuego una concepción sagrada: mitos como el de Prometeo[1] nos relatan la entrega del fuego, del poder del fuego. A lo largo de la historia cada cultura ha explicado a su manera su devoción por el fuego:

1. Titán amigo de los hombres, a quienes entrega el fuego robado a los dioses. Zeus lo castigó por su osadía a permanecer encadenado en una roca del Cáucaso donde un águila le comía el hígado, que volvía a crecerle sin cesar, renovando su martirio. Hércules mató al águila liberándolo de su suplicio.

El fuego tiene su origen en el Sol, donde solo se atrevió a ir a buscarlo un papo rubio.[1] Al llegar a su destino le pidió al Sol que le diera fuego para traerlo a la Tierra, lo que concedió, aunque advirtiéndole de que se podía quemar, por lo que no valdría de nada su viaje. El pájaro cogió la antorcha con el pico y comenzó el regreso a la Tierra, en la que se posó con el fuego, pero como la antorcha estaba muy consumida se quemó las plumas de la garganta. Para reparar la pérdida de las plumas y curar la quemadura, cada una de las demás aves le dio una pluma, excepto la lechuza que se negó a dársela, razón por la que las aves le prohibieron volar de día.[2]

Varias son las fechas a lo largo del año en las que la tradición sitúa la celebración de una serie de ritos relacionados con el fuego, que coinciden preferentemente con determinantes momentos solares: los solsticios. En Galicia hay una tradición conocida como *O lume novo*[3] que se realizaba el día de Nochebuena (noche muy cercana al solsticio de invierno), cuando se barría bien la lareira y se encendía un tronco nuevo, generalmente de leña de roble por ser este un árbol sagrado para los antepasados. Este «fuego nuevo» tenía varias utilidades según las zonas: algunos mantenían el fuego de este leño encendido hasta pasar la Epifanía, y el tizón resultante de esta lumbre se conservaba durante todo el año, pues era protector contra la amenaza de los truenos. En otros lugares se apagaba tras la noche y se guardaba para ser encendido cuando la ocasión lo requiriese, pues era protector frente a las posibles desgracias que se intuyesen.

El otro gran fuego protector es el que se realiza en el solsticio de verano, durante la noche de San Juan. En esta ocasión, los viejos trastos se unen a la leña para formar la hoguera (*cacharela*) a la que se le prenderá fuego en la medianoche. Fuego purificador, antídoto perfecto para los conjuros de toda clase de brujería y mal de ojo, protector contra animales dañinos y, en algunos lugares, la mejor receta contra las enfermedades del ganado.

Al fuego se recurre de múltiples maneras: para conseguir algo con apoyo de lo mágico (hasta nueve veces y procurando que el número de

---

1. Petirrojo.
2. Fraguas Fraguas, A. *Lume* en *Gran Enciclopedia Gallega*.
3. El fuego nuevo.

saltos no sea par), para sanar alguna dolencia o para no tenerla (por ejemplo, el *meigallo*),[1] o las jóvenes para conocer su futuro casamentero. Incluso cuando se va apagando. se hace pasar al ganado por encima de la brasa para protegerlo de enfermedades.

Es la de San Juan una noche de gran actividad entre las brujas, por ello en algunos lugares la leña que se enciende es verde, con la intención de que la hoguera produzca mucho humo y así ahuyentar a las *meigas*.

Pasade os lumes de san Xoán
para que non vos morda cadela nin can,
nin cantos males han.

La virgen de los marineros y el mes de Santiago

El mes de julio en el calendario gallego es el mes de Santiago. No podía ser de otro modo, pues la figura del Apóstol ha significado mucho en el proceso histórico de formación del país gallego, ya que su Camino, como hemos visto, ha supuesto un crisol de culturas y pensamientos de indudable ascendiente. Al mismo tiempo la propia espiritualidad emanada de su «inventio» ha causado una enorme influencia en la propia forma del ser gallego.

No es extraño, pues, que los gallegos celebren en el día de Santiago, el 25 de julio, su día nacional, su *Día da Patria Galega*.

Aunque Santiago «preste» nombre al mes de julio, hay otras personalidades notables que requieren nuestra atención, pues su influencia es muy grande.

Es una gran curiosidad y contradicción que la advocación de la Virgen con mayor número de fieles y seguidores no tenga un santuario en el que recibirlos. O quizás sí tiene el mayor del que pudiera disponer: el mar. Porque el gran litoral de Galicia y la importancia que ha tenido tradicionalmente la pesca en la vida cotidiana en particular y la economía gallega en general, han originado generaciones eternas de trabajadores de la mar. Todos con una gran y única protectora: la Virgen del Carmen.

El 16 de julio no es una onomástica más. La celebración del Carmen es el momento en el que los trabajadores de la mar muestran su

1. Hechizo, embrujamiento.

devoción por su bienhechora. Son numerosas las localidades marineras en las que hacen sonar sus bocinas las embarcaciones pesqueras y acompañan a su patrona en un cortejo procesional marítimo que termina con una oración en memoria de las víctimas del mar y con una ofrenda floral en su recuerdo. Pero no todas las localidades marineras celebran la fiesta de la «virgen marinera» el día de su onomástica, pues todo el verano se convierte en una continua celebración del Carmen.

En Laxe, en plena Costa da Morte, junto a la tradicional procesión marítima y durante las fiestas patronales se escenifica en la dársena de su puerto el naufragio de una embarcación y la intercesión salvadora del Carmen. Representación de gran emoción y zozobra para aquellos que han sufrido el trance en sus carnes o en sus familias, para quienes han puesto alguna vez sus vidas o la de seres queridos en manos de la patrona de los marineros.

Relacionada con el mundo de la mar, se celebra la víspera del día de Santiago una curiosa festividad en la localidad marinera de Ribeira (A Coruña). Curiosa decimos, porque en ella se exaltan las cualidades y la tremenda importancia que ha tenido en la historia y el desarrollo de la vida marinera una embarcación: la *dorna*. De esta embarcación se sabe que es muy antigua, probablemente sus orígenes se remonten al siglo X, y que se construye de la misma forma que los *drakkars* vikingos, es decir, con una construcción de tingladillo.[1] En la actualidad la dorna aún se sigue utilizando en las faenas pesqueras, demostrando su carácter marinero y su potencial de navegación. Es el símbolo marinero del mar de Arousa.

Los curros: rodeos «a la gallega»

Las referencias históricas a la utilización del caballo en Galicia son muy antiguas como atestiguan las representaciones equinas y ecuestres de los grabados rupestres de la protohistoria gallega. En época clásica los autores como Estrabón o Plinio mencionan su importancia y alaban sus cualidades como animales de transporte en terrenos dificultosos como son los montañosos. En la actualidad son pocos los caballos salvajes que se retiran del monte y se domestican para ser uti-

1. Tipo de construcción en el que las tablas se van superponiendo.

Rapa das Bestas, Sabucedo, A Estrada, Pontevedra. Cita anual para el corte de crines y marcado del ganado salvaje.

lizados en el trabajo diario; sin embargo, hay una actividad caballar que ha despertado un creciente interés en los últimos tiempos: *A rapa das bestas*.

Por definición «A rapa das bestas» consiste en el corte de las crines al ganado caballar, pero en sí misma es una actividad más compleja que incluye también la clasificación y el marcado del ganado. Estos trabajos se engloban en Galicia dentro de unas celebraciones a medio camino entre una fiesta ganadera y una romería que se denominan «*Curros*». Un curro es un lugar al aire libre y cercado donde se encierra el ganado que se cría libremente en el monte para proceder a su clasificación, marca y corte de crines. Por extensión un curro es dicha operación de marcaje, clasificación y corte de crines; es decir, un curro es todo lo que está en relación con la fiesta de los caballos salvajes.

En la madrugada de la celebración del «curro» los ganaderos se dirigen a los montes para localizar su ganado y dirigirlo desde los lugares de pasto hasta el cercado. Los caballos son guiados al galope por las sendas que conducen al curro, recibiendo en su camino la llegada de nuevas manadas, hasta conseguir que todo el ganado de los montes cercanos se encamine hacia el corral.

Una vez introducido en el cercado, se retiran primero las yeguas preñadas y los potrillos que se pasan a un corral menor, para posteriormente retirar los animales más peligrosos (sementales y padres). Después empieza la labor más espectacular ya que cada propietario debe retirar del conjunto a sus animales e iniciar el corte y recogida de la crin. En el más famoso de los curros gallegos, conocido popularmente como «A rapa das bestas de Sabucedo» (Pontevedra), estas labores se realizan por hombres que, entre los asustados y encabritados animales, sujetan al caballo y proceden al corte de las crines sin otra ayuda más que sus propias manos. Una conjunción de valor y destreza es suficiente para derribar al equino al suelo y proceder a su rapa y marca. El corte de las crines se hace rápidamente a fin de recoger un producto y no es un acto para lograr el embellecimiento de los animales. El marcaje más empleado es la marca a fuego utilizando un hierro candente sobre la piel, aunque también se emplea un sistema muy antiguo consistente en la práctica de pequeñas incisiones en las orejas del caballo.

En todos los lugares y comarcas donde existe ganado equino criado en libertad, existen «curros» o «rapas das bestas» entre los que destacan el nombrado de Sabucedo y los de A Capelada y Barbanza (A Coruña), Xistral (Lugo) y Galiñeiro y A Groba (Pontevedra), entre otros.

Agosto: tiempo de fiesta y celebraciones

Si hay un mes en el que se encuentra la práctica totalidad de un territorio en fiestas y celebraciones, ese mes es agosto y ese lugar, Galicia. Agosto o el mes de la Virgen es un continuo festivo, una sucesión de festejos y romerías. El concepto *romería*, ser romero, en sentido estricto aquel que peregrina a Roma, ha derivado en Galicia para nombrar toda aquella festividad que se realiza alrededor de un santuario o lugar sagrado. Pero tampoco esto es exacto, pues hay celebraciones de carácter pagano que están concebidas como una romería, por lo que se pueden definir como celebraciones festivas en el sentido más amplio del término.

Los santuarios están en relación con la presencia o aparición de un ser sagrado y siempre tienen como llamada un hecho sobrenatural, viniendo además designado por la preferencia del santo hacia un lugar exacto y concreto donde se situará el santuario.

La mayoría de las romerías y festividades ligadas a santuarios se desarrollan preferentemente entre los meses de julio, agosto y septiembre. Pero es sin lugar a dudas el mes de agosto el epicentro de las actividades festivas. Las hay de todo tipo, lúdicas y religiosas, aunque aquí abordaremos algunas de las más conocidas entre las lúdicas ya que las religiosas serán tratadas con mayor extensión en el próximo capítulo.

- *Romería vikinga*: los fieros hombres del norte, *vikingos* como se llamaban a sí mismos en su lengua, fueron temidos en las costas de Galicia y la visión de sus velas en el horizonte significaba alarma general entre los pueblos costeros, que reunían sus pertenencias y animales para refugiarse en los montes cercanos. La ría de Arousa era uno de sus lugares preferidos para fondear sus barcos y su obsesión por alcanzar Compostela les hacía remontar la desembocadura del Ulla. En este lugar se levantaron las Torres de Oeste,[1] el *Castellum Honesti* medieval, en cuyos restos se rememora el primer domingo de agosto el desembarco y asalto de las hordas normandas a la fortaleza. La multitud que asiste a la escenificación contempla cómo una replica exacta de los temibles drakkars remonta las aguas mientras los salvajes guerreros se aprestan al desembarco y la toma de la fortificación cristiana.
- *Festa do monte Santa Tegra*: en la cima del monte Santa Tegra, una de las más importantes atalayas naturales desde la que se puede disfrutar de las mejores panorámicas de la geografía gallega[2] con la desembocadura del río Miño como principal atractivo, y lugar donde se encuentra uno de los más importantes poblados prerrománicos, se celebra mediado el mes de agosto una romería campestre en la que las familias suben al monte para disfrutar de una jornada festiva y los jóvenes se enzarzan en «batallas» con el vino como arma. El origen de dicha fiesta fue un voto penitencial del siglo XIV con motivo de una sequía que duraba siete años y durante el cual los penitentes ayunaron y rezaron a lo largo de tres días en el monte.
- *El globo de Betanzos*: las fiestas patronales de Betanzos tienen como gran acto central un inaudito evento aeronáutico: la suelta del ma-

1. Catoira (Pontevedra).

2. Dicho monte, junto al monte Curota (sierra del Barbanza/A Coruña) y Pico Sacro (valle del Ulla), es uno de los excepcionales miradores naturales del paisaje gallego.

yor globo aerostático del mundo fabricado con papel. Cuando el 25 de mayo de 1814 se elevó por primera vez para festejar la onomástica del rey Fernando VII, su inventor, Claudio Pita, no podía pensar que hoy sus descendientes, la familia Pita, continuasen siendo los constructores y poseedores del secreto que hace volar al gigante de papel (cerca de 25 metros de altura y más de 100 kilos de peso) sobre los cielos nocturnos. Pericia y experiencia que evitan que el papel del que está construido se incendie antes de elevarse majestuoso ante la atenta mirada de los miles de curiosos.

- *Os Caneiros*: de todos es conocida la facilidad con la que el pueblo gallego monta una romería. Se necesitan dos cosas: una gaita y buena comida. El motivo a celebrar no importa, y como muestra, la romería fluvial de Betanzos. Son los de San Roque los principales festejos de la antigua capital del Reino de Galicia, y a los betanceiros, allá por 1880, se les ocurrió que para aprovechar la comida sobrante de los festejos patronales lo mejor era montar otra fiesta. De esta manera dos días después de San Roque pequeñas embarcaciones engalanadas remontan el río Mandeo hasta llegar al lugar conocido como Os Caneiros, donde se desarrolla una tradicional romería gallega.
- *Romería de O Naseiro*: el cuarto domingo de agosto en Viveiro (Lugo) también se celebra una romería de carácter fluvial en la que los barcos engalanados remontan el río Landro por el valle de Naseiro hasta un paraje natural de extraordinaria belleza, muy cercano a la plantación de eucaliptos con los ejemplares más altos de Europa.

Las fiestas en honor de Baco

El vino es un elemento básico en las fiestas y celebraciones gallegas, incluso se ha convertido en elemento inspirador de estas. No puede entenderse una comida con presencia de pescado o mariscos de nuestros mares sin el acompañamiento de los renombrados blancos gallegos, especialmente *albariño* y *ribeiro*. Además, el visitante que se acerca a Galicia observará la pertinaz presencia del emparrado en todas las casas rurales y de labor, parras que no solo dan el fruto sino que cobijan bajo su sombra la tradicional reunión donde se comenta lo cotidiano y se transmiten las enseñanzas orales. Son tres los lugares favoritos del gallego para charlar: la lareira, el banco de piedra (influencia celta), que siempre se coloca al lado de la puerta de la casa, y el emparrado.

Virgen del Carmen Santa María das Areas, Fisterra, A Coruña. Venerada en todos los pueblos marineros de Galicia.

Es común la elaboración de vino para el consumo casero en casi todas las latitudes gallegas; así, el trabajo de la vid genera una actividad de importancia en la vida familiar. Por lo tanto, trabajos relacionados con ella son distribuidos en la unidad familiar: la poda (*O que non poda en marzo a súa viña, perde a vendima*), o más intensamente la vendimia, requiere del esfuerzo familiar y la ayuda de los vecinos de la parroquia. Porque normalmente la vendimia es realizada por los de casa con ayuda vecinal, pues es normal que las labores no estén mecanizadas y haya ausencia de maquinaria.

En la elaboración familiar del vino se mantienen fórmulas secretas, transmitidas de padres a hijos y una elaboración basada en la tradición, por lo que es frecuente que cada pequeño productor se jacte de un mejor vino que el del vecino basado en una receta que le contó su padre que era de su abuelo...

La labor comunitaria de la fabricación del vino posibilita la existencia de cantares relacionados con la vendimia y con su elaboración. La labor tradicional del pisado de uvas se ve sustituida por el estrujado de rudimentarias máquinas que no ha evitado la necesidad de la ayuda desinteresada de la aldea o parroquia.

La calidad y prestigio de los vinos gallegos ha generado una industria vitivinícola que se ha estructurado en denominaciones de origen entre las que destacan:

- *Rías Baixas*: formada por las subzonas de Salnés, Condado y O Rosal, en las que se sitúa el rey de los vinos gallegos: el albariño, nacido de cepas que la tradición dice fueron traídas por los monjes de Cluny en el siglo XII. Cultivado en emparrado, se realizan normalmente dos cavas: una a continuación de la poda y otra en mayo.

  A pesar de ser sus blancos de fama mundial, en la parroquia de Barrantes (Ribadumia/Pontevedra) se elabora un vino tinto y espeso con graduación de entre 9° y 11°, de excelente acompañamiento de las carnes.
- *Ribeiro*: denominación del más tradicional de los vinos blancos gallegos, alrededor de Ribadavia, en torno a los cauces de los ríos Miño, Avia y Arnoia. De gran tradición, ya en la Edad Media *«era el vino más preciado que entraba en Santiago por la puerta de Mazarelos»*.[1]

1. Códice Calixtino.

Torres de Oeste, Catoira, Pontevedra. El desembarco vikingo se rememora anualmente en la romería.

- *Ribeira Sacra*: en los valles del Sil y el Miño, cultivados en terrazas escarpadas que salvan el desnivel de los cañones fluviales, hecho que dificulta su cultivo. En Amandi (Sober) se cosecha un caldo tinto de excelente calidad, néctar de emperadores romanos, circunstancia extraña, pues no es igualado por sus vecinos de ribera ni por los del otro lado del río.
- *Valdeorras*: en el curso medio del río Sil, a partir de cepas bajas que crecen prácticamente a ras de suelo, entre los que destacan los realizados a partir de la variedad de uvas «godello».
- *Monterrei-Verín*: en la cuenca del Alto Támega ourensano, tiene a gala ser el vino de mayor graduación de Galicia, y también se elabora a partir de cepas bajas a ras de suelo.

Conocida la querencia del pueblo gallego por las fiestas gastronómicas, no es de extrañar la proliferación de los festejos de exaltación de la producción vitivinícola en cada comarca. Son ineludibles la Festa do Albariño (Cambados/Pontevedra) en los primeros días de agosto y la Festa do viño de Amandi (Sober/Lugo), entre infinidad de ellas.

Viñedos de la Ribeira Sacra, O Saviñao, Lugo.

Tiempo de castañas

La castaña fue el alimento tradicional del pueblo gallego y principal acompañante de las carnes hasta la llegada de la patata y el maíz tras el descubrimiento de América. Es por ello comprensible que el período de su recolección tenga en el subconsciente gallego gran importancia, y por ende las celebraciones que se realizaban en esta época adquiriesen gran importancia en los festejos populares. Estas fiestas se conocen con el nombre de *magostos* y son celebraciones que se realizan con el motivo de asar y comer castañas, por lo que constituyen reuniones de carácter comunitario de honda tradición en las que no faltan cánticos y cuentos alrededor de la degustación de la castaña. Si bien se celebran esencialmente en los primeros días de noviembre, no es infrecuente la celebración de magostos a lo largo de todo el mes. Antiguamente era costumbre que las mozas pusieran las castañas y los mozos, el vino.

El magosto viene definido por dos elementos fundamentales: la castaña y el vino, aunque no es óbice para que se le añadan otras vituallas (hay algunos lugares donde también se celebra el día de San Martiño, época de matanza del cerdo).

El saber popular habla de *facer un bó magosto*[1] cuando se consigue una buena ganancia en un negocio.

Donde el cerdo es el rey

Uno de los refranes gallegos con más peso es aquel que dice: «A todo porco chégalle o seu San Martiño» (A todo cerdo le llega su San Martín), y no solo para recordar el doble sentido: «Siéntate a la puerta y el cadáver de tu enemigo verás pasar», sino también para testimoniar un hecho clave de la vida gallega: la celebración de la matanza. La matanza no es solamente una necesidad por la importancia que desde antaño ha tenido el cerdo, y los manjares que de él se extraen, en la dieta del país. La matanza ha devenido no solo una necesidad alimenticia de la unidad familiar, sino que su propio hecho se ha convertido en una fiesta social y cultural.

1. «Hacer un buen magosto».

La propia estructura poblacional gallega articulada en torno a la *aldea*, su célula base, ha propiciado que en dicho entorno la realización de la matanza sea uno de los mayores motivos de intercambios sociales. Es tradicional la ayuda de los vecinos en la realización del sacrificio del cerdo y el compartir los productos de dicha carnicería.

El cerdo es un animal privilegiado dentro de la peculiaridad culinaria de los gallegos, ya que supone el principal aporte de carne en la alimentación, por lo que recibe los mayores cuidados alimentarios para su engorde. El período de matanza se considera que debe estar entre el mes de noviembre (día de San Martiño) y el de febrero, teniendo en cuenta las fases lunares, pues existe la creencia de que con fase lunar creciente la carne aumenta y en fase decreciente disminuye.

El mes de noviembre se convierte, pues, en el mes del cerdo ya que se debe preparar el degüello del animal y, consecuentemente, acometer el inmenso trabajo que conlleva. La fabricación tradicional de los productos porcinos, dura e intensa labor, se convierte en la ocasión de intercambiar experiencias, saberes y comentarios del entorno social aldeano.

Normalmente la matanza se realiza en la cuadra, en el alpendre o al aire libre. En ella es figura fundamental el matachín, o persona que va a realizar el sacrificio, y que normalmente es un convecino, «profesional de la matanza», que no recibe remuneración a cambio de sus servicios. La matanza, grosso modo, es como sigue:

Una vez sujetado por varios hombres el cerdo por orejas y patas, este es acostado en el banco de sangrar donde lo inmovilizan, atándole con cuerda el hocico para evitar posibles mordeduras. A continuación el matachín le clava un cuchillo en el pescuezo. La sangre se recoge en un recipiente, pues es ingrediente en la fabricación de viandas como las filloas.

Sangrado el cerdo, se procede al chamuscado, es decir, la eliminación de pelos y cerdas. Para ello se sitúa al cerdo en el suelo y se le aplican atadillos de paja encendidos. Después del chamuscado se le raspa la piel con un cuchillo y se lava, refregándola con piedras lisas hasta dejarla limpia.

Posteriormente se abrirá el cerdo, para lo que se le practica una incisión longitudinal, y al instante se cuelga de una viga, donde permanecerá como máximo dos días. Finalmente se hará el despiece: cabeza (*cacheira*), lacones, jamones, tocinos...

Las formas tradicionales de conservación de la carne son la salazón y el ahumado. La carne que se consume en fresco se aparta, lo que motiva la realización de una fiesta para su consumo con la participación de familiares y vecinos. Carne, filloas y *rixóns*[1] son los manjares de la misma.

Cuando el comer se hace fiesta

Hay veces que el tiempo no se articula en relación con un trabajo a una actividad (poda, siega, vendimia...), en torno a una estación o a una festividad litúrgica. Algunas veces un producto, o la época en que dicho producto está en su mejor momento de consumo, marca una periodicidad: *Por san Xoán a sardiña molla o pan*, dice el refrán. Uno de los mayores atractivos de Galicia es, sin lugar a dudas, la gastronomía. Por ello vamos a contemplar el paso del tiempo basándonos en los productos más apreciados de la cocina gallega:

- *Festa do Cocido*: el cocido es el rey en el fin del invierno gallego, y en Lalín (Pontevedra) celebran con gran festejo las excelencias de tan abundante plato. Pero ¿qué es el cocido? Las sabias palabras de «Picadillo»[2] nos asesoran: «El cocido consiste en una combinación tal de manjares, que hace innecesaria la intervención de otro cualquier plato en la comida en que él se presenta. Compónese de una mezcla ordenada de garbanzos, patatas, coles, tocino, jamón magro, costilla u otros huesos de cerdo, carne de vaca buena, gallina, chorizos y otras pequeñeces...».[3]
- *Festa do Augardente*: mucho se ha escrito sobre el origen del aguardiente gallego. Los románticos ven en esta bebida la herencia de una estirpe celta que a través de un rito purificador renueva el espíritu colectivo de un pueblo, y los más escépticos, una bebida que tuvo que esperar a la llegada de los árabes ya que fueron quienes introdujeron el alambique en la península. Sea como fuere, el aguardiente y su innegable ceremonia galaica, la *queimada*, forman parte de la espiritualidad gallega. El domingo de Pascua se celebran en Portomarín (Lugo) los festejos de exaltación de tan estimulante brebaje.

---

1. Chicharrones.
2. Sobrenombre de Manuel Puga y Parga, abogado y periodista, especializado por afición en recetas de cocina, especialmente de la cocina gallega.
3. Picadillo. *La cocina práctica*.

- *Festa do polbo*:[1] es otra curiosidad de la sorprendente personalidad gallega que la mayor fiesta en honor del pulpo y sus puestos ambulantes, tenga lugar en una población del interior. Y tan del interior como que esto sucede en la localidad ourensana de O Carballiño, donde siguiendo la tradición se reúnen las mejores cocineras de pulpo del mundo.
- *Festa da Empanada*: junto al pulpo, la empanada es el alimento que siempre va unido a la romería o a las reuniones gastronómicas en cualquier parte del territorio gallego. La empanada es además una receta que acepta cualquier tipo de combinación: puede ser de carne, atún, bacalao, vieiras, berberechos..., y acepta cualquier tipo de alimento base: trigo, centeno, maíz... En Bandeira (Pontevedra) tiene el más popular de los yantares gallegos su merecido homenaje.
- *Festa do Marisco*: esta fiesta gastronómica tiene lugar en O Grove (Pontevedra) a mediados del mes de octubre. Sin duda alguna el marisco es la vianda más sustanciosa y apreciada de las que se producen en Galicia y tiene fama mundial. El marisco ha pasado de ser comida de subsistencia de marineros a alcanzar los más altos precios entre los manjares culinarios. Sean moluscos, crustáceos o cefalópodos, el sabor de los mariscos gallegos basa su éxito en la excepcional riqueza de las rías gallegas, auténticas granjas marinas salpicadas de viveros flotantes que se conocen como *bateas*,[2] que dan forma a un típico paisaje de la costa gallega.
- *Festa do Percebe*: es el percebe para muchos el «rey de los mariscos». Este crustáceo con seis pares de apéndices y un pedúnculo carnoso comestible necesita estar húmedo para sobrevivir, por lo que habita en los acantilados batidos por el mar abierto en ese escueto espacio delimitado por las líneas de marea. Sus mariscadores, los *percebeiros*, se juegan la vida recolectándolos en los despeñaderos costeros, arrancándolos literalmente de las rocas en lucha continua con el mar embravecido. Los cantiles de Orte-

---

1. Pulpo, en lengua gallega.

2. Una *batea* es un vivero flotante para la recría de mariscos bivalvos, especialmente el mejillón. De la estructura flotante cuelgan cuerdas a las que se ata la cría envuelta en redes de poca consistencia, que de modo natural se apresan a dichas cuerdas. Pudren más tarde las redes, no impidiendo así su crecimiento.

gal[1] y A Costa da Morte tienen la bien ganada fama de ser los mejores bancos y en sus puertos se celebran fiestas de degustación del más arriesgado marisco gallego.

En tierras de máscaras y cenobios

En el oriente ourensano se mantienen vivos los más ancestrales carnavales gallegos. En cada pueblo, con su propia especificidad: *cigarróns*, *peliqueiros*, *felos*..., manteniendo en cada uno de ellos su esencia, autenticidad y tradición. Es, pues, el tiempo de *Antroido*, el momento adecuado para visitar estos lugares y conocer más de cerca una tradición que se pierde en la memoria.

El Alto Támega presenta múltiples posibilidades. Estas tierras que se conocen como Val de Monterrei, por ser desde esta antigua fortaleza desde donde manaba el poder en tiempos medievales y modernos, tienen su principal centro en Verín, la capital termal de Galicia ya que en ella se sitúan tres de los más importantes centros balnearios gallegos. Es Verín tomada por los *cigarróns* durante el carnaval, invadiendo sus calles y zurrando con látigos a los curiosos. Vestidos con sus trajes tradicionales y sus peculiares máscaras decoradas con motivos animalísticos, mueven sus cencerros, colgados de sus cinturas, provocando un gran estruendo.

En Laza, situada a 16 kilómetros al norte de Verín, y aun manteniendo similitudes con celebraciones vecinas, quizás permanezca en su estado más puro la manifestación más popular del carnaval. Los *peliqueiros* saltan, corren y bailan haciendo sonar sus cencerros mientras fustigan al público.

Camino de la comarca de O Bolo, las tierras de la montaña ofrecen una gastronomía centrada en derivados del cerdo, castañas, nueces y, por supuesto, la filloa. El *magosto*, la fiesta de la castaña, posee un sabor especial en toda la provincia de Ourense.

En Viana el carnaval tiene un nombre: los *felos*. Acompañan con su máscara oscura con ojos y bocas muy marcados bajo un sombrero ador-

---

1. En el litoral cercano al cabo Ortegal, muy cerca de San Andrés de Teixido, se encuentran los acantilados de Vixía Herbeira, los mayores de Europa, con más de 600 metros de altitud.

nado con muchos colores la gastronomía de O Bolo: la *androlla*, embutido de costilla de cerdo, y la *bica*, exquisito postre. En un barranco del valle del río Bibei se encuentra As Ermidas, importante santuario mariano.

Llegados a la comarca de Valdeorras, y en dirección a Ourense, se atraviesa la tierra de Trives, desde donde se puede tomar un desvío a la estación de montaña de Manzaneda, en la que se pueden desarrollar diversas actividades relacionadas con la naturaleza y los deportes de invierno.

Una vez en Castro Caldelas, donde destaca el castillo de la casa de Lemos, nos desviaremos hacia A Teixeira para comenzar nuestra ruta a lo largo de la vertiente ourensana de la *Ribeira Sacra*. Panorámicas del cañón del Sil de excepcional belleza nos acompañan en la visita a los monasterios de la Ribeira: Santa Cristina de Parada de Sil, San Estebo de Ribas de Sil o, abandonando ya el desfiladero fluvial, San Pedro de Rocas, uno de los primeros enclaves cristianos, pues fue excavado en la roca en el siglo VI.

7

Romerías y otras celebraciones populares

La romería es la máxima expresión festiva del pueblo gallego a lo largo de los siglos. Tradicionalmente se han ido celebrando en honor de una serie de santos en lugares muy dispersos de la geografía gallega y con el tiempo unas han calado más que otras en la sensibilidad de las gentes convirtiéndose en puntos obligados de referencia espiritual. El Santo Cristo y la Virgen María se llevan la palma en cuanto a número de celebraciones, pero también son abundantes las dedicadas a San Andrés, San Antonio, San Bieito o Benitiño, etc.

El significado de la romería

Romería quiere decir «viaje o peregrinación a un lugar santo, a una ermita o santuario bajo la advocación de algún santo». Para la Real Academia Galega, *romaría* o *romaxe* significan «peregrinación», en primera acepción, y «fiesta popular en la que la gente acude a un santuario por motivos religiosos y que al mismo tiempo se divierte», en segunda. Es esta la acepción que la define hoy en día, la que la identifica a nivel popular. Este vocablo empezó a utilizarse para designar a los muchos peregrinos que se desplazaban a la ciudad santa de Roma. Actualmente en Galicia es término habitual, pues es raro el mes del año en el que no se celebren media docena de romerías importantes, si exceptuamos los del invierno. Pero, además, el término romería fue aprovechado para nombrar algunas celebraciones que nada tienen que ver con

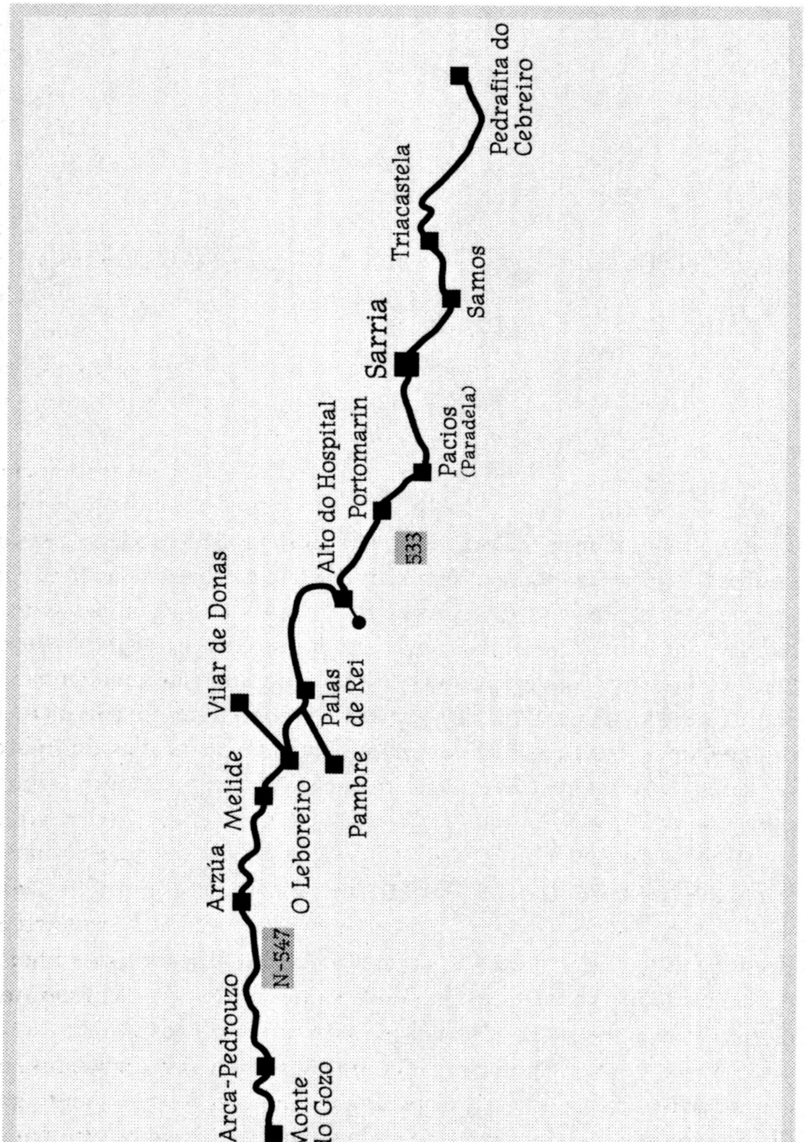
Santiago de Compostela
Monte do Gozo
Arca-Pedrouzo
N-547
Arzúa
O Leboreiro
Melide
Vilar de Donas
Pambre
Palas de Rei
Alto do Hospital
Portomarín
533
Pacios (Paradela)
Sarria
Samos
Triacastela
Pedrafita do Cebreiro

temas religiosos, sino más bien con los lúdicos y gastronómicos. Es precisamente la gastronomía un elemento catalizador en las celebraciones. Los elementos más distinguidos de la alimentación popular gallega, con la excepción del caldo, se encuentran siempre en las romerías y son la empanada y el *pulpo á feira*. Pero la riqueza de las materias primas en agricultura, ganadería y pesca ha popularizado la gastronomía gallega como algo importante y en los pueblos han aprovechado la situación y podemos afirmar que a lo largo del año son casi un centenar las fiestas, únicamente gastronómicas, que se celebran a lo largo y ancho del territorio galaico: la patata, la empanada, el pimiento, el cocido, la tortilla, el gallo de corral, la sardina, las ostras, el marisco, la lamprea, el pulpo, el queso, el aguardiente, el vino, las castañas, el grelo, el salmón, etc., son algunos ejemplos de los productos ensalzados.[1]

Romería es una palabra con un significado especial, pues lleva aparejada una serie de elementos que la diferencian de las fiestas patronales de cada pueblo o de las ferias agrícolas o ganaderas que se repiten semanal o quincenalmente. La romería es fiesta para engalanarse, para pasar el día desplazados al lugar de celebración. Allí uno va a encontrar, junto a las actividades de carácter religioso que suelen consistir en la concelebración de una misa en honor del santo de devoción y una pequeña procesión (que últimamente se reduce a un simple paseo con la imagen venerada alrededor del atrio de la iglesia), grupos de música tradicional, más concretamente de gaiteros, haciendo pasacalles e interpretando *muiñeiras*, jotas, *pandeiradas* o *alalás*, un pequeño mercadillo en el que se pueden encontrar los imprescindibles exvotos, estampitas del santo venerado, cirios y velas de cera, rosquillas y melindres, además de otros dulces de nuevo cuño, y puestos con muy diversos artículos. A todo ello hay que añadir las barracas de los *pulpeiros*, que además del preciado manjar que les dio nombre ofrecen empanadas y churrascos de carne de ternera y cerdo y, por supuesto, vino.

Alrededor de las celebraciones religiosas siguen produciéndose escenas que recuerdan otros tiempos. En muchas romerías existe un fuerte componente pagano ligado a la veneración de un santo. En más de una ocasión hemos hecho referencia al solapamiento que la religión cristiana fue haciendo sobre ritos gentiles o ancestrales, fruto del cual surgen santuarios con santos milagrosos en cimas de montes que antes

---

1. Véase el capítulo 6.

eran sagrados para celtas o romanos, o en lugares con magnetismo por su proximidad con fuentes o encrucijadas, cuevas e incluso el mar. De ahí la mezcla entre religión y superstición, entre fuerzas del bien y del mal, del hombre y la naturaleza. En muchas romerías es frecuente ver a creyentes que hacen el recorrido de varios kilómetros hasta la ermita de rodillas, en ofrecimiento por un bien recibido o por petición de uno. Cada santo tiene sus propias «especialidades» curativas o milagrosas: Nuestra Señora de Armenteira es llamada la «Virgen de las cabezas», pues es esa su especialidad, Nuestra Señora de O Corpiño cura a los que padecen depresiones, paranoias y otros grados de locura, además de ser su santuario lugar propio para exorcizar a endemoniados... Por lo tanto, dependiendo de qué romería se trate, los exvotos pueden ser cabezas, brazos, manos, piernas, pechos, etc., que el ofrecido comprará y depositará a los pies del santo tras la ceremonia religiosa. En otras ocasiones las ofrendas se traducen en donaciones de dinero, ingresando monedas o billetes en los petos de recaudación del templo o bien prendiéndolos de los ropajes del santo; al final de la jornada festiva se contabilizará la gratitud y la esperanza de los fieles traducida en varios millones de pesetas. De estas cifras generosas bien pudieran, si quisieran, dar fe los curas de más de media docena de santuarios con romerías.

Los motivos de la fe

Durante siglos el ser humano se ha desplazado a lugares considerados por él como mágicos, portadores de santidad, comunicadores con el ser o seres supremos: los dioses. Estos encuentros solían producirse en aquellos espacios en los que los testimonios relacionaban hechos sobrenaturales: apariciones divinas, presencia de enviados celestiales, realización de sucesos inexplicables, etc. Por tanto, una vez que se daba crédito a lo acontecido por parte de la oficialidad de la tribu y sobre todo por los druidas, los brujos o sacerdotes de cada pueblo, esos espacios se convertían en lugares de culto, de peregrinación anual. Con la llegada del cristianismo se ha producido, como venimos recalcando, un solapamiento de celebraciones y una transformación del culto inicial por el nuevo rito católico. La explicación cristiana suele hacer confluir la veneración a la Virgen, a Cristo o a un santo con la tradición del lugar, encargándose el tiempo de esa transición, pero en muchos casos quedando reminiscencias de ritos paganos que los romeros actuales siguen

Santuario de O Corpiño Santa Baia de Losón, Lalín, Pontevedra. Los «endemoniados» acuden al Corpiño para curar sus males.

practicando y defendiendo como parte de la tradición que les hace desplazarse cada año al santuario de su devoción. En otros casos, se trata de santuarios cristianos en origen, debidos a la presencia de reliquias, como en el caso del apóstol Santiago y su celebración en Compostela el 25 de julio, o a apariciones como la del propio Apóstol en Santiaguiño do Monte (Padrón), la de Nuestra Señora de O Corpiño (Santa Baia de Losón-Lalín/Pontevedra), o la de Nuestra Señora da Franqueira, también en la provincia de Pontevedra.

El hombre organiza su ciclo vital en torno a las celebraciones y acudiendo a los mismos lugares mágicos a los que acudían sus antepasados miles de años antes. Se busca el contacto con lo sagrado que se consigue mediante rituales que la Iglesia consiente, como son el besar los pies de una imagen, introducir la cabeza en vanos ciegos de una ermita, tocar con un pañuelo a una santa y luego restregarlo por la zona afectada por «el mal» de la persona ofrecida y un largo etcétera. La Iglesia tolera pero advierte siempre a los fieles que la devoción debe ser canalizada únicamente a través de las oraciones y la participación en cultos colectivos como la misa, el rezo del rosario, las procesiones, etc.; pero si los «otros» ritos se siguen realizando es porque el saber popular, alimentado por la propia tradición, así lo exige, por lo que es normal ver a miles de peregrinos acudir a las *pedras de abalar y dos cadrís* en el Santuario de la Virxe da Barca[1] y tratar de balancear la primera y pasar por el angosto hueco de la segunda, cumpliendo así con la tradición después de oír misa en el templo.

A Virxen era pequena
e a súa coroa de prata.
Marelos os catro bois
que no seu carro a levaban.[2]

La fe mueve montañas y los problemas que afectan a las personas y sus maneras de entenderlos son muy diversos, tanto como los motivos que les mueven como «ofrecidos» a las romerías. El ir «ofrecida» es un sacrificio voluntario de una persona que por muy diversos motivos acude en peregrinación a un santuario. Es muy frecuente que cuando al-

---

1. Véase el capítulo 1.
2. García Lorca, F. *Romaxe de Nosa Señora da Barca*.

Exvotos y ofrendas, San Andrés de Teixido, Cedeira, A Coruña.

guien está en peligro de muerte y se recupera de su dolencia, sus familiares más próximos o amigos le hayan ofrecido, de tal manera que cuando llegue el día de la romería en cuestión tanto el «sanado» como sus parientes o amigos acudan en penitencia y agradecimiento por la intercesión del «santo» en su curación. La penitencia puede ser muy variada también y puede consistir en acudir descalzo a la ermita, en hacer un tramo de peregrinación de rodillas, en acudir a la romería vistiendo un hábito blanco o morado, en cargar con cadenas o con cruces o simplemente en acudir el resto de su vida a dicha romería año tras año. En muchas ocasiones es decisión propia el ofrecimiento, en estos casos suele ser para pedir intercesión por otras personas.

Los motivos reales son muchos y variados pero suele haber disponibilidad de santos para todos ellos. Las enfermedades son causa principal de ofrecimiento y no todas metidas en el mismo saco; por ejemplo, si uno padece jaquecas, depresiones o sufrió algún tipo de accidente que le afectó a la cabeza, acude a la romería de Nosa Señora das Cabezas en el Santuario de Armenteira (Pontevedra), que se celebra cada Lunes de Pascua. Si son niños los enfermos la oferta es variada;

además de Armenteira, adonde acude mucha gente joven, en San Campio o en Nosa Señora de Gundién (A Coruña) se lava a los niños en las fuentes próximas al santuario, se tira la ropa vieja y los pañuelos con los que se les lava, se les pone ropa nueva y se acude a la misa y a las demás celebraciones de la romería, quedando el mal abandonado con los ropajes desechados, llenos de impurezas. Los tullidos y los que sufren males crónicos tienen una cita en la romería de Nosa Señora de Vilamaior (Ourense), también llamada Virxe dos Remedios. Las verrugas, los tumores y las heridas que tardan en curar son los motivos de peregrinación a San Benitiño de Lérez (Pontevedra), santo que celebra dos romerías anuales: el 21 de marzo y el 11 de julio, siendo de las más populares de Galicia. Y así, podríamos ir desgranando dolencias y remedios, pero los motivos que afectan a la salud son solo una parte de las rogativas que se hacen en las romerías, porque también se pide por las enfermedades de los animales...

> Satán y sus siervas las brujas, auténticos paladines de la Muerte, destruyen la pesca, esterilizan los campos y provocan enfermedades y hasta la muerte entre los animales.[1]

Son muchos los lugares en Galicia donde se protege la salud de los animales. Mariño Ferro enumera[2] algunos como San Pedro Mártir, San Paio de Tiobre, San Bieito de Seráns, San Estebo de Rial, San Adrián de Corme, San Xián de Pacios, etc. Lo habitual es llevar el ganado al atrio de la ermita a fin de que se consiga la protección del santo para un nuevo período anual: así lo hacen, por ejemplo, en A Golada (Pontevedra) y en Herbón (A Coruña). En San Xurxo de Gonte (Negreira/A Coruña) algunos fieles llevan sus animales a la romería que se celebra en primavera, pero la mayoría lleva las varas con las que manejan el ganado para ser bendecidas en la celebración que tiene lugar en la pequeña iglesia que aún conserva elementos románicos de su original construcción en el siglo XII; llevan sus varas o bien las compran en las inmediaciones de la iglesia el día de la romería, acuden con ellas a la misa y a la pequeña procesión que circunda el templo. Esta comitiva se

1. Mariño Ferro, X. R. *Las romerías/peregrinaciones y sus símbolos*. Edicións Xerais de Galicia.

2. Mariño Ferro, X. R. *Op. cit.*

detiene frente a la puerta de entrada al templo y los ofrecidos, bien sea por cuestiones personales o referidas a su ganado, tocan con sus varas al santo o pasan por debajo de su imagen al interior de la iglesia. Las varas son bendecidas por el cura en el acto final de la celebración y esa bendición es mediática, pues la vara en sí no lo necesita pero sí el ganado que va a pastorear, que es «bendito por inducción». En las proximidades de Santiago de Compostela, en Castrofeito (O Pino) recogen pequeñas cantidades de tierra debajo del altar de San Tirso y la meten en una bolsa que cuelgan del animal enfermo o que desean proteger.

La tierra es factor determinante en las rogativas; no en vano, en Galicia es donde se produce una imbricación más grande del hombre con la tierra, propiedad que defiende con su vida incluso si los motivos de pleito no alcanzan más allá de una cuarta. La tierra es algo que hay que cuidar y proteger a toda costa.[1] Por tanto, una de las necesidades vitales para esa tierra verde es el agua, que, como todos sabemos, es un bien escaso también en Galicia. Como «siempre llueve» nunca se pensó en planes de regadío, y por tanto en veranos secos por inviernos sin lluvia, la tierra se resiente y las poblaciones también, más en unas comarcas que en otras, como en la de Ferrol, donde afortunadamente tienen a la Virgen de Chamorro en lo alto de una colina que se sube andando el día de la romería; a ella se le pide entre otras cosas agua, al igual que a la Virgen de la Encarnación de Celanova o al Santo Cristo das Augas de Tui, a quien se reza todos los años una novena para que llueva. En el monte Aloia (Tui) se encuentra la ermita de San Xián, a quien se hacen las rogativas durante ocho días consecutivos trasladando hasta allí cruces de cada una de las parroquias afectadas por la sequía que acompañarán al santo en su desplazamiento del monte a la catedral de Tui, o viceversa, dependiendo de dónde haya quedado ubicado en las rogativas anteriores. Pero también se pide por una buena cosecha, por protección contra las tormentas, contra las plagas de los frutos del campo, etc., y muchas romerías son apropiadas para una o más rogativas como es el caso del ya mencionado San Xurxo de Gonte, un santo muy identificado con la fecundidad de la tierra y el esplendor de la primavera.

El mar sigue siendo un punto de referencia de la economía gallega. Un alto porcentaje de familias de la costa vive directa o indirectamente del mar y aunque son pocos los templos dedicados por su advocación

1. Los gallegos se refieren a Galicia como «*A nosa Terra*» (Nuestra Tierra).

a «santos» protectores del mar, la pesca, los vientos favorables, la buena travesía, etc., rara es la iglesia que no cuenta con una imagen de la Virxe do Carme o del Santo Cristo dos Navegantes. En ocasiones, cuando la pesca no es favorable se creía que el barco estaba embrujado y, por tanto, se llamaba al cura para que lo volviera a bendecir. La Virxe do Carme no tiene templo, los católicos celebran su festividad el día 16 de julio, aunque en la costa gallega eso no es del todo exacto pues siendo una virgen tan venerada ningún pueblo quiere dejar de festejarla y si lo hacen el mismo día todos, restarían importancia a la celebración; por ello, desde que comienza el mes de julio, cada día del verano se celebra el Carmen en un pueblo distinto, de tal forma que nadie compite con nadie: si hoy es en un lugar, no lo es en el vecino.

San Andrés de Teixido es un santo muy venerado por múltiples cuestiones y también por temas relacionados con el mar. Recordemos que el santo finaliza su periplo marítimo en las agrestes costas donde hoy está ubicado su santuario y lo hace en su barca de piedra; por tanto, de cuestiones marineras sabe un rato. A él le cantaban los marineros para que intercediera por ellos en momentos de peligro o en situaciones desfavorables:

Meu Señor San Andresiño *póñanos o vento de popa* *que somos os de Cariño* *e traémo-la vela rota.*	*Mi Señor San Andresiño,* *pónganos el viento de popa* *que somos los de Cariño* *y traemos la vela rota.*

En lo que se refiere a buena pesca, además de los exvotos con figuras de peces, las plegarias populares insisten en la petición de ayuda...

O Diviño San Andrés *ten a sardiña no cinto* *que lla deu un mariñeiro* *que andaba no mar perdido.* ... *Meu Señor San Andresiño,* *déanos moitas sardiñas,* *que sómo-los de Cariño* *que perdímo-las traiñas.*[1]	*El Divino San Andrés* *tiene la sardina en el cinturón* *que se la dio un marinero* *que estaba en el mar perdido.* ... *Mi Señor San Andresiño,* *dénos muchas sardinas,* *que somos los de Cariño* *que perdimos las traineras.*

1. Fraguas Fraguas, A. *Romarías e Santuarios*. Ed. Galaxia.

Santuario de San Andrés de Teixido, Cedeira, A Coruña.
«Vai de morto quen non foi de vivo».

Otro de los motivos que mueven a las personas a las romerías es el relacionado con el amor, con la búsqueda del hombre o de la mujer apropiados, con la solución a los problemas matrimoniales, con los enamoramientos. Al santuario de los Milagros de Amil acuden las mujeres solteras anudando ramas de retama de escobas con su mano izquierda, si son diestras, y si lo consiguen antes de llegar al santuario se casarán y volverán al año siguiente acompañadas por su marido. San Andrés de Teixido también entiende de estas cosas, de hecho muchos romeros acuden a su fiesta para proveerse de la afamada *herba de namorar* (hierba de enamorar) que las mujeres deben guardar en la faltriquera y utilizar en los momentos propicios para conseguir el encantamiento amoroso del hombre que desean. En A Franqueira las mujeres anudan también la retama en la propia planta mirando hacia el santuario. En San Xián de Luaña las chicas peregrinan en silencio y con una o varias piedras pequeñas en la boca para acabar rogando al santo «San Xián dame un home, aínda que me mate, aínda que me esfole, porque unha hora ó día é meu home» (San Julián, dame un hombre, aunque acabe conmigo, aunque me despelleje; una hora al día es mi hombre), petición sin duda desesperada pero decidida. San Antonio, en muchos lugares de Galicia, arregla también los problemas matrimoniales, tal es el caso del venerado en A Golada.

Las ofrendas como pago de favores

A las romerías se acude, como ya hemos dicho, con el fin de pedir favores a los santos e intercesión ante Dios para resolver problemas de muy diversa índole, pero no se va con las manos vacías. El ofrecido aporta algo que a su entender satisfaga las necesidades del santo para que así su intercesión sea más rápida y eficaz. Por lo general, lo más frecuente es la ofrenda de velas y cirios para iluminar día y noche el templo, que de esa manera va a ser rápidamente reconocido como lugar de santidad. Raro es el santuario gallego que no recibe velas en ofrenda, por ejemplo, en la entrañable romería de la Magdalena que se celebra el 22 de julio de cada año, desde no se sabe cuándo, en la parroquia de Castrofeito se puja por el derecho a tener la imagen de la santa todo el año en casa y dicha puja se hace en libras de cera, estipulándose anteriormente el precio de la libra. En la procesión de las mortajas que se celebra en las fiestas del Nazareno en Pobra do Caramiñal (A Coruña), los ofrecidos que estuvieron en peligro de muerte caminan, vestidos de nazarenos con túnicas de color morado, delante de su propio ataúd portando un cirio de su altura, mientras sus amigos y familiares cargan con el féretro. La cera es, por tanto, un elemento importante en la romería ya no solo como elemento iluminador del templo, sino también como materia prima para confeccionar exvotos con formas tan diversas como la imaginación y las ofrendas han querido a lo largo de los siglos. En la Magdalena de Castrofeito, como en otros muchos santuarios de Galicia, es frecuente encontrar exvotos entregados a la santa con formas de cuerpos humanos, de animales, brazos, piernas, codos, pies, manos, etc., siempre fabricados en cera, aunque este material no es el único empleado para exvotos ya que en santuarios de mucha fama se pueden encontrar de oro, plata, marfil, e incluso de pan. A la Virxe das Cabezas de Amil (Moraña/Pontevedra) le llevan exvotos con forma de cabezas, pero también con formas de cuerpos de niños.

Otras ofrendas son más pragmáticas y menos simbólicas. En muchos lugares se ofrece dinero, generalmente billetes de curso legal que depositan de distinta manera al alcance del santo. A la Magdalena de

Ofrecida, Ribarteme, As Neves, Pontevedra. Los ofrecidos desfilan en procesión en sus propios ataúdes.

Castrofeito le cuelgan los billetes de una mano, a Nosa Señora do Corpiño le cubren literalmente su manto con otro de billetes, al igual que a Nosa Señora dos Milagros de Amil. El cura párroco de San Benitiño de Lérez, y el de Lores también, recaudan muchos millones de pesetas en cada una de las dos romerías anuales que celebran, cifra muy significativa de la devoción que generan dichos santos en sus santuarios y de la fe de sus fieles.

En santuarios costeros las ofrendas tienen, en muchos casos, relación con el mar, por ello es frecuente ver en esos templos reproducciones en miniatura de embarcaciones realizadas en madera, pero también en materiales nobles como marfil, plata y oro. Existen exvotos de cera con forma de peces; paralelamente en el interior de Galicia los exvotos pueden tener forma de animales domésticos. De todos modos, también son frecuentes las ofrendas vivas, como ovejas, cerdos, gallinas, etc., o de productos agrícolas, como cereales, harina, fruta, patatas..., y de productos del sector ganadero, como patas de cerdo, jamones, chorizos. En la fiesta de San Lázaro, en Santiago de Compostela, se ofrecen las patas de los cerdos que fueron encomendados a la protección del santo, y a Nosa Señora de Amil le llevan productos del campo, también en A Lanzada, en A Franqueira, en San Tirso y en la Pastora de Castrofeito, en San Xián de Pacios..., ofrendas que generalmente se subastan tras los actos religiosos de la romería. De todas formas, y sin ser desagradecidos, los sacerdotes encargados de realizar los actos litúrgicos en las diversas romerías insisten en que las mejores ofrendas son las oraciones y la participación en actos religiosos de carácter colectivo como misas, rosarios, novenas y procesiones.

Romerías de santos

Uno de los santos más venerados en Galicia es San Bieito o *San Benitiño.* A este santo se le celebran romerías en Lérez, Paredes, Lores, San Lourenzo de Piñor..., pero quizás la copla tenga razón cuando canta:

Se vas a San Benitiño,
non vaias ó de Paredes,
que hai outro máis milagreiro,
San Benitiño de Lérez.

San Benitiño de Lérez se encuentra en el santuario de San Salvador, en la parroquia de Lérez perteneciente al ayuntamiento de Pontevedra. El santuario fue en tiempos monasterio, pero la desamortización acabó con el cenobio, cuyo origen se remonta al siglo IX. La iglesia es, de todas formas, neoclásica y no conserva prácticamente nada de su época románica. Cabe destacar, sin embargo, que en una de sus capillas se encuentra una imagen de granito que representa al Salvador, atribuida al maestro Mateo. El antiguo monasterio empezó a tener fama a raíz de un acto de consagración de dos nuevos obispos para las diócesis de Mondoñedo y Oporto. El acto tuvo lugar el día 23 de marzo de 1113, Domingo de Pasión, y a él acudieron el todopoderoso arzobispo Xelmírez con su cohorte de canónigos, el arzobispo de Braga que litigaba con el anterior, y los obispos de Ourense y Tui. Pocas veces en la historia medieval se producía una congregación de poderes tan magnífica como aquella. La romería se celebra dos veces al año: los días 21 de marzo y 11 de julio, y como indica Antón Fraguas, «los dos días van, pero más en el verano, con mucha gente pidiendo, cualquiera de ellos

Nosa Señora, Amil, Moraña, Pontevedra.

valleinclanesco, cada uno tiene su donaire al cantar sus calamidades. A la hora del almuerzo el ciego improvisará las coplas ayudado por la mujer que lo guía».[1] Esta romería es una de las más concurridas de todas cuantas se celebran en Galicia a lo largo del año, son miles los romeros que asisten a ella para pedir intercesión del santo a fin de curar verrugas, tumores y heridas que tardan en sanar. Pero como se trata de un *santo milagreiro* la mayoría acude para agradecer los favores recibidos en la cura de enfermedades graves. San Benitiño de Lérez tiene su milagro que cuenta la leyenda al referir el hecho que aconteció cuando un muchacho que se hallaba jugando a los bolos lanzó uno con demasiada fuerza y alcanzó en la cabeza a un niño, que estaba en brazos de su madre, con tan mala suerte que lo mató; la madre desesperada entró con su hijo en la iglesia y postrada de dolor imploró a San Benitiño por su hijo y en pocos minutos el pequeño salió por su propio pie del templo con una sonrisa en los labios.

---

1. Fraguas Fraguas, A. *Op. cit.*

Cerca de Pontevedra y de Lérez se encuentra la localidad de Meaño, en plena comarca del Salnés, zona rica en vinos y con buena huerta cuando no falta el agua. En la parroquia de Lores se encuentra otra iglesia en la que asimismo se venera a San Benito. Aquí también celebran dos romerías al año en las que los fieles realizan sus ofrendas con dinero, alcanzando las donaciones cantidades millonarias. No se conoce exactamente el origen de la primitiva iglesia, pero ya en el siglo XVII su abad escribía en un documento que «*era tan antigua que se desconocía quién la fundó*». Para Fraguas, el emplazamiento recuerda un castro por las características del otero en el que se levanta la iglesia. Este San Benito tiene también su leyenda, que hace referencia a las necesidades de agua de un pastor, el cual pide ayuda a un ermitaño, este le dice dónde debe cavar un pozo, y en efecto se consuma el milagro al encontrar rápidamente una fuente conocida como «Fonte Santa», cuyas aguas tienen propiedades curativas que durante siglos fueron aprovechadas por los fieles. Las especialidades de este San Benito son semejantes a las del de Lérez, pero a Lores también acude algún desahuciado por los médicos y milagrosamente recuperado con su ataúd.

La impresionante romería de Santa Marta de Ribarteme (As Neves/Pontevedra) se celebra el 29 de julio con presencia masiva de peregrinos. El calificativo de impresionante ha lugar por la reacción que produce a los que participan por primera vez en ella, sobre todo como observadores. Se la conoce como la *romería de la vida*, porque a ella acuden, al igual que a Lores, A Franqueira y Pobra do Caramiñal, los que estuvieron a punto de morir y se salvaron de forma providencial. El enfermo se ofrece o es ofrecido por parientes y amigos y, una vez fuera de peligro, acude a la romería amortajado y con el féretro; al llegar a un lugar determinado en las proximidades del santuario se introduce en aquel, momento en el cual las campanas tocan a *muerto*, y es portado por sus parientes que antes de entrar en el templo dan una vuelta completa al mismo en procesión. Una vez dentro del santuario, la persona ofrecida se levanta y reza ante la imagen de Santa Marta, confirmando su rogativa en agradecimiento por la curación.

Virxe Santa Marta, *estrela do norte,* *que lle deu vida* *ó que estivo á morte.* ...	*Virgen Santa Marta,* *estrella del norte,* *que le dio vida* *al que estuvo muriendo.* ...

Virxe Santa Marta,	*Virgen Santa Marta,*
estrela brillante,	*estrella brillante,*
quen fixo a promesa	*quien hizo la promesa*
levámolo diante.	*lo llevamos delante.*
...	...
Virxe Santa Marta,	*Virgen Santa Marta,*
ramo de azafrán,	*ramo de azafrán,*
o noso remedio	*nuestra curación*
está na súa man.[1]	*está en su mano.*

Como viene sucediendo en muchas otras romerías, la imagen de la santa acaba literalmente oculta por billetes de banco que los fieles hacen colgar, en primera instancia, de su mano derecha, pues en la izquierda lleva un rosario hecho con monedas de plata, y posteriormente por todo su manto.

Froilán fue un anacoreta lucense de buena familia y educación que muy pronto sintió la llamada de Dios, por eso se retiró, siguiendo las costumbres más radicales de la época, a las montañas del Bierzo para estudiar y seguir las enseñanzas de los maestros que allí dirigían espiritualmente a cientos de hombres que habían seguido el mismo camino. Pronto adquirió fama de santo y acabó siendo profeta en su tierra para finalizar sus días como obispo de la diócesis de León. Alrededor de este virtuoso santo, patrón de la ciudad de Lugo, surgieron milagros de leyenda, uno de ellos lo recoge Fraguas[2] y hace referencia a la presencia de un lobo con libros acompañando su imagen, y es que se dice que Froilán siempre viajaba en burro con alforjas repletas de libros. En cierta ocasión pasó la noche en zona de lobos y al amanecer, cuando quiso emprender la marcha, solo encontró un montón de huesos y a un lobo que terminaba de comer los restos de su burro. Como castigo San Froilán dijo al lobo que en adelante él sería el que transportara la pesada carga; desde entonces muchos fueron los que lo vieron acompañado por un lobo que portaba sus alforjas.

San Froilán es un santo muy querido en toda Galicia y muy especialmente en Lugo, provincia y ciudad. Entre los últimos días de septiembre y hasta el 12 de octubre se celebran sus fiestas, que antaño

1. Fragmento de «cantiga» popular que se reza el día de la romería.
2. Fraguas Fraguas, A. *Op. cit.*

bien podían ser consideradas como una romería urbana, guardando semejanza con la celebración del Apóstol en Compostela. Romería, al fin y al cabo, por el hecho de que a Lugo acudían, y lo siguen haciendo multitudinariamente, los devotos de casi toda la provincia y de lugares más apartados. Acompañaba la celebración una feria importante de productos agrícolas y ganaderos y, por supuesto, no faltaba la comida. Es frecuente escuchar que para comer el mejor pulpo del año hay que acudir a Lugo por San Froilán y ciertamente quien lo ha probado se convierte en uno más en atestiguarlo. Al santo se le venera en la propia catedral y también en su parroquia. Su fiesta es una verdadera exaltación de lo popular ya que conserva lo más puro de la tradición gallega, muy entroncada con aquellas celebraciones paganas de los celtas[1] que acudían a los lugares sagrados y luego participaban del comercio en el mercado establecido para tal ocasión.

El día 16 de agosto se celebra en toda Galicia la festividad de San Roque, y en Viveiro, localidad de la costa lucense, una conocida romería. Los peregrinos deben subir a la colina donde se encuentra la ermita muy temprano porque los oficios religiosos comienzan a las siete de la mañana; muchos prefieren subir de vísperas y pernoctar en el propio monte dadas la benignidad del clima y la época del año en que se celebra la fiesta. En todo caso, el ver amanecer desde allí en pleno verano y con el mar Cantábrico en el horizonte es una experiencia gratificante. El santo es, ni que decir tiene, muy *milagreiro* y la comarca entera de la Mariña Lucense acude a su romería en lo alto del monte.

Brión es una localidad vecina de Santiago de Compostela en la que se celebra una importante romería los días 26 y 27 de septiembre en honor de Santa Minia.

Na parroquia de Brión,
que está no val da Mahía,
hai unha santa famosa
que lle chaman Santa Minia.

En la parroquia de Brión,
que está en el valle de la Mahía,
hay una santa famosa
que le llaman Santa Minia.

Estos son unos versos escritos por Luis Tobío Campos, descendiente del Luis Tobío que la trajo para Brión a mediados del siglo XIX. Mi-

1. Lugo está asentada en un bosque sagrado de los celtas y su nombre, relacionado con el dios céltico *Lug*.

Santuario de O Cebreiro, Pedrafita, Lugo.

nia fue degollada en el año 362 y enterrada en las catacumbas de Santa Inés en Roma, hasta que en el año 1804 un obispo de la orden de los ermitaños de San Agustín la sacó de su morada con autorización papal y sus reliquias envueltas en algodón y lino. Vestida con traje de la nobleza romana, fue colocada en una urna que tras varias vicisitudes llegó a manos de Luis Tobío, quien la trajo a Brión y la convirtió en una santa muy venerada por todos los habitantes de la comarca a pesar de que la presencia de sus reliquias en esas tierras es relativamente reciente.

San Andrés de Teixido es uno de los santos de mayor resonancia en toda Galicia. Se encuentra su santuario en una zona aislada de la parroquia de Régoa, a 35 kilómetros al norte de Ferrol, en medio de una sierra conocida como de A Capelada que muere en el mar con unos impresionantes acantilados. Toda la zona es frondosa y húmeda siendo además uno de los lugares mágicos por excelencia de toda Galicia, ya que son innumerables las leyendas que aluden a la zona, desde las relacionadas con Lanzarote del Valle hasta los *milladoiros* que se encuentran en los caminos,[1] pasando por las propias historias de San Andrés. El santuario ya existía en el siglo XII, pero de él solo se conservan una puerta de estilo gótico tardío y unas pinturas del siglo XVI. A San Andrés peregrina la gente cualquier día del año, siendo su día grande el 8 de septiembre.

Cuenta la leyenda que Andrés llegó a la costa de A Capelada en una barca que luego se convirtió en piedra. La zona no era del agrado del santo, pero allí permaneció por expreso deseo divino, que le convenció diciéndole que a su santuario iría en peregrinación obligatoria todo el mundo, de ahí las palabras puestas en boca de Dios:

Quédate aí san Andrés,
que de vivos ou de mortos
todos te virán ver.

Y es, precisamente, en estas divinas palabras donde radica una de las tradiciones más arraigadas de la devoción al santo: se trata de que hay que peregrinar *de vivo* para visitar Teixido en las mejores condiciones y sin tener que sufrir calamidades cuando uno está muerto, porque si uno no visitó a San Andrés en vida deberá hacerlo irremediablemen-

1. Véase capítulo 1.

te *de muerto* reencarnado en reptil; por tal motivo los romeros que van *de vivos* se cuidan mucho de no pisar ni dañar ningún lagarto o culebra que se encuentre a las orillas de los caminos adormecida por el sol. Una vez en Teixido, el peregrino debe dar limosna, cumplir con su voto particular, ofrecer algún exvoto y realizar alguna penitencia. Algunas personas muy enfermas colocan sobre los hombros del santo una pequeña figurita de pan al mismo que tiempo que rezan:

O Santo que che deu a enfermedá,	*El santo que te dio la enfermedad*
que che dé a sanidá,	*que te dé la salud,*
polo poder que Dios ten,	*por el poder que Dios tiene*
e San Andresiño. Amén.	*y San Andrés. Amén.*

En las proximidades del santuario se halla la *Pena do encanto*, en la que se encuentra prisionera de encantamiento una hermosa mujer que se hace visible todos los años el día de San Juan al rayar el alba. Ella espera que algún hombre tenga el valor de desencantarla, tarea nada fácil ya que a medida que se aproxima el varón, la mujer se va convirtiendo en un monstruo con el que va a tener que luchar hasta matarlo: si lo consigue, se casa con la muchacha y se queda con los tesoros que ella guarda; si fracasa, queda igualmente encantado para siempre.

También en las proximidades del templo se encuentra la *fonte da morte e da vida*; se trata de una fuente con tres caños de agua y caudal permanente,[1] con propiedades curativas y también adivinatorias. A esa fuente hay que tirar una pequeña bola hecha con miga de pan: si flota, el peregrino puede quedar tranquilo, regresará al año siguiente al santuario; si se hunde, puede tener la certeza de que va a morir en el transcurso de esos doce meses.

En los alrededores del santuario y de Teixido nace una planta que tiene propiedades casamenteras: se trata de la «*herba de namorar*», que los jóvenes recogen si quieren casar. De igual modo es costumbre adquirir unas figuritas de vistosos colores hechas con miga de pan sin fermentar y luego cocidas en un horno, llamadas *sanandreses*, que, una vez bendecidas, tienen propiedades de protección contra distintos males.

---

1. Cuenta la leyenda que no varía nunca el caudal de dicha fuente.

Romerías de Nuestro Señor

En la localidad de A Pobra do Caramiñal, en la costa coruñesa de la ría de Arousa, se celebra, desde tiempo inmemorial, la fiesta en honor de Jesús el Nazareno el tercer domingo del mes de septiembre. Cuando comenzó la leyenda, que de alguna manera instituyó la tradición de las mortajas en procesión, allá por el siglo XV, ya se hablaba de la romería del Nazareno como de algo con mucha raigambre popular. Hoy en día, uno de los aspectos más destacados de esta fiesta es la conocida *procesión das mortallas*, en la que desfila por las calles de la villa un buen número de penitentes acompañados por los ataúdes para ellos destinados por haber estado muy cerca de la muerte. Todos los *ofrecidos* caminan detrás de la imagen del *Nazareno* que preside la procesión. A los *ofrecidos* suelen acompañarlos familiares y amigos vestidos con hábitos de *nazareno*, color púrpura con cordón en la cintura.

Esta tradición de las *mortallas* se inició en el siglo XV cuando Xoán de Liñares, regidor de A Pobra do Deán, cayó enfermo muy grave y como la fiesta estaba próxima se encomendó al *Nazareno* y la víspera del día santo se recuperó milagrosamente. En agradecimiento y como ofrenda, se presentó en la procesión vestido con el hábito y precediendo a la caja en la que iba a ser enterrado. Esta era portada por cuatro bandoleros que asaltaban a los peregrinos que hacían el camino de Santiago y que habían sido detenidos y condenados a muerte; al llegar al atrio de la iglesia el regidor dio las gracias públicamente a Nuestro Señor y dio la libertad a los condenados.

Los cirios del tamaño de las personas que los portan, los exvotos de cera y los hábitos son también elementos distintivos de esta procesión a la que acuden miles de personas de toda la comarca de Barbanza y Galicia.

El Santo Cristo es celebrado en muchos pueblos de Galicia y también en la ciudad de Ourense, pero tienen una querencia especial por él las villas marineras, que se reparten los días para evitar coincidir unas con otras en la celebración, no en vano en los pueblos costeros se le denomina *Santo Cristo dos Navegantes*. En una localidad marinera como Fisterra, en plena Costa da Morte, la fiesta se celebra entre el Jueves Santo y el Domingo de Resurrección, cuatro días de una *pasión* que representan hombres ataviados con ropas de marineros y mujeres del pueblo. El domingo remata la fiesta con el *Auto de resurrección* y la misa en la que se hacen las ofrendas y las penitencias. Al final de los actos litúrgicos la gente se desplaza a la plaza del *Ara Solis* para festejar con danzas tradicionales la resurrección del Señor. La imagen gótica del Santo Cristo de Fisterra se encuentra en una de las capillas de la iglesia de la parroquia y las gentes dicen que le crecen la barba y las uñas.

En Xende, localidad del interior de la provincia de Pontevedra, también celebran el Santo Cristo en una iglesia construida gracias al dinero de las limosnas de los peregrinos y a las sustanciosas aportaciones que realizaron los emigrantes, originarios del lugar, que enviaron sus donativos desde países como Venezuela, Brasil y México, sin olvidar las aportaciones de los portugueses. A esta procesión también se llevan los féretros pero sin ir los ofrecidos dentro, ni amortajados.

Romerías de Nuestra Señora

La provincia de Ourense tiene una predilección especial por la Virgen de los Remedios, conocida simplemente como *Os Remedios*; tanto es así que además de la gran celebración que se hace en la iglesia de su advocación situada cerca de A Ponte Vella en la ciudad de Ourense, se celebran romerías en otras muchas poblaciones hasta hacer un total de catorce, de las que podemos destacar la de Castro Caldelas y la de Vilamaior do Val. En muchas de estas romerías se homenajeaba a la Virgen con danzas muy antiguas que en algunos casos se fueron perdiendo y en otros, al tener referencias sobre ellas, se fueron recuperando. Sotelo Blanco[1] habla de una *danza de arcos* ejecutada por ocho mozos vestidos de blanco y con diversos adornos en su indumentaria que se bailaba en Castro Caldelas. También recoge un bando emitido por el regidor de la villa en 1951 en el que se regulan las acciones y los privilegios de los personajes de la fiesta conocidos como *Irrios*, una especie de fantasmas con máscaras que según Fraguas entroncan con la tradición de los *peliqueiros*, *cigarróns*, *choqueiros* y *pantallas* típicos de los carnavales de varias localidades ourensanas. El *Irrio* es, quizás, la única máscara que en Galicia se usa fuera del *antroido* (carnaval), ya que la fiesta de Os Remedios tiene lugar los días 6, 7 y 8 de septiembre.

También en la provincia de Ourense, en el ayuntamiento de O Bolo, se encuentra el santuario de *As Ermidas*, que tuvo su origen en el

1. Sotelo Blanco, O. *Castro Caldelas y su comarca*. Ed. Sotelo Blanco.

siglo VII, en pleno esplendor del anacoretismo, precisamente debido a la presencia de ermitaños en la zona que acabaron dando al lugar el nombre de Nosa Señora das Ermitas. Las leyendas hablan de que durante siglos el ganado enfermaba cuando pasaba por las proximidades del lugar hasta que en una ocasión unos pastores decidieron averiguar qué había entre las zarzas que ponía nervioso al rebaño. Fue así como encontraron resplandeciente una figura de la Virgen con el Niño caída entre las ruinas de una vieja ermita. Se levantó un templo, considerado como el primer santuario mariano de Galicia, al que acuden los peregrinos por millares el día de su romería, el 8 de septiembre, fecha sagrada en muchos lugares, pues son varios los santos que celebran su fiesta. La Virxe dos Remedios es conocida también como *avogada in omnibus* por ser milagrosa en toda clase de males incurables.

Cuando el «Camino de Santiago» entra en Galicia lo hace por el Cebreiro, antigua población situada en las altas cimas de la provincia de Lugo, donde acaba la sierra de Ancares y comienza la del Caurel. Las pallozas,[1] viviendas de origen prehistórico semejantes a las de los castros celtas, se conservan gracias al cuidado de los vecinos y a las reconstrucciones realizadas por parte del Patrimonio. Entre ellas se encuentra el santuario de Nosa Señora do Santo Milagro, en el que se halla el Santo Grial[2] que vieron los caballeros Galván y Galahaz de la corte del rey Arturo. La tradición habla también del milagro que le dio fama: a comienzos del siglo XIV el cura de O Cebreiro dudaba del acto eucarístico de la conversión del pan y del vino en el cuerpo y la sangre de Cristo; en cierta ocasión que oficiaba misa en soledad vio cómo entraba en el templo un vecino de una aldea próxima y dijo en voz alta que le parecía imposible que la gente acudiera a arrodillarse delante de un trozo de pan y de una copa de vino; en ese instante el pan se transformó en carne sangrante y el vino en sangre que fueron recogidos por el propio cura en el cáliz que hoy los conserva, acto seguido cayó muerto a los pies del altar. Las leyendas del milagro y del Grial inspiraron a Wagner la composición de su *Parsifal*, que según sus propias palabras encontró «en una alejada ermita de las montañas del noroeste español».[3]

---

1. Véase el capítulo 2.
2. Presente en el escudo de Galicia.
3. Laredo Verdejo, X. L. *Galicia Enteira*. Tomo 10. Edicións Xerais de Galicia.

La romería a la que acuden cerca de quince mil personas se celebra cada año en esa fecha mágica del 8 de septiembre. Mejorar el destino de las personas, la salud, el matrimonio, la suerte en el trabajo, etc., son algunas de las peticiones de los romeros que casi siempre acuden caminando desde lugares alejados en varios kilómetros, ascendiendo a la cumbre por viejos senderos.

En la localidad de Moraña, en Pontevedra, hubo muchos arrieros, uno de ellos llamado Sebastián Castor que llevaba mucho tiempo acarreando agua de una fuente lejana hasta su casa. Para atender las necesidades cotidianas, cansado y enfermo, pidió ayuda a la Virgen y se puso a cavar con mucha fe y la esperanza de encontrar agua cerca de casa. Pronto surgió un manantial con un caudal importante, tanto que incluso construyó un molino que movía el agua surgida de aquella fuente. En agradecimiento ordenó construir una imagen de piedra en la que mandó esculpir «Nosa Señora Dos Milagros de Amil, ano 1778» y que se encuentra en su santuario levantado posteriormente. En su romería es difícil ver a la santa dada la cantidad de billetes que los romeros van enganchando con alfileres en sus ropas. Su figura, como en otros lugares, es ensalzada en *cantigas* populares...

Miña Virxe dos Milagres, *dos Milagres de Amil;* *miña Virxe dos Milagres,* *acórdate sempre de min.*	*Mi Virgen de los Milagros,* *de los Milagros de Amil;* *mi Virgen de los Milagros,* *acuérdate siempre de mí.*
...	...
Miña Virxe dos Milagres *que fas milagros na terra;* *fixeches nacer a auga* *na fonte da Roza Vella.*	*Mi Virgen de los Milagros* *que haces milagros en la tierra;* *hiciste nacer el agua* *en la fuente de la Roza Vella.*

A esta romería acuden también ofrecidos con ataúdes que generalmente son llevados por mujeres en su cabeza; los más pesados, con el ofrecido en su interior, son llevados por amigos de la misma manera que en otras romerías. La presencia de la muerte es siempre evidente en las celebraciones, es un elemento muy imbricado en la idiosincrasia gallega, muchas veces no comprendida por otras culturas. La muerte y sus elementos de oscuridad tienen en Galicia un campo propicio para su exaltación. Esto no impide que las romerías sean auténticas fiestas donde lo que predomina es la alegría, la relación entre personas, el

Ermita de A Lanzada, Noalla, Sanxenxo, Pontevedra.

compartir mesas para comer o manteles en las *carballeiras*,[1] la participación en los bailes tradicionales al son de grupos de gaitas. La romería es fiesta ante todo, solo que en ella se incluyen elementos dramáticos y un tanto espeluznantes para aquellos que no entienden la peculiar personalidad y mentalidad gallegas.

Relacionada con la vida y más concretamente con la fecundidad, se encuentra la romería de Nosa Señora da Lanzada, cuya imagen se venera en una ermita románica situada a pie de la playa que le da nombre en la costa pontevedresa de la ría de Arousa. El último domingo de agosto a ella acuden miles de personas para realizar su ofrenda y hacer su rogativa, muchas son mujeres en busca de descendencia que quieren realizar antes del alba el rito del baño de las olas,[2] rezar ante la figura de la Virgen y participar de los multitudinarios actos religiosos. Pero la Virgen atiende otras rogativas, por eso la cantiga dice:

1. Robledales.
2. Véase el capítulo 3.

Leveí á miña muller	*Llevé a mi mujer*
á Lanzada, ás nove ondas;	*a la Lanzada, a las nueve olas;*
leveina a desinfectar	*la llevé a desinfectar*
e botar os demos fora.	*y echar los demonios fuera.*

Los creyentes hacen cola los días de la fiesta para cumplimentar otro rito que consiste en barrer con una escoba el altar de la Virgen dándole tres veces la vuelta a este. Con tal acción se protege uno contra el *meigallo.*[1]

En el ayuntamiento de Meis, provincia de Pontevedra, se celebra todos los años el Lunes de Pascua la Romería de la «Virxe das Cabezas», a la que acuden, sobre todo, personas que tienen problemas con esa parte del cuerpo, ya sean simples jaquecas, tumores o secuelas de contusiones o accidentes, pero también los que padecen problemas psíquicos como depresiones, nervios, insomnio, etc. Siendo una virgen que no se encuentra en villa costera, aunque sí a muy pocos kilómetros del mar, a ella acuden muchos marineros que le piden protección durante las singladuras y buena suerte en general.

Nosa Señora das Cabezas se apareció a un matrimonio que no tenía descendencia y que siempre estaba rogando por conseguirla. La Virgen les dijo que la descendencia que iban a tener era espiritual y que por tanto cada uno debía construir un monasterio; del que mandó edificar a la señora no quedan restos; el que mandó construir al marido es el origen del monasterio de Armenteira, en el que se venera, además de a la Virxe das Cabezas, a San Ero. Este santo se supone era monje del monasterio y un día salió a dar un paseo después de comer, bebió agua de una fuente que se encuentra en las proximidades y se sentó bajo la sombra de un carballo, en una de cuyas ramas empezó a cantar un pájaro. Cuando el trino cesó, Ero regresó al monasterio observando por el camino que unos frutales que había plantado recientemente tenían ya troncos tan gruesos como su propio cuerpo; al llegar al monasterio la puerta no era la misma y cuando el monje portero le abrió no le reconoció. Entonces miraron en los libros a ver si existía un monje llamado Ero y descubrieron que era uno que había desaparecido sin dejar rastro hacía trescientos años. Ero murió poco después de ser de nuevo

1. Meigallo es una alteración psíquica que gobierna al individuo a voluntad, como si se metiera un ser extraño en el cuerpo de la persona que lo sufre.

acogido en su convento. Elevado a los altares, su imagen está acompañada por la de un pequeño pajarito. En la romería de «las Cabezas» se celebra una pequeña pero muy emotiva procesión con la imagen de la Virgen dando una vuelta por el interior del atrio de la iglesia conventual, en la que acompañan a la Virgen todas las personas ofrecidas portando cirios y exvotos; cuando la imagen entra nuevamente en la iglesia se producen las rogativas y los ritos de tocar a la santa con un pañuelo que luego se pasa por la cabeza varias veces con la intención de apartar el «mal» que afecta al ofrecido.

Durante años los desahuciados acudían también amortajados en sus ataúdes que portaban cuatro amigos a la romería da A Franqueira, situada en la parroquia que le da nombre en el ayuntamiento pontevedrés de A Cañiza. Tres de los que portaban el ataúd cantaban las coplas y el cuarto más el amortajado entonaban los estribillos:[1]

Virxe da Franqueira,
Virxe ben amada,
aquí lle traemos
á resucitada.

La imagen de esta virgen se veneraba ya en el monasterio en la Edad Media, en el siglo XI, aunque algunos historiadores apuntan al siglo VII como el momento en el que se cristianizaron la zona y el lugar de cultos paganos. El monasterio fue primero benedictino y después bernardo y ante la amenaza de los moros decidieron esconder la imagen de la Virgen, que muchos años más tarde, alejado el peligro, se apareció ante una pastora en una cueva situada en lo alto de un monte próximo. Esta alertó a los vecinos, que subieron la imagen a un carro tirado por bueyes a los que taparon los ojos para que fuera «la santa» quien decidiera dónde levantar el monasterio en su honor.

La romería se celebra entre los días 6 y 8 de septiembre y a ella acuden representaciones de muchas parroquias con estandartes distintivos, imágenes de santos y cruces. Luego desfilan en procesión, acompañando a la Virgen, que sale en un carro muy engalanado, y a los amortajados alrededor del santuario. A continuación se baila una espectacular «Danza dos Paos». Como en muchas otras romerías, el do-

1. Fraguas Fraguas, A. *Op. cit.*

mingo siguiente se celebra una subasta, «a Festa dos Puxos», en la que se puja por todas las ofrendas hechas a la Virgen.

El Camino Francés

O Cebreiro es puerta de Galicia y comienzo del último tramo del camino más conocido y popular, el Camino Francés. No es solo vía de peregrinación el camino que llega hasta la tumba del Apóstol, también ha sido vía de cultura, de creencias y transmisión de pensamientos. Camino que llega de Europa y por donde fluye la idea de Europa. El fin o el principio del camino iniciático que todos en algún momento nos vemos obligados a emprender.

En el santuario del siglo IX, O Cebreiro conserva el Cáliz del Santo Milagro; en sus pallozas, una forma de vida que se pierde en la noche de los tiempos.

Abandonado O Cebreiro, y una vez pasada Triacastela, nos encaminamos hacia Samos, famoso por su magnífico monasterio. En sus inmediaciones hay una pequeña capilla conocida como *del Ciprés*, diminuta construcción de los siglos IX-X. Desde Sarria, importante enclave histórico del camino, llegamos a Portomarín, localidad presidida por la iglesia-fortaleza de San Xoan (siglos XII-XIII). Desde su moderno emplazamiento motivado por la construcción del embalse de Belesar, la capital del aguardiente celebra la exaltación de tan preciado brebaje en el mes de abril. Antes de abandonar las tierras lucenses, en Palas de Rei hay que visitar la iglesia de Vilar de Donas y sus excepcionales pinturas interiores, así como el castillo de Pambre, una de las pocas fortalezas medievales que resistieron el embate de los *Irmandiños*.

Caminar por tierras de Melide, ya en territorio coruñés, es un goce para la vista y una satisfacción para el espíritu. Los tramos del camino que atraviesan pueblos pintorescos bajo la sombra de los árboles, como Leboreiro y Furelos, son la antesala de sus calles con sus casas típicas y el cruceiro que tiene a gala ser el más antiguo de Galicia. Decimos adiós a Melide no sin antes probar una de sus especialidades, los melindres, rosquillas bañadas en azúcar.

Arzúa, una de las capitales del queso gallego, del popularmente conocido como *de tetilla*, da paso al tramo final del Camino Francés, que atraviesa el municipio de O Pino, lugar de varias romerías de carácter agrario y ganadero, como la de la Magdalena.

En Lavacolla los peregrinos se lavaban y purificaban para dar el último paso, y la panorámica que se divisa desde el monte do Gozo explica suficientemente el nombre de este otero. Las torres de la catedral nos indicarán el resto de nuestro camino, que pasando por el barrio de los *concheiros* nos encaminarán hasta la Puerta del Camino. El sepulcro del Apóstol ya se encuentra muy cerca.

8
Los moradores de la oscuridad

Hay creencias que, surgidas en los primeros tiempos de la civilización, cuando la naturaleza era depositaria de las divinidades de los hombres, han ido permaneciendo en la mentalidad popular conservándose en el subconsciente colectivo. A lo largo del devenir histórico han ido buscando acomodo en el proceso del aprendizaje humano realimentándose y actualizándose, sin por ello abandonar su esencia primitiva, para llegar hasta nosotros, como rescoldos de la ingenuidad del hombre, cuando el miedo se esconde en el rito y lo desconocido camina paralelo a la realidad. Escenas de un mundo que imaginamos lejano pero que palpita duradero, inalterable, herencia de nuestros antepasados, que se transmite imperceptible pero infranqueablemente.

Interpretaciones supersticiosas de un mundo recóndito y enigmático que habita en la mentalidad popular, en el «otro yo» de la memoria colectiva. Creyentes, agnósticos, ateos..., todos bajo el influjo y la quimera de la comprensión de esos hechos impenetrables que, aunque cotidianos, se nos escapan.

La Santa Compaña

Los pobladores de la oscuridad tienen una vinculación muy clara con la muerte. Vuelven a tener importancia fundamental las encrucijadas de caminos, las proximidades de los «camposantos» o cementerios, el desplazarse por senderos entre la medianoche y el canto del gallo. La firme creencia en las «almas del Purgatorio», las ánimas, que representan a personas que murieron en pecado no mortal alimenta la convicción sobre

la existencia de seres inmateriales que pululan por las noches en comitiva buscando redención para sus penas con ayuda de vivos o anunciando una muerte inmediata. Existen varios términos para definir a estos seres, pero el más común y generalizado es el de *Santa Compaña*. Esta[1] es una reunión de almas en pena, por lo menos cinco, que todas las noches hacen determinados recorridos desde la iglesia por los lugares de la parroquia. El mínimo son cinco porque uno lleva la cruz que recoge en la iglesia, otro el caldero con agua bendita y el hisopo, un tercero lleva el estandarte, el cuarto lleva el farol y la campanilla y el último porta el viático. En ocasiones van acompañados por lo que se llama *visión*, que es un féretro llevado por los de la *Compaña* precediendo al que va a morir.

1. Fraguas Fraguas, A. *La Galicia insólita. Tradiciones Gallegas*. Edicións do Castro.

Ante la visión de la *Santa Compaña* hay que estar prevenido para que esta no sorprenda al caminante entregándole la cruz, con lo cual el que la portaba queda liberado, o bien colocando en su mano uno de los cirios con los que alumbran su paso; si alguna de las dos situaciones se produce, el desprevenido pasará a formar parte de la comitiva por mucho tiempo a no ser que tenga la suerte de entregar, a su vez, lo que porta a otro caminante que les salga al encuentro. Hay varias formas de protegerse frente a la *Santa Compaña*, una de ellas es apretando los puños a su paso como símbolo de fortaleza no pudiendo, por tanto, agarrar nada; otra forma es cruzando los brazos; en otras zonas de Galicia recomiendan dibujar un círculo con una cruz en el suelo con una rama de olivo y permaneciendo en su interior mientras transita *la Compaña*. Valle-Inclán[1] reflejó un encuentro con la *Santa Compaña* en su obra *Romance de lobos*:

> *El caballero siente el escalofrío de la muerte viendo en su mano oscilar la llama de un cirio. La procesión de las ánimas le rodea y un aire frío, aliento de sepultura, le arrastra en el giro de los blancos fantasmas que marchan al son de cadenas y salmodian en latín.*
>
> *Una voz.– ¡Reza con los muertos por los que van a morir! ¡Reza, pecador!*
>
> *Otra voz.– ¡Sigue con las ánimas hasta que cante el gallo negro!*

El visionario que ve pasar la *Santa Compaña* puede reconocer al que va a morir, porque como ya hemos dicho va en la comitiva detrás de su propio ataúd. En este caso si se da prisa en advertirle yendo a su casa, aquel podrá vivir muchos años. Existen más formas de librarse de la *Santa Compaña*, si esta visita una casa hay que tener mucho cuidado en abrir la puerta porque eso significa muerte segura, en todo caso es necesario entreabrirla un poco, lo suficiente para dejar salir un gato negro que le liberará del maleficio. También es bueno tener un caldero de agua bendita y un farol porque se le pueden colgar a un perro y este quedará ligado a la *Compaña*; cuentan que en más de una ocasión se ha visto a un perro con cascabel al cuello además del farol y el caldero de agua bendita recorrer los caminos de tal forma que así los vecinos estaban prevenidos contra la *Santa Compaña*.

---

1. Valle-Inclán, R. M.ª del. *Romance de lobos*. Editorial Espasa-Calpe.

La *visión* no se puede hacer en grupo, solo una de las personas es el visionario, las demás ni siquiera se dan cuenta de lo que ocurre a no ser que el visionario toque a sus acompañantes y entonces estos pueden ser partícipes de la visión.[1] En algunas ocasiones, la *Santa Compaña* finaliza su periplo con un banquete en las puertas del cementerio ante una mesa colmada de manjares; el que participe del festín debe evitar ingerir cualquiera de esos alimentos, pues sería su perdición; debe tratar de engañar a las ánimas haciendo ver que come o ingiriendo los propios alimentos que uno pueda llevar consigo.

Todos estos hechos son corroborados por costumbres populares que, para evitar males, disponían de los remedios en prevención de posibles visitas o encuentros no deseados. Era importante tener perro o gato negro, en muchas casas del medio rural aún se mantiene la costumbre de guardar en botellas agua bendita, algún pequeño farol o linterna y cascabeles. Si hay que caminar de noche por senderos lúgubres es bueno llevar un palo de olivo y algún pedazo de pan en los bolsillos, pero también son buenos los mismos remedios que se emplean contra las brujas y *meigas*, como son los dientes de ajo, los cuernos de un *escornabois*,[2] etc. También es frecuente el uso de escapularios con la imagen de la santa o santo bajo cuya advocación se encuentra la iglesia parroquial a la que pertenece el individuo, lógicamente bendito.

En muchas ocasiones la visión puede ser de una sola luz surgiendo de los dedos de la mano de una única ánima; en este caso se trata de personas que murieron sin saldar sus deudas y quieren presentarse ante alguien para que le ayude a hacerlo, bien devolviendo algo a quien pertenece, un animal o una propiedad, bien solicitando la ayuda de alguien que rece por él unas oraciones o incluso pague una misa por su alma; en tal caso, esa ánima no regresará jamás al mundo de los vivos pues su deuda quedará saldada.

En algunos casos ocurre que determinadas personas se sienten acosadas por los espíritus de algún ser que ha muerto y no consiguen desprenderse de su visión; para ello es recomendado por la tradición acudir a medianoche al cementerio y presentarse ante la tumba del difunto cuyo espíritu le persigue, debe llamar tres veces en su panteón como si

1. Vaqueiro, V. *Op. cit.*
2. Escornabois o vacaloura: en gallego, «ciervo volador».

Puente romano sobre el Arnoia, Freixo, Celanova, Ourense. Los puentes fueron lugares mágicos para muchas culturas.

de una puerta se tratara, ya que esa es la fórmula mágica para que los muertos respondan a los vivos, pronunciando el nombre del difunto, que a la tercera vez contestará y entonces se le dice:[1]

Sácame o aire do morto
e dame o do vivo;
o aire do morto non ten conforto,
e o do vivo é confortivo.

La gran poetisa gallega del romanticismo Rosalía de Castro, que supo plasmar en poesía muchas de las querencias y tradiciones del sentir gallego, también habla de la muerte, siempre presente en la idiosincrasia gallega, en sus versos:

1. Fraguas Fraguas, A. *Op. cit.*

Cala can negro, no oubees
á porta de quen ben quero:
corvos non voés por riba
do sobrado onde está enfermo.
Co teu resprandor, ***Compaña****,*
vaite, non lle poñas medo.
Se é que queres que alguén morra,
eu sei dun san que contento
por él déravola vida
e irá convosco aos infernos.[1]

Brujas y meigas

Hablar de brujería es complejo debido principalmente a la dificultad de determinar el significado de «brujería». Brian P. Levack define el término como «la práctica de la magia nociva, negra o maligna, la realización de actos dañinos por medio de algún tipo de poder extraordinario, misterioso, oculto, preternatural o sobrenatural».[2] Los iniciados en brujería representan lo opuesto, lo contrario al bien. La antítesis de la religión. Dios frente al diablo. La maldad enfrentada a la bondad. Lo otro, lo que no es como nosotros. Esto último es quizás el rasgo definitorio, lo que motivó el arrinconamiento y persecución de la brujería en siglos pasados. Quien no era miembro de una comunidad, quien no se movía en unos determinados parámetros era «el otro». Y los brujos no solo practicaban una doctrina nociva para la comunidad y sus creencias, además establecían un pacto con el diablo, al que homenajeaban en sus celebraciones. Esta acusación sería la principal prueba en los procesos inquisitoriales o «caza de brujas». Sin embargo, en territorio galaico no se ha producido una persecución y acoso desmesurado contra los supuestos casos de brujería, no se ha desencadenado una cruzada inquisitorial, pues como hemos visto a lo largo de este análisis las «especiales» prácticas religiosas y la concepción teológica del gallego siempre han sido «muy a su manera». No obstante en 1620 un juez en Cangas do Morrazo (Pontevedra) condenó a varias mujeres a la hogue-

1. Castro, R. de. *Follas Novas*. Editorial Castrelos.
2. Levack, Brian P. *La caza de brujas en la Europa moderna*. Ed. Altaya.

ra, condena que no se cumplió porque fueron puestas en libertad tras un leve castigo por el tribunal de Compostela.[1] Este proceso que Henningsen minimiza puede ser el derivado del saqueo y destrucción provocado por los piratas turcos en 1617. La tradición gallega mantiene que numerosas mujeres perdieron la razón por las tropelías que cometieron los piratas. Los convecinos las tomaron por brujas e incluso se creía que acudían a los aquelarres en la playa de Areas Gordas. Alguna de esas «malditas» fue quemada en la hoguera. Quizás fue este el mejor ejemplo de cómo una comunidad realiza una expiación colectiva y una quema de sus propios demonios.

En Galicia bajo la acepción del término general *meiga* se engloban normalmente dos variantes: por un lado, se define así a las *meigas* curanderas, y por otro, a la *bruxa*, mujer relacionada con el mal, con el diablo. ¿Cómo puede ser que en un mismo nombre se integren dos figuras tan encontradas: una que hace el bien y otra el mal? Pues debido a que el bien o el mal se relaciona con la persona que ejerce ese poder, y atendiendo a su naturaleza, hará el bien o caerá en el lado oscuro, será un brujo blanco o uno negativo, maligno.

La meiga curandera, de tanta tradición en Galicia, es una mujer que puede conocer la medicina natural o utilizar los remedios naturales como complemento de la sugestión, pues realiza sus curaciones con hierbas y plantas: prepara los hechizos, los filtros amorosos y las recetas curativas. Las que recurren a oraciones, sortilegios y demás invocaciones divinas poco más pueden ofrecer que no se haya encontrado en la religión: devoción de un santo o rezos tradicionales. Sin embargo, usarán estos ruegos o *exconxuros* en medio de símbolos sagrados y parafernalia sacerdotal.

Pero solo el poder no basta. La meiga debe aprender su trabajo, pues una vez comprobado que tiene «dones» debe ser instruida en el oficio por un maestro que le enseñe a utilizar esas cualidades.

La meiga en su otra variante, o *bruxa*, es una figura instalada en la mentalidad popular y a la que, en último lugar se le echa la culpa de todos los males; cuando una situación no tiene fácil explicación siempre se justificará tomando como referencia este icono de la mentalidad popular colectiva: *parece cosa de meiga*. Tiene el don de la transformación y recibe el de la brujería de varias formas: por herencia

1. Henningsen, G. *El abogado de las brujas*. Alianza Editorial.

Corredoira. Por los viejos caminos transita la Santa Compaña.

familiar, por una maldición o por renuncia de Dios y adiestramiento del propio Demonio.[1]

Antón Fraguas tiene recogidos los siguientes remedios para no ser molestados por las brujas: llevar una cruz al cuello, una medalla del Santo Ángel de la Guarda, un escapulario, una bolsa con una castaña de Indias, un diente de ajo, cuernos de ciervo volador,[2] un colmillo de cerdo, una flor de artemisa, etc.

¿Por qué aceptamos sin embargo lo sobrenatural de la religión de manera más fácil que de la magia? En la religión acudimos a los espíritus o los dioses suplicando una bendición, esperando y confiando en que nuestros ruegos sean concedidos; ellos determinarán el final de nuestras peticiones. No hay maldad en ello, no se genera algo negativo. En la magia, el iniciado en su destreza tiene un poder y el uso que haga del mismo determina sus resultados. Una práctica correcta dará los resultados apetecidos, si se genera desgracia es por un uso malintencionado. Es una práctica que tiene en sí misma un peligro, la propia naturaleza del practicante.

Antón Fraguas dice que «bruja» es la mujer capaz de ocasionar daño a otros sin ser vista y sin dejar el menor rastro de su actuación:[3] la bruja se puede transformar en una serie de animales o «bichos» para realizar sus maléficas acciones sin ser descubierta, tanto puede ser un moscardón como una mosca rayada, un gato, una avispa o una araña. Uno de los males más frecuentes producidos por las brujas en tiempos pasados era el de hacer enfermar e incluso matar yuntas de bueyes de algún vecino o las vacas de la persona a quien se quería perjudicar. En este caso, aunque la bruja haya actuado con diligencia cortando la leche a una vaca, por ejemplo, se puede saber quién hizo el daño, pues poniendo la ropa interior de un hombre ensartada en los cuernos de la vaca, esta no parará hasta detenerse delante de la persona que le produjo el daño a través de un hechizo o sortilegio.

Hemos mencionado elementos protectores contra los hechizos de las brujas y demás seres maléficos, protectores para las personas que los llevan, pero existen otros para proteger los bienes: la hacienda, los ani-

---

1. Fraguas Fraguas, A. *Op. cit.*
2. *Vacaloura*, en gallego.
3. Fraguas Fraguas, A. *La Galicia insólita-Tradiciones gallegas*. Cadernos do Seminario de Sargadelos.

males, la casa. Plantar ruda en la huerta significa protección para cosechas y animales, y colocar una herradura en la puerta o bien la cornamenta de un carnero en la pared protege la casa. Lógicamente, llevar una medalla bendita, un crucifijo o un escapulario frena a las maléficas, pero también se detienen delante del agua bendita o de la persona que se ha santiguado mojando previamente los dedos en la pila del agua al salir de la iglesia. Muchas son las personas que hoy en día siguen llevando a los santuarios, los días de romería, botellas con agua que generalmente llenan en las fuentes «santas» próximas a las ermitas, para que el cura oficiante las bendiga. Esa «agua bendita» conserva las prerrogativas y los poderes del santo patrono de la romería en la que fue bendecida el agua y, por tanto, podrá ser usada en beneficio del ofrecido o de sus familiares y bienes cuando el sujeto crea necesaria su utilización, por ejemplo, tras la Pascua de Resurrección se recorren las fincas rezando un sortilegio al tiempo que se salpican los lindes del terreno con una rama de olivo mojada en agua bendita:

Sapos e ratos, *bruxas e meigas,* *fora das miñas veigas.*	*Sapos y ratones,* *brujas y meigas,* *fuera de mis tierras.*

Las brujas son, por tanto, la antítesis de la religión, lo opuesto al cristianismo; no aceptan el bautismo ni comulgan en misa pero sí pueden acudir a ceremonias religiosas en los templos, corriendo el riesgo de ser identificadas. Vaqueiro[1] y Fraguas[2] recogen sendos casos sobre brujas descubiertas tras asistir a una misa; el caso es que habiendo oído el cura que existía alguna bruja en la parroquia, al finalizar los actos religiosos dejó deliberadamente el misal abierto, todos los fieles abandonaron el templo menos las brujas; al comprobar esto, el párroco entró de nuevo y cerró el misal, momento que aprovecharon las brujas para marchar. El misal abierto es una de las maneras de descubrir y controlar a una bruja.

Pero las brujas ¿nacen o se hacen? La respuesta es doble también. Algunas personas pueden ser brujas desde el momento de nacer porque durante el parto esté presente otra bruja que le transmita el «mal fado»

1. Vaqueiro, V. *Op. cit.*
2. Fraguas Fraguas, A. *Op. cit.*

Peto de Ánimas, San Cristovo, Ribadavia (Ourense).

antes de ser bañada con la moneda de cobre o plata y de ser bautizada, o por convertirse en la séptima hermana sin varones de por medio. Pero contra esto hay también remedio si la madrina del recién nacido le pone un nombre de las sagradas escrituras en el bautismo.

Por lo general, la brujería se transmite de madres a hijas. Cuando la madre cree que su hija está en condiciones de adquirir conocimientos sobre la materia, aquella se los va enseñando para que en el momento de la muerte de la madre ésta pueda trasmitir sus poderes a su hija con un simple apretón de manos. Otro método para convertirse en bruja es por inducción de otra meiga que esté interesada en transmitir sus poderes y ciencias a alguien en quien confía y cree preparada para ello. En este caso la prueba final es dura, pues consiste en situarse tendida en medio de un camino esperando que pase una cabalgadura o un carro por encima: si la «novicia» no invoca a Jesús, se convierte en bruja.

Entre las brujas más famosas de la historia de Galicia figura María Soliña, ajusticiada por la Santa Inquisición en 1621 bajo acusación de brujería con resultado de muerte de niños. A pesar de que siempre lo negó, sus respuestas aparecen como afirmativas en los documentos del proceso. Bajo tormento, reconoció ser bruja desde 25 años atrás, más o menos desde que tenía 40 años, pero en este caso, como en muchos otros procesos llevados a cabo por la Inquisición, los motivos reales eran poco claros y los intereses, que beneficiaban a los denunciantes puesto que se quedaban con los bienes y posesiones del hallado culpable, muy claros. Todos los casos de acusación de brujería acaecidos a finales del siglo XVI y comienzos del XVII tienen un trasfondo histórico: por aquellos años, la península del Morrazo, en la que se encuentra la localidad de Cangas, era centro de los ataques de los piratas berberiscos cuando estos hacían incursiones atlánticas. Sus «razzias» eran temibles: sembraban las playas de cadáveres de marineros de la zona, raptaban a los niños y violaban a las mujeres dejando, además, un rastro de cenizas y humo al quemar las viviendas de los lugareños. Muchas de las víctimas se volvían locas y lloraban sus penas en la playa en la que habían perdido a sus seres queridos. María Soliña era una de ellas; al morir su familia, marido, hermano y sobrino, su hacienda se incrementó y fue codiciada por alguien que la denunció por brujería. La leyenda dejó a esta mujer por bruja y pasó a formar parte de la tradición popular incluso en las canciones, los romances y poemas:

Cruceiro de O Corpiño, Santa Baia de Losón, Lalín, Pontevedra. La permanente lucha contra las fuerzas del Mal.

Nos areales de Cangas
muros de noite se erguían:
ai, qué soliña quedache,
María Soliña.
. . .
As gueivotas sobre Cangas
soños de medo tecían:
ai, que soliña quedache,
María Soliña.[1]

El meigallo y otras maldiciones

El fruto más popular de las brujas y meigas es el *meigallo*, una especie de hechizo que afecta fundamentalmente a la psique humana y semeja un trastorno mental. Esta perturbación rige y gobierna al ser que la posee, siendo este incapaz de actuar libremente. Es como un espíritu que se mete en el cuerpo del afectado[2] y manda en él; si es demoníaco puede durar toda la vida, pero también se puede tratar de un *meigallo* causado por la ingestión de una pócima preparada por una bruja, en este caso los remedios son más asequibles. En muchas ocasiones los *meigallos* se deben a los filtros amorosos que, suministrados al afectado, buscan una reacción positiva hacia la persona solicitante de favores, o negativa si anteriormente se produjo un rechazo.

Heiche de dar o meigallo,
heiche de dar o feitizo;
heiche de dar o meigallo
no pemento do chourizo.[3]

Te voy a hechizar,
te voy a hacer el hechizo;
te voy a hechizar
en el pimiento del chorizo.

Dos romerías permiten la cura de estos males, son la de San Campio y la del «Corpiño». San Campio es un santo mártir cuyos restos fueron traídos desde Roma en el siglo XVIII e instalados en la parroquia de San Ourente de Entíns; desde entonces se celebran dos romerías

---

1. Ferreiro, Celso Emilio. *Longa noite de pedra*. Ed. Castrelos.
2. Mariño Ferro, X. R. *Meigallo.* Gran Enciclopedia Gallega.
3. Fraguas Fraguas, A. *Op. cit.*

anuales en su honor, una el primer domingo de julio y la segunda el 29 de septiembre. San Campio es bueno con los que sufren el *meigallo*. Los hechizados deben beber y lavarse en la fuente de la Virxe do Rial, donde se supone existía un culto pagano posteriormente cristianizado; luego ha de dar varias vueltas alrededor del cruceiro y rezar unas oraciones desde el atrio de la iglesia diciendo:

Bota o demo, bota o mal cativo, que San Campio bendito te axude.
Bota o demo, bota o mal cativo e bica o Santo.

Los afectados deben bajar de nuevo al cruceiro de la Virxe do Rial, dar siete vueltas a su alrededor, beber agua de la fuente y regresar a San Campio; en la iglesia beben un sorbo del aceite que alumbra al santo, repiten todo el proceso desde el principio y vuelven para besar a San Campio; si se niegan, sus familiares deben forzarlos. El *meigallo* desaparece entonces del cuerpo del afectado. En algunos casos, si el hechizado vomita antes, se deben recoger los pelos que contenga el vómito para ser inmediatamente quemados: así queda deshecho el encantamiento.

Para los endemoniados el lugar adecuado es la parroquia de Santa Baia de Losón, a pocos kilómetros de Lalín (Pontevedra), donde se celebra la romería del «Corpiño» los días 23 y 24 de junio de cada año. Aquí acuden miles de peregrinos en busca de sosiego físico y psíquico, algunos de los cuales necesitan un exorcismo para curar sus males. Los afectados participan de la celebración eucarística por la mañana, acompañados por sus familiares; son frecuentes las escenas de histerismo con insultos graves y maldiciones, juramentos y gritos sin sentido. Si aquellos besan a la santa, al finalizar los actos religiosos se curan, recobrando sus facultades normales anteriores al encantamiento. El rito completo lo cuenta Vicente Risco y lo recoge Fraguas:[1]

> La misa mayor es antes de la procesión: a ella son llevados los enmeigados y endiablados. Después de la misa los pasan por delante del altar mayor. Luego, según marca la tradición, el sacristán les aplica una reliquia y les mete por la boca el hisopo, empapado en aceite, para expulsar los diablillos y el meigallo, mientras los fa-

1. Fraguas Fraguas, A. *Romerías e Santuarios*. Editorial Galaxia.

Necrópolis de San Pedro de Rocas, Esgos, Ourense.

miliares le golpean la espalda al enfermo diciendo: «¡Échalo fuera! ¡Échalo fuera!». Dicen que los echan en forma de ovillos de pelos o de erizos. Después los llevan en la procesión.

Durante la procesión son miles las personas que pretenden acercarse a la santa para tocar su manto, pasar por él un paño, un sombrero u otra prenda, prender dinero en él, etc. Además de curar a los endemoniados, son muchos los que acuden pidiendo un servicio militar favorable y en tiempos de guerra protección absoluta.

Además del *meigallo* existen otros tipos de encantamientos entre los que destaca el *mal de ollo* (mal de ojo), de características similares en diversos países. Este «mal» se sufre cuando una persona con poderes mira con maldad a otra persona que a partir de ese momento empieza a sufrir las consecuencias nefastas de tal mirada. No son necesariamente meigas y brujas las causantes de estos males, pero sí con frecuencia. Simplemente la persona con mirada intensa y abrasiva acompañada de un carácter malicioso, lleno de envidias y rencores, puede, posando su mirada sobre otra persona, animal o cosa, hacer que todo se tuerza y genere maldad. Una persona que *sufre mal de ojo* puede empeorar su estado de salud física y anímicamente; una vaca puede dejar de dar leche y en su lugar dar sangre al ser ordeñada; incluso las cosas pueden dejar de realizar su función y desempeñarla a la inversa. El antropólogo Mariño Ferro[1] recoge varios casos, entre ellos uno que cuenta cómo una mujer acudía al molino a recoger su harina y, al sospechar que el molinero le había escatimado en el peso, al salir posó su mirada sobre la rueda del molino; esta dejó de girar correctamente para dar vueltas en sentido contrario; para solucionar tal problema, el molinero acudió a un cura de una parroquia vecina que entendía de sortilegios, el cual le hizo recitar una plegaria; cuando regresó, su molino trabajaba perfectamente. El poder de la mala mirada puede producir enfermedades a las personas y animales, puede estropear cosechas, secar árboles frutales, destrozar inmuebles y muebles y un largo etcétera de maldades.

Son varios también los remedios y los protectores contra el *mal de ollo*, desde una castaña de Indias, un cuerno de buey o de macho cabrío, de ciervo volador, una rama de hinojo, un diente de jabalí, una cuerda de siete nudos, etc. Para curarse, algunas personas pagan misas a las que acuden a rezar en ofrecimiento para la cura del mal.

Otro «mal» ciertamente complicado es el *mal do aire*, que también produce graves molestias y problemas físicos y psíquicos a las personas. Se puede adquirir de muchas maneras, en las encrucijadas, cruzando ríos, pasando ante fuentes o lugares mágicos, en los caminos, pero también se puede uno afectar ante el paso de un entierro por el *aire do difunto*; las mujeres embarazadas o con la menstruación también pueden dejar un «aire» que afecte a otros negativamente. La luna y el sol pueden, en ocasiones, dejar su «aire» afectando a humanos, de igual manera que algunos animales como los alacranes, los lagartos, los gatos, las arañas y las perras recién paridas. Para curar estos males es conveniente lavarse bien con agua que haya pasado por siete molinos o por la de fuente santa.

Criaturas fantásticas

Desde las primeras civilizaciones los animales han tenido una gran importancia en las manifestaciones culturales, pues se han utilizado para

1. Mariño Ferro, X. R. *La medicina popular interpretada*. Edicións Xerais.

interpretar los hechos venideros (vuelo de aves, lectura de sus vísceras...), la reencarnación de almas que tienen una misión que cumplir (Teixido, sin ir más lejos), como talismán protector o incluso como representaciones sagradas o dioses. Además, la mentalidad popular ha creado una serie de animales fantásticos que solo existen en su propio subconsciente y a los que ha dotado de características humanas. Así acontece en Galicia con esta fauna legendaria y particular:

- Los *trasnos* son unos diablillos que se entretienen tratando de engañar a los humanos y que no buscan el daño más allá de sus pequeñas gamberradas. Son capaces de aparecer convertidos en forma humana o animal y con la resolución de mostrarse siempre, pues no pueden dejar de certificar su presencia. El trasno acompaña la mudanza, si se produce, de la familia a la que está haciendo sus travesuras. Engaños y enredos son sus diversiones favoritas. Es muy difícil desprenderse de ellos; la solución está en dejarles por la noche un recipiente lleno de trigo o de maíz que llamará su atención por ser un ente muy curioso, querrá contarlo y no podrá porque solo sabe hasta diez y, además, los granos se le escurrirán constantemente por los orificios que tiene en sus manos; la desesperación y el aburrimiento le harán marchar.
- Los *biosbardos* son unos enigmáticos seres que no tienen una descripción precisa ni un rasgo definitorio. Vagan por los caminos y no se dejan sorprender fácilmente. Son fruto del magín popular, que define «andar a los biosbardos» para designar a una persona que solo vive de fantasías, en un mundo irreal e inexistente.
- Los *mouros*[1] son unos seres extraños de carácter mágico, identificados casi siempre con pueblos extranjeros que realizaron incursiones en territorio gallego. Sus atribuciones son las de vivir en otra dimensión y aparecer en determinados momentos propicios por voluntad propia o por ser convocados. Se les relaciona con todo cuanto lugar mágico se conoce: dólmenes, *pedras fitas*, castros, cuevas, encrucijadas, petroglifos, etc., haciéndoseles responsables de su construcción o manufactura. Los mouros protegen tesoros ocultos pero engañosos, lo que parece oro puede no serlo e, igualmente, cualquier cosa sin importancia puede ser en realidad un tesoro oculto y

---

1. Mouros y mouras. Véase el capítulo 1.

transfigurado para no ser descubierto. Las *mouras* son mujeres noctámbulas de gran belleza que generalmente son vistas cerca de fuentes, ríos o castros, lugares en los que aparecen peinando sus cabellos con peines de oro.

- El alacrán es un animal temido y relacionado con brujas y meigas y con sus pócimas y brebajes. Se le teme por su picadura venenosa que en la tradición muchos consideran mortal.
- El cuco es un pájaro adivino que llega a Galicia en primavera, por lo que se le llama también Benitiño, «*por san Bieito entran os cucos a eito*».[1] Su poder adivinatorio se refiere a temas de casamiento y de longevidad; al cuco hay que preguntarle:

  –Señor cuco, Cuco Rey, cando me casaréi?

  El cuco seguirá cantando y el que interroga debe contar las veces que lo hace determinando así el tiempo que falta para la boda. El cuco no debe faltar a su cita anual porque en tal caso lo que anuncia es la proximidad del fin del mundo.
- Las *pegas* o urracas son pájaros relacionados con los viajes y la fortuna. Se debe controlar su vuelo cuando uno está viajando o trasladándose de un lugar a otro a pie; si la pega se cruza en nuestro camino volando hacia la derecha indicará buena fortuna en el viaje, si se cruza volando hacia la izquierda se producirán retrasos y con los negocios habrá problemas.
- El lagarto es un animal que puede traer fortuna a los hombres en los juegos de azar, de tal manera que al ser capturado e introducido en un recipiente con harina escribirá los números de la suerte de la lotería, eso sí, bajo una simbología extraña que habrá que saber descifrar. De la misma manera que es muy amigo de los hombres, pues los advierte de la proximidad de una culebra por ejemplo, es enemigo acérrimo de las mujeres, sobre todo si se encuentran en período de menstruación y el lagarto en celo. Son especialmente buscados por los hombres los lagartos de dos y hasta tres colas, pues emanan buena suerte solo con ser vistos.
- La *serpe* o serpiente tiene una importancia especial, pues está muy relacionada con tesoros y riquezas, al igual que los *mouros*, ya que es

1. Fraguas Fraguas, A. *Op. cit.*

cuidadora de tesoros encantados, y en algunos casos los tesoros son ellas mismas que al ser desencantadas se convierten en arcas llenas de oro. Cerca de las serpientes suele haber lagartos por si estas se vuelven agresivas; entonces el lagarto advierte al hombre, no a la mujer, de la presencia de una *serpe* peligrosa. En San Andrés de Teixido las serpientes van y vienen del mundo de los vivos al de los muertos con facilidad pasmosa, ya que son las portadoras de las ánimas del Purgatorio en su peregrinar al santuario.

- El gallo predice con su canto a deshora malos presagios, incluso la muerte; advierte de los cambios de tiempo si canta antes de entrar en el corral y si por las noches emite un silbido profundo y agudo es que en las proximidades hay brujas, dando así la posibilidad a sus dueños de preparar las medidas de protección contra aquellas. Se le conoce como el animal guardián y protector de la casa.
- El lobo es otro de los animales con gran presencia en la mitología popular gallega. Su fuerza no es solamente el temor que infunde a las personas el hecho de encontrarse con él o con una manada, o simplemente el escuchar su «*oubeo*» (aullido), sino que se teme la fuerza de su mirada, que puede hechizar a las personas que la sufren, como si quedaran hipnotizadas. Lo que atemoriza al lobo es la luz, por eso sale a cazar de noche; el fuego es otro elemento que le produce pavor, y la música, que amansa las fieras, también tiene un efecto amortiguador de la maldad de este animal tan temido, y si proviene de una gaita[1] mucho mejor. La presencia del lobo en tantas y tantas historias y leyendas hace de él un animal mítico y estrechamente relacionado con el hombre. El ser humano teme la maldición de convertirse en uno de los elementos más destacados de la noche mágica y misteriosa: el *lobishome* (el hombre-lobo). Una leyenda de los Ancares lucenses dice: «Un padre muy enfadado maldecía continuamente a su hijo, más preocupado por ir detrás de las chicas y a las fiestas que de hacer los deberes de la casa; por eso su padre le maldecía diciendo: *Como vas tras-las mozas quéra Deus que andes tra-las lobas*. Así que un día el mozo desapareció y se convirtió en un lobo que vagaba por los montes de Cervantes. El padre arrepentido pidió ayuda a una meiga que le dijo que debía herirlo pero no matarlo. El padre puso un cebo y el lobo acudió, así pudo

1. Vaqueiro, V. *Op. cit.*

Necrópolis de Tines (detalle), Santa Baia de Tines, Vimianzo, A Coruña.

clavarle la punta de un cuchillo; de la herida que poco a poco se agrandaba salió su hijo, que al liberarse de la piel de lobo se liberó también de la maldición». Esta leyenda es un ejemplo, pero son muchas las referidas a *lobishome* que sufren la maldición de la transformación en lobos por la noche y en humanos por el día.

La muerte y sus creencias

Morre o Rei e morre o Papa; pero de morrer ningúen escapa, dice el refranero gallego y es evidente, pero además hay creencias que defienden que la muerte avisa, que se puede ver. Hay determinados indicios que anuncian la llegada de la muerte: el canto de un determinado animal o su vuelo, la presencia de un olor característico, etc.

Se conoce como la *visión* la observación de una comitiva fúnebre hacia una iglesia o camposanto. Los que ven la «visión» no distinguen a sus componentes, ni quién será el muerto, pues incluso se puede llegar a observar el propio cortejo fúnebre. Esta percepción que anticipa un

Fachada de la iglesia de Ánimas (detalle), Santiago.

suceso puede aparecer durante el sueño de una persona que habitualmente tiene imágenes oníricas con los sucesos de su propia vida. Además son depositarias de esta cualidad aquellas personas a las que en el bautismo les impusieron los Santos Óleos de los Difuntos.[1] Otra forma de visión percibe gritos de llanto y luces que se dirigen a la casa en la que va a producirse un fallecimiento.

Una curiosa creencia popular mantiene que es posible que en un momento dado una persona viva entre en contacto con los difuntos. Esto se producirá cuando se participe en una misa de ánimas, es decir, cuando el asistente sin saberlo participe en una celebración eucarística en la que posteriormente descubrirá que todos los asistentes eran difuntos. Hay otro convencimiento más curioso, la posibilidad de que un muerto visite a los vivos aprovechándose del cuerpo de uno de ellos. Esto es lo que Mariño Ferro cataloga como *corpo aberto*,[2] pues el espíri-

1. Fraguas Fraguas, A. *Op. cit.*
2. Mariño Ferro, X. R. *Cultura popular.* Ed. Xerais de Galicia.

tu utilizará el cuerpo como una puerta abierta. Entrará en dicho cuerpo cuando el «propietario» del mismo reciba un susto, para cumplir así la promesa hecha a un santo y que no pudo llevar a efecto en vida. Naturalmente para recuperar su cuerpo, el «desahuciado» debe cumplir las promesas que el difunto dejó incumplidas.

Las *apariciones* son otra manera de relación entre el mundo de los muertos y el mundo de los vivos. Múltiples son las causas que provocan dichas apariciones y son el mejor ejemplo de lo unido que está al mundo real el del Purgatorio en la memoria colectiva gallega: pedir el cumplimiento de una ofrenda realizada en vida a los familiares o amigos, cuidar de familiares desprotegidos (niños o ancianos), indicar el escondite de un tesoro o dinero, restituir lo robado...

Pueden también presentarse los espíritus en forma de animales, como hemos visto para cumplir la promesa a San Andrés, o en forma de pequeños puntos luminosos que se aprecian en la noche.

A noite dos vivos e dos mortos

De polvo y fango nacidos,
fango y polvo nos tornamos
¿por qué, pues, tanto luchamos
si hemos de caer vencidos?[1]

Estos versos de Rosalía de Castro en el camposanto de Ferrol dejan entrever, no solo la imposibilidad de derrotar a la parca, sino también la especial relación del gallego con la muerte. Aunque poco sabemos de los ritos mortuorios de los antepasados castreños, pues el hábito de la incineración no ha permitido la existencia de enterramientos colectivos, sí sabemos que a lo largo de la historia el gallego ha ido construyendo una relación muy cotidiana con la muerte, que tiene una gran presencia en su sociedad.

La observación de un velatorio ancestral en Galicia presenta en un primer término, como característica principal, una tradición fuertemente ligada al mundo celta y con enormes similitudes con Irlanda, Escocia y demás países de ámbito céltico: aun en el mayor dolor pro-

1. Rosalía de Castro. *En las orillas del Sar.*

vocado por la muerte de un ser querido, la familia del fallecido no olvida ni elude un hábito fundamental de la comunidad: la hospitalidad. Con el cuerpo presente, la familia recibe los pésames de sus convecinos, a los que agasaja con los mejores alimentos y vinos o licores para hacer la velada del muerto más llevadera. Era común que las mujeres se situasen en torno al cuerpo rezando o simplemente aprovechando la reunión para ponerse al día de las novedades acaecidas en el lugar o comarca con un café como testigo, mientras los hombres glosaban las virtudes del fallecido o también ponían en común los últimos acontecimientos vecinales, entre trago y trago de un buen aguardiente o un vino del país. Con ello un velatorio se convertía, además de en una expresión del culto a los muertos, en un motivo de reunión comunitaria en la que la gastronomía volvía a servir de nexo en la relación social.

Una familia agradece la visita de sus convecinos en tan triste momento ofreciendo, dentro de sus posibilidades, lo mejor que tiene: abriendo su casa y compartiendo sus mejores viandas.[1] En algunas comarcas los familiares cocían una hornada de pan que llevaban en cestas durante el cortejo fúnebre para agasajar a los acompañantes del entierro y entregar al sacerdote una bolla: la *bola do enterro*.[2]

La reunión en torno a un muerto llegó a tener tanta importancia social que incluso alrededor del velatorio se desarrollaron actividades de carácter festivo, juegos de prendas y de naipes entre otros, en un divertimento conocido como el abellón. Un juego que tuvo tanto predicamento que el hábito hizo costumbre y terminó incluso por confundirse como parte del rito funerario. En palabras de Alfredo Brañas:

Non hai festa sin gaita nin foguetes,
nin capa vella que non teña setes
nin morto sin enterro nin abellón...[3]

El «otro mundo» es un espacio muy próximo, no solamente porque es cita inevitable, sino también por estar presente en nuestras vidas: los muertos no están solo en los cementerios. Sus espíritus, como

1. El obispo de Mondoñedo (siglo XVI) llegó a prohibir los banquetes funerarios por lo cuantiosos costes para los familiares del muerto.

2. Fraguas Fraguas, A. *Op. cit.*

3. Fraguas Fraguas, A. *Op. cit.* «No hay fiesta sin gaita ni cohetes, ni capa vieja que no tenga sietes, ni muerto sin entierro ni *abellón*...»

Petroglifo Pedra da Serpe, Casto de Penalba, Campo Lameiro, Pontevedra. Las serpientes van y vienen del mundo de los vivos al de los muertos.

hemos visto, pueden caminar en esa inquietante procesión de ánimas conocida como «A Santa Compaña», pueden dirigirse anónimos en cuerpos de reptiles a Teixido, pueden hacerse presentes a través de múltiples aspectos y fenómenos. Cada conmemoración de la defunción es costumbre realizar una misa de aniversario que se conoce como *o cabodano*, y el día de Difuntos es el momento en que se honra a los muertos. Cuando cae la noche se encienden cirios y lámparas de aceite para que los que nos han abandonado sepan que tienen una luz que vela por ellos, que no han sido olvidados. En algunos lugares se deja pan en la mesa o alimentos porque esa noche los finados visitan a sus familias, comparten la cena.

Una celebración que no ha sido muy bien estudiada, quizás porque había desaparecido de los hábitos y costumbres relacionados con el día de Difuntos son los festejos de *A noite do Samaín.*[1] Básicamente está re-

1. Samaín es una deidad celta relacionada con el culto a los muertos.

lacionada con la noche de Halloween anglosajona, que no hay que olvidar que es fruto de la influencia de la emigración irlandesa, principalmente, y escocesa hacia Estados Unidos a lo largo de la segunda mitad del siglo XIX y primeras décadas del XX. Esta noche de los espíritus del folclore americano es, pues, una fiesta basada en las tradiciones y creencias funerarias celtas, llevadas por los emigrantes al continente americano. Hemos visto las importantes similitudes culturales entre usos y costumbres gallegas con prácticas y ritos de los países del área céltica; sin embargo, esta variante festiva de la noche de Difuntos, en la que los niños son parte fundamental de la misma, pertenece a ese grupo de ceremonias que subyacen en nuestro pasado pero que han sido olvidadas o suplantadas por otros rituales institucionalizados. En la comarca de Ferrolterra los niños preparan las tradicionales calabazas huecas con una vela en el interior, que mantendrán encendidas durante la noche para espantar a las meigas, en un intento de recuperación de una tradición relacionada con el culto a la muerte que nos han legado nuestros antepasados celtas: durante esta noche, la más peligrosa del año, en la que los celtas creían que las puertas que comunican este mundo con el más allá se abrían y los espíritus iban y venían a su antojo. Por ello los guerreros celtas colocaban una pequeña vela en las calaveras de sus enemigos derrotados, para ahuyentar sus espíritus.

Por tierras de O Salnés y O Morrazo

Estas dos penínsulas que separan las rías de Arousa, Pontevedra y Vigo tal vez incluyan lo más publicitado de la oferta turística veraniega que de Galicia se ofrece. Son el corazón de las afamadas *Rías Baixas* y múltiples sus atractivos, pues solo con seguir el litoral encontraremos multitud de encantos. Los viejos rincones de Vilagarcía nos recuerdan su antigua importancia, y no se deben escapar las posibilidades de sus alrededores: el placer culinario de los moluscos de Carril y la impresionante panorámica desde el monte Lobeira. Cambados no es solamente la capital del vino *Albariño* sino también una excepcional muestra de la arquitectura señorial gallega: sus pazos e iglesias así lo atestiguan.

La península de O Grove es un lugar geográfico destacado desde el punto de vista de las tradiciones y costumbres populares, entre las que sobresalen la romería de A Lanzada y sus ritos. El ocio tiene su punto de encuentro en la isla de A Toxa y los amplios arenales grovenses.

Castro de Borneiro, Cabana, A Coruña. Tesoros ocultos y seres fantásticos se asociaban a los castros.

Sanxenxo y Portonovo son el característico ejemplo de típicos pueblos marineros que se han convertido en centros de animación veraniega. También en el litoral se encuentra una de las postales más difundidas del paisaje gallego: el conjunto histórico de Combarro con sus construcciones típicas y hórreos junto al mar. Un poco antes de entrar en la capital provincial se encuentra el monasterio de San Xoán de Poio y una vez cruzada la desembocadura del Lérez está Pontevedra, la ciudad que según la tradición fue fundada por Teucro. Su parte antigua es de un encanto singular, sus calles estrechas o asoportaladas se abren a viejas plazas de profundo sabor popular (de la Leña, de la Verdura, de la Ferrería...).

La visita al valle del Lérez es necesaria por dos motivos: el primero, por el santuario de San Benito de Lérez, y el segundo, por ser este cauce pródigo en grabados rupestres ya que en Campo Lameiro está parte de los más importantes petroglifos gallegos.

Ya en tierras de O Morrazo, Marín tiene en la Virgen del Carmen una de sus principales fiestas y camino de Bueu se encuentra en Mogor el petroglifo del Laberinto relacionado con profundas tradiciones y creencias celtas. Desde Bueu se puede acceder a la isla de Ons y visitar el *Burato do Inferno*, y en el itinerario de Cangas se discurre junto a la hermosa ensenada de Aldán y se encuentra en Hío uno de los más famosos cruceiros de Galicia. En Moaña, puerto de tradición marinera y que celebra el «Festival Intercéltico» (reunión musical del mundo celta) en verano, se atraviesa la ría por el puente de Rande sobrevolando el estrecho donde están hundidos los célebres galeones citados por Verne en su epopeya submarina. Redondela preside la ensenada de San Simón cantada por la lírica medieval, y camino de Pontevedra se deben visitar el castillo de Soutomaior, solar de Pedro Madruga, y el entorno natural del lago Castiñeiras, después de habernos detenido en Arcade para degustar sus más preciados productos: las ostras.

9

Los gallegos, lo gallego y otras historias

Las aproximaciones más triviales y vulgares, sustentadas en antiguos y viejos tópicos basados en generalidades cómodas y asequibles, a menudo presentan «lo gallego» y por extensión a los gallegos, como un pueblo muy encerrado en sí mismo, trabajador hasta la extenuación,[1] conservador, apegado a sus costumbres y receloso de todo y de todos, eternamente instalado en la escalera del tópico ligero y frívolo. Contrasta esto con la profundidad con la que requiere acercarse a observar a un pueblo, y con ello a su cultura, tremendamente enraizada en el colectivo popular y que por razones evidentes de su reciente historia, está acostumbrado a convivir, o cuando menos participar, de variadas y a veces lejanas culturas, debido a la mayoritaria emigración que los gallegos han sufrido en los dos últimos siglos de su historia. Faceta esta última, determinante, para entender esa proverbial indefinición que los gallegos presentan al mundo.

Para entender «lo gallego», o a los gallegos, es necesario partir de algunos conceptos básicos que lo determinan casi todo. Y para comenzar, nada como empezar por el principio.

---

1. «¿Cuáles son, en cambio, las razas para quienes el trabajo es una necesidad orgánica? Los auverneses en Francia; los escoceses, esos auverneses de las islas británicas; los gallegos, esos auverneses de España; los pomerianos, esos auverneses de Alemania; los chinos, esos auverneses de Asia». «El derecho a la pereza. (Refutación del derecho al trabajo de 1848)», Lafargue, Paul.

Miña casiña, meu lar

Hasta hace muy poco tiempo, la sociedad gallega ha tenido una estructura fundamentalmente campesina y en la Galicia rural la familia se ha relacionado, tradicionalmente, con el concepto de casa, entendiéndola no tanto como un edificio en el que se reside, sino como un conjunto de personas y sus bienes, es decir, los inmuebles, el ganado, las tierras... Históricamente, las familias gallegas, nobles o no, desarrollaron y fueron perfeccionando desde la Edad Media, toda una serie de mecanismos encaminados a perpetuar la «casa». Por todo ello, es fácil comprobar que en muchos lugares del territorio gallego, las casas conservan un nombre propio a lo largo de varias generaciones y estos, normalmente no van ligados al apellido de la familia. Así, es común que una persona se presente como *Fulano, de la Casa do Souto; Mengano, de la Casa de Arriba; etc...*

Pero esto, como todo «lo gallego», presenta una gran complejidad, como diversa es la sociedad gallega. Así, no hay estereotipos únicos para la costa y el interior, la montaña o los diferentes núcleos urbanos. Además, los vientos globalizadores tienden a introducir nuevas variables al «tradicional» concepto de casa o familia gallega. Sin embargo, podemos establecer una tipología familiar básica que pueda presentar un acercamiento lo más fiable posible, a la estructura social gallega.

Se entiende como *familia troncal*, aquella compuesta por varias generaciones, habitualmente tres: abuelos, hijo casado y su descendencia. Con ello se pretende que la *casa* se perpetúe, entendiendo «la casa» como el concepto indicado de unidad familiar y sus propiedades, siendo preciso que un hijo, principalmente el varón primogénito, «case en casa» y garantice la continuidad de la estirpe. Los hermanos están obligados a buscarse el sustento fuera de la unidad familiar, siendo la emigración históricamente la solución más viable, aunque fue pauta que los segundones de las familias campesinas foreras[1] en el Antiguo Régimen, tomasen los hábitos e iniciasen la carrera eclesiástica. También podían casarse fuera de «la casa» o permanecer célibes, en cuyo caso podían habitar en el hogar familiar, trabajando en el mismo para

1. El foro que aparece en los siglos XI y XII, permite a los campesinos trabajar las tierras que son propiedad de un señor a cambio del pago de unas rentas, normalmente en especie.

su manutención. Esto podría explicar el elevado número de solteros en la sociedad tradicional gallega. Su soltería no tiene razones sexuales sino económicas según manifiesta Mariño Ferro: «son los que no teniendo mejora, no tienen tierras suficientes para fundar una familia y no quisieron emigrar». [1]

Este ideal de familia troncal está relacionado con la existencia en el Derecho foral gallego, también presente en el Código Civil español, de la figura de la *mellora*[2]. Con este incremento de tercio y quinto, el heredero *mellorado* puede llegar a obtener las siete quinceavas partes del legado patrimonial familiar, siendo participe del reparto con sus hermanos, del montante restante. Todos estos mecanismos permiten que el patrimonio familiar sea transmitido sin excesivas mermas, favoreciendo de este modo la supervivencia de la «casa», que en sí misma, es económicamente un centro de explotación para el autoconsumo y antropológicamente, una entidad con personalidad cultural y social. Sin embargo, hubo aspectos exógenos que modificaron las normas sobre la «mejora» como fue el caso de la emigración, ya que fue mayoritaria la partida de los hijos y los padres tuvieron que dejar a quien quedase en casa, fuera hombre o mujer, primogénito o no, los beneficios de la mejora.

Esta estructura familiar fue propia del mundo rural y de familias campesinas acomodadas de las tierras del interior gallego, que intentaban evitar la fragmentación excesiva de las propiedades familiares. Ese mundo que ha pasado a representar el tipismo de lo gallego a través de la fascinación que transmiten los pazos y su representación literaria en algunas de las grandes plumas de la literatura gallega, como la de Emilia Pardo Bazán, entre otras.[3]

Fuera de su entorno natural, el mundo rural, la familia troncal se atenúa en otras estructuras familiares como sucede en el litoral y comarcas limítrofes donde era común que los padres escogiesen a una hija para que se quedara en casa, utilizando la propia vivienda y el pe-

---

1. Mariño Ferro, Xosé Ramón. *Cultura popular*. Ed. Compostela, 1991.

2. La mejora permite la institución de un heredero aventajado, preferentemente varón, que recibe la parte más importante del patrimonio familiar, con la obligación de su permanencia en la «casa». A ese heredero «mejorado» se le denomina *vinculeiro*.

3. «Por entre estos residuos de pasada grandeza andaba el último vástago de los Ulloas, con las manos en los bolsillos, silbando distraídamente como quien no saber qué hacer del tiempo». Pardo Bazán, Emilia. *Los pazos de Ulloa*.

Dorna, embarcación tradicional.

queño huerto que la circunda como mejora, debiendo cuidar a los padres y siendo su obligación obtener matrimonio. Llegado este punto, es conveniente resaltar las profundas diferencias que se establecen entre el concepto de casa en el mundo campesino y en las comunidades marineras. Aquí, la *casa* es un lugar exclusivamente físico, una construcción que no tiene connotaciones simbólicas. Suelen ser pequeñas,[1] y en ellas convivían, normalmente, un matrimonio y sus hijos. El sentido patrimonial de la familia marinera es por tanto, radicalmente distinto, ya que sus bienes, las embarcaciones pesqueras, están expuestos a una constante incertidumbre.

Pero la historia reciente, la progresiva y constante urbanización de la sociedad gallega ha supuesto el paulatino triunfo de la *familia nuclear*, la de un matrimonio con su descendencia. El reparto igualitario del patrimonio familiar, salvo una pequeña mejora para el hijo que se queda en la

1. Las conocidas como «casas do remo», por estar la extensión de su fachada determinada por la longitud del remo de una embarcación.

casa natal, también ha servido de activo para su asentamiento en la sociedad gallega. Esta nueva tendencia trasladada al mundo rural, tiende a debilitar la perpetuación de la entidad *casa* como unidad de producción y reproducción, que sufre una desintegración progresiva en cada cambio generacional.

En la actualidad, la profunda remodelación del modelo tradicional de familia que como en todo el mundo occidental, también se produce en Galicia, genera nuevas formas básicas sociales y aboca a la tradicional familia troncal a un proceso de desaparición.

A nosa terra

De esta manera se refieren los gallegos a Galicia, *Nuestra Tierra*. Contrasta la antigüedad geológica del territorio gallego, con el carácter relativamente tardío de la llegada de sus primeros pobladores, quienes pasaron a ser los primeros gallegos hará, posiblemente, unos trescientos mil años.[1] A lo largo de su historia la manera en la que los gallegos fueron poblando el territorio ha determinado en la actualidad una manera muy peculiar, y gallega, de organización territorial. Para aquel que se acerque por primera vez a Galicia sorprenderá, sin duda, la dispersión territorial existente y esa querencia de los gallegos de construir su vivienda en cualquier lugar donde sea posible. Así, para una extensión de cerca de 30.000 kilómetros cuadrados y una población de 2,8 millones de personas existen casi 29.000 núcleos de población habitados repartidos en 315 ayuntamientos. Esta dispersión geográfica, a la que no se ha querido o no se ha sabido poner coto, es un fenómeno exclusivamente gallego que lleva consigo una problemática muy costosa y de difícil solución para poder administrar servicios básicos a todos esos lugares, tan alejados unos de otros. Esta forma de poblamiento ha construido el propio carácter de los gallegos y sus relaciones sociales.

La célula básica de la sociedad gallega es la casa, pero es la aldea la unidad social esencial. Una aldea está formada por un grupo de casas asentadas en un lugar con nombre propio. La aldea es una unidad geográfica porque tiene unos límites propios, pero también una unidad

1. Vázquez Varela, J. M. *Las más viejas raíces de Galicia*. Ed. Compostela (1991).

social que tiene ayudas y trabajos en común (mallas, matanzas, tareas de limpieza de los campos,...), celebraciones y fiestas.

En Galicia hay casi tres mil quinientas parroquias por lo que por término medio, cada 8 aldeas forman una parroquia. La parroquia, probablemente la unidad socioterritorial fundamental de Galicia desde los tiempos del Reino Suevo de Galicia, casi siempre tiene dos nombres, el del santo patrón y el civil.[1] Alrededor de la parroquia se teje la red social. Teniendo en cuenta la importancia que tiene el hecho religioso en la sociedad tradicional gallega, la parroquia tiende a confundirse con la iglesia en la que se desarrollan los actos religiosos: el lugar donde se celebra la misa, se realizan los bautizos o las bodas... En la parroquia se encuentra un lugar fundamental en las creencias gallegas: el cementerio parroquial donde se encuentra la última morada. Tradicionalmente, no importa donde encuentre la muerte un gallego, su intención es «descansar» en su tierra, la tierra de sus padres. En los versos de Celso Emilio Ferreiro:

> «*Un día voltaréi, nativa terra,*
> *a descansar en ti dos meus camiños,*
> *mais non te alcontraréi. En min te levo,*
> *pero eu estóu moi lonxe, lonxe, lonxe*».[2]

Durante las fiestas patronales es el momento en que la parroquia refuerza sus rasgos distintivos propios y su carácter colectivo. Es el momento escogido por sus habitantes y los emigrantes, que vuelven a su patria chica, para reencontrarse en comunidad.

De los más de ocho mil cien ayuntamientos[3] que existen en España, trescientos quince son gallegos. Aproximadamente, una media de once parroquias forman cada uno de ellos. Tradicionalmente es una división simplemente administrativa, pues es en la parroquia donde los individuos encuentran refugio social, en donde reside su afinidad, su

---

1. Sirvan como ejemplo: Santa Uxía de Ribeira, San Pedro de Palmeira, San Paio de Carreira, Santa María de Corrubedo..., algunas de las nueve parroquias del ayuntamiento coruñés de Ribeira.

2. «Un día volveré, nativa tierra / a descansar en ti de mis caminos / pero no te encontraré. En mí te llevo / pero yo estoy muy lejos, lejos, lejos». «Moi lonxe». Ferreiro, Celso Emilio.

3. Concellos, en lengua gallega.

Iglesia Parroquial Calvos de Randín, Ourense.

proximidad. Este desapego es trasladable a las provincias, una organización territorial que históricamente se encuentra muy alejada en el día a día comunitario.

De esta manera, tradicionalmente cuando un gallego se sitúa geográficamente, lo hará nombrando a su casa, su aldea y su parroquia; y solo en tiempos muy cercanos hará referencia a su ayuntamiento si fuese necesario.[1]

Esta dispersión geográfica gallega lleva a situaciones kafkianas como acontece en el pueblo de Os Peares, situado en la confluencia de los ríos Búbal y Sil con el río Miño. Esta población gallega se divide administrativamente en dos provincias (Lugo y Ourense), cuatro ayuntamientos (Carballedo, Pantón, A Peroxa y Nogueira de Ramuín), tres partidos judiciales y cuatro parroquias.

1. Sirva como ejemplo: «Soy de la Casa de Arriba, en Souto de Santo Tomé de...».

Teño morriña, teño saudade

–*«Cuando se me pone una cosa en el corazón, acierto siempre; y se me ha puesto que ver no veo más la tierra».*
–*«¿Con que la tierra es muy bonita? Cuenta, cuenta. ¿Cómo es? Aseguran que es la más linda de todas las de España.»*[1]

El «Diccionario Enciclopédico Gallego-Castellano» de Eladio Rodríguez González nos aproxima al «concepto» de saudade y morriña: *«Saudade: Recuerdo, nostalgia, añoranza. Ansiedad moral que los gallegos llevamos dentro de nosotros mismos y que es herencia de raza. Esperanza de un bien futuro que se anhela y se juzga irrealizable. Deseo vehemente y atormentado de lo imposible e indefinido. Añoranza, pena causada en el ánimo por la ausencia de la patria, de la tierra nativa y de la aldea en que uno nació: morriña. La saudade, en realidad, es un sentimiento inexplicable, que no se sabe de donde viene, ni se alcanza a donde va, ni se comprende lo que persigue.»*[2]

Morriña y saudade,[3] dos palabras ligadas al alma galaico-portugués que no tienen equivalencia en castellano, porque unas posibles correspondencias, nostalgia y añoranza, no trascienden la profundidad de sus sentimientos. Porque para poder explicarse, antes deben ser sentidas. Nostalgia sí, un estado de ánimo de profunda nostalgia, pero también tristeza y melancolía. Un sentimiento de dolor que nace dentro y que nunca termina por abandonarnos. ¿Fruto del carácter emigrante del gallego, de la ausencia por la lejanía? Una amargura siempre presente en la literatura gallega y en la música. Sostiene Norberto Pablo Cirio que *«La manera en que el gallego trata de paliar ese estado es, justamente, a través de la práctica y la escucha musical, por lo cual tenemos que la identidad gallega en la emigración está configurada, en gran parte, en torno a las prácticas y saberes musicales.»*[4]

---

1. Pardo Bazán, Emilia. *Morriña.*

2. «Diccionario Enciclopédico Gallego-Castellano», Ed. Galaxia, Vigo, pp. 319-320. Rodríguez González, E. (2001).

3. «Quien sabe si la saudade gallega no será otra cosa más que la lucha de dos deseos incompatibles: el de estar y no estar en la Tierra». En *Sempre en Galiza.* Castelao, Alfonso R. Akal Ed. (1977).

4. «Estudiar las manifestaciones artísticas de un pueblo, en este caso, la música, significa penetrar en el corazón de la vida de su cultura, pues en ella manifiestan, canalizan y exhiben los temores y anhelos, las ansias y alegrías, las preocupaciones y

«Adiós ríos, adiós fontes;
Adiós, regatos pequenos;
Adiós, vista dos meus ollos:
Non sei cando nos veremos.
Miña terra, miña terra,
terra donde me eu criéi,
hortiña que quero tanto,
figueiriñas que prantéi»...[1]

Estos versos rosalianos nos trasladan la emoción de la partida, el desasosiego del desencuentro, el inicio de la morriña, de la saudade. Y Rosalía de Castro es la trovadora de la *morriña*, la escritora del pueblo. En sus poemas podemos descubrir que la morriña no es exclusiva de la emigración gallega al exterior, pues esta se puede sentir en la propia Galicia: *«De soidás morríase, na vila sospirando pola aldea»*[2] lo que nos acerca a la citada definición de Rodríguez González sobre el carácter general de la morriña y la saudade en el pueblo gallego y que quizás se deba al propio carácter que se encuentra indisolublemente ligado a la tierra. Porque esa es una de las incuestionables afirmaciones que rompen la apócrifa perenne indefinición galaica,[3] el amor del gallego por su tierra, desde la más chica, su aldea. Y no importa el alejado lugar del mundo en el que se encuentre. Por ello no es de extrañar que el Himno de Galicia, su bandera y la Academia Galega da Língua tengan su origen en la diáspora gallega.[4] Porque Galicia *es* donde hay un gallego.

---

penas que significa vivir fuera de la tierra natal». En «La investigación de la música de las colectividades en la Argentina. Su aporte al estudio de los procesos migratorios. El caso de la colectividad gallega». Cirio, Norberto Pablo. *Revista de Investigaciones Folclóricas.* Vol. 19:39-52 (2004).

1. Rosalía de Castro. *Cantares gallegos*. En *Obra galega completa*. Akal Ed. (1982).

2. Rosalía de Castro. *Follas Novas*. Ed. Xerais de Galicia - Biblioteca 120 de *La Voz de Galicia* (2001).

3. «Galicia es mi tierra, dentro de la Tierra. Pero Galicia está y no está en Galicia. Es un lugar y un deslugar. Como lugar, Galicia es pequeña. Bueno, depende.» En «Galicia contada a un extraterrestre», Rivas, Manuel. *El País Semanal,* Domingo 14 Octubre 2001.

4. «Galicia es una aldea global desde hace tiempo... La mayor ciudad de Galicia continúa siendo Buenos Aires. El mayor cementerio de Galicia, el de Cristóbal Colón, en La Habana. Más de dos millones de gallegos emigraron durante el siglo XX.» Rivas, Manuel. *Op. cit.*

Morriña. Saudade. Sentimiento universal con denominación de origen gallega. En su «Galicia contada a un extraterrestre», Manuel Rivas le escribe a Golf Óscar Delta (GOD): *«Galicia es morriña. Tengo morriña, tengo saudade. Es una palabra que exportamos. Que aparece en otros diccionarios. En el de la Real Academia Española. En el Collins inglés. Es una palabra que te regalo, para que difundas en tu planeta, pero adminístrala con prudencia. Morriña significa extrañar algo, nostalgia, melancolía»*.

En los versos gallegos de Federico Gacía Lorca:

«Ao longo das rúas infindas
os galegos paseiaban
soñando un val imposíbel
na verde riba da pampa.»[1]

Quizás es cuestión del paisaje que modela la personalidad de los que nacen en Galicia. Miguel de Unamuno definió el paisaje gallego de la siguiente manera: *«... es un paisaje habitable, que seduce como un nido, incubador de morriñas y saudades; es una naturaleza humanizada hecha mansión del hombre; lugar de descanso, en que se duerme, como una caricia tibia, un aliento de humedad y las quejumbres dulces de los pinos.»*[2]

Quizás sea cuestión de la particular manera que tienen los gallegos de interpretar el mundo, sus creencias y sus mitos: *«Pero es de todo punto imposible hablar de la relación del hombre gallego con su entorno y no tocar lo que, a nuestro juicio, es insoslayable. Se trata del panteísmo gallego. El hecho de que dos géneros distintos de panteísmo se hayan sucedido en su suelo – el druídico primero, el gnóstico después, y este tres siglos después de la evangelización distan mucho de ser un azar. Constituyen una tradición, y, por tanto, un suelo con virtudes de acogida y de arraigo.»*[3]

Quizás la respuesta, nuevamente la tenga Miguel de Unamuno: *«Ha debido ser allí muy larga y muy entrañable la convivencia entre el hombre y la tierra; las lluvias lo han unido; compréndese lo doloroso del desarragón*

---

1. García Lorca, Federico. *Cantiga do neno da tenda*. «Por las calles infinitas / los gallegos paseaban / soñando un valle imposible / en la orilla de la pampa.»

2. Unamuno, Miguel de. *Obras completas. Pasajes y ensayos*. Madrid (1966).

3. Varela, J. L. *Rosalía o la saudade* (1950). Citado por López, A. y Pociña, A. (1991): *Rosalía de Castro. Documentación Biográfica y Bibliografía Crítica. Vol. II* (1941-1984), Fundación Pedro Barrie de la Maza Conde de Fenosa, La Coruña, p. 151.

Grupo de hórreos, Villanova dos Infantes, Celanova, Ourense.

al tener que desprenderse uno de ella y cómo ha de volver al cabo a comprar la tierriña y criar allí la vaca lenta y dulce».

O quizás, también, no deje esto de ser uno más de los tópicos sobre lo gallego y los gallegos...[1]

«El tren, oscilando con suavidad, activaba su marcha. Caía la tarde con serena magnificiencia, y Rogelio, asomado a la ventanilla, creía divisar ya los frescos valles gallegos, los castaños frondosos, el azul festón de las rías orlando la tierra más bonita del mundo.»[2]

---

1. «Pero ten cuidado con la morriña. Le ha colgado al gallego un sambenito de pueblo triste. Y además es un comodín que lo mismo sirve para un discurso electoral que para un dolor de muelas». Rivas, Manuel. *Op. cit.*

2. Pardo Bazán, Emilia. *Op. cit.*

Cosas de la vida

Desde el nacimiento hasta la muerte, el devenir de la vida en la Galicia tradicional estuvo marcado por rituales que iban marcando cada episodio vital. De hecho, la búsqueda de descendencia propició la ejecución por parte de las parejas, o de las mujeres que buscaban tener hijos, de rituales de fertilidad. Trabajos realizados por investigadores de la Universidad de Santiago, historiadores y antropólogos, acabaron con el mito de la «prodigiosa fecundidad de las mujeres gallegas». Hablan los historiadores de descendencia media-baja en relación con los datos de otras comunidades españolas y europeas. Los antropólogos se apoyan en lo mal vistas que eran las mujeres estériles o las que malograban sus embarazos. Ya hemos comentado en capítulos anteriores la existencia de rituales de fecundidad. Las parejas temían el descrédito social que suponía la falta de descendencia y buscaban toda la ayuda necesaria para conseguir un embarazo. Unas veces se apoyaban en los rituales relacionados con el agua como los baños de las nueves olas en aguas propicias, como la playa de la Lanzada o en las inmediaciones acantiladas de San Andrés de Teixido, o con lavativas con aguas recogidas en nueve fuentes diferentes. En otras ocasiones, a los rituales anteriores se añadía el hecho de la realización del coito en lugares mágicos,[1] especialmente propicios para la fecundación, los llamados altares de fecundidad o *camas do santo*, entre los que destaca la de San Guillerme de Fisterra, junto a las ruinas de su ermita, o diversas piedras repartidas por montes gallegos entre los que el monte Pindo tiene fama y también el monte Aloia.[2]

La necesidad de descendencia apura los rituales antes del parto para asegurar el nacimiento de la criatura. Para ello, las mujeres a las que costó quedar embarazadas y las que sufrieron algún aborto recurren al bautismo anticipado. La mujer encinta acude, acompañada por parientes o amigos, a un puente que tenga en medio o en sus proximidades un cruceiro, la cita es a medianoche. Allí espera la llegada del primer viandante que se convierte en padrino del bautismo, encargado de verter el agua del río sobre el vientre de la mujer embarazada. Al finalizar el ritual, la futura madre se cambia de ropas y todos los asistentes dan

1. Fraguas, Antonio. *La Galicia insólita*.
2. Vaqueiro, Víctor. *Galiza Máxica*.

buena cuenta de las empanadas y demás alimentos que llevaron para la ocasión, entregando al río la comida sobrante.[1]

Los afanes por tener descendencia cambiaban los hábitos de las embarazadas, sus comidas, la abstinencia sexual, los paseos..., precauciones que pretendían evitar algún alimento abortivo, las mínimas molestias al feto e, incluso, el mal de ojo.[2] Sin embargo, eran frecuentes los partos en las tierras de labradío, en los lugares de trabajo o en los caminos, ya que las mujeres apuraban hasta el último momento su predisposición al parto, atendiendo las labores del campo o de la casa. Las que podían, acudían a parir al mismo lugar, *cama do santo*, en el que habían concebido a su hijo con el fin de completar el círculo y recibir una sana descendencia. A partir de aquí, la madre debía guardar cuarentena, no trabajando, disfrutando de buenas comidas, no asistiendo a la iglesia, no mojando los pies y evitando los fríos. En algunos casos, para evitar el efecto perturbador del diablo en el recién nacido, era el padre el que dormía con su hijo durante los primeros días de vida, practicando la *covada*, el hombre haciendo de madre.

Los partos también tuvieron sus rituales. Era de creencia general que los partos tenían relación con las fases lunares. De hecho todavía se piensa que la mujer a punto de parir dará a luz cuando cambie la luna de fase. Algunos creen, por el contrario, que los partos se producen tres días antes del cambio de luna.[3] La luna afectaría también al sexo de los que van a nacer, «*Si nace menguante, o outro que veña sale igualante; si nace crecente, sale diferente*».[4] Por algunas comarcas de Galicia deambulaba un personaje peculiar, un vagabundo al que se recurría, a cambio de limosna y manutención, para que invocara *as boas fadas* para que el parto se alumbrara bajo la influencia de una buena estrella, el niño o la niña nacieran con salud y con buen *fada*, es decir, con un futuro prometedor.

Malas fadas me fadaron
No ventre da miña nai;

1. Taboada Chivite, X. *Ritos y creencias gallegas*.

2. Saavedra, Pegerto. *A vida cotiá en Galicia de 1550-1850*.

3. Se adelanta el parto a los tres días de la fase lunar. Fraguas, Antonio. *La Galicia insólita*. Ed. do Castro.

4. Dicho que hace referencia al posible sexo del que va a nacer. El conocer el sexo del que va a nacer fue siempre preocupación de los padres, con lo que recurrían a los entendidos para averiguar de antemano si iban a tener niño o niña.

Sete anos menos un día
Nesta oliveira hei destar[1]

Durante la infancia, los niños, y sobre todo sus padres, debían evitar el contacto con personas, animales o cosas, capaces de trasmitir algún *mal*. A los niños les afectaba sobremanera cualquiera de las variedades del *mal do aire*, un aliento con mala origen que les provocaba a los infantes de la casa decaimientos, desganas, problemas de la piel y alteraciones de la mente, leamos depresiones, cambios de carácter... Uno de los *aires* es el provocado por los muertos, por los difuntos en su ataúd, por la visión de la *estadea.*[2] Otros *aires* provienen del contacto visual con mujeres que tienen la menstruación, mujeres con mal carácter, o las emanaciones de hombres y mujeres después de consumar el acto sexual.

Son igualmente peligrosos determinados lugares llenos de misterio y peligros. Un buen ejemplo lo representan las encrucijadas de los viejos caminos, temidas por la incertidumbre que generan. El caminante se enfrenta en cada encrucijada con lo desconocido, con el temor a alguien maligno que pueda aparecer por el otro camino que va a confluir con el que por él va discurriendo. Las encrucijadas eran los lugares propicios para las apariciones de la Santa Compaña o de cualquier otra forma de la *estadéa*, pero también de bandoleros, de gentes de mal vivir. También eran lugares de reunión de brujas para la realización de sus rituales satánicos o de difícil comprensión para las gentes temerosas de Dios. Esas inciertas encrucijadas podían alentar sus malos aires a los caminantes. No es de extrañar que por ello las encrucijadas de caminos de muchos puntos de la geografía gallega hayan sido sacralizadas, cristianizadas, con la implantación de cruceiros de piedra con el fin de paliar o contrarrestar definitivamente a las fuerzas del mal, permitiendo el paso más tranquilo a los viandantes. Conviene recordar que son más de diez mil los cruceiros catalogados en toda Galicia, algunos de ellos de una gran belleza artística como los de *capeliña*[3] o los calvarios. Los

---

1. Romance de la infantita. Murguía, Manuel. *España, sus monumentos y artes*.

2. La *estadéa* es la visión fantasmal de un difunto, de un espíritu blanco, etéreo, relacionado en muchas ocasiones con la Santa Compaña.

3. Los *cruceiros de capeliña* son los que además de las tres partes imprescindibles de un cruceiro, base, fuste o *varal* y cruz, presenta una hornacina, sobre la que se apoya la cruz, con una imagen de la virgen en su interior. Son típicos de la península del Barbanza.

cruceiros de las encrucijadas fueron utilizados también, en algunos lugares de la geografía gallega, para llevar hasta ellos a los enfermos que no se curaban de sus males, generalmente niños, para que con la ayuda del primer transeúnte se pudiera realizar un ritual con el cual el mal, la enfermedad, quedaba en la tierra próxima al cruceiro y el enfermo regresaba sano a casa. Una de las dolencias frecuentes en los niños era el raquitismo, provocado generalmente por una mala alimentación, achacado siempre a la maligna influencia de alguna bruja que le miró mal, que le chupó la sangre y que le impide el crecimiento. Ese mal es conocido con varios nombres, *tangaraño, enguenido, anganido...*, el mal tiene cura si se recurre a la intervención de tres Marías que llevan a medianoche al enfermo hasta el atrio de la iglesia o hasta algún cruceiro, rezan un padrenuestro y unas avemarías y la que tiene el niño se lo pasa a la siguiente María manteniendo el siguiente dialogo:

– *Toma, María*
– *Ti que me das, María*
– *Douche O enguenido, María*
– *O Enguenido non o quería.*

Igualmente, algunos cruceiros presentan marcas en la base o en el fuste, marcas que indican que bajo sus pies fueron enterrados niños que habían nacido muertos o que fallecieron antes de ser bautizados, con lo que, en épocas pretéritas, no podían ser enterrados en los camposantos.

Pero no todo eran problemas y enfermedades en la infancia, en una infancia que por lo general duraba muy poco debido a que tan pronto como los niños y niñas se podían desenvolver ayudaban ya en las tareas del campo y de la casa, llevando el ganado a pastar, haciendo la limpieza y las comidas, etc. Sin embargo, su presencia alentaba la tradición oral en las casas, cuando se acababan las faenas, después de la cena, al calor del fuego de la *lareira*, surgían las historias, los cuentos y las leyendas, que los abuelos contaban a sus nietos, manteniendo viva la llama de lo fantástico, pero sobre todo, e inconscientemente, la luz de las tradiciones populares que solo la tradición oral pudo mantener durante siglos. Tanto es así que los cuentos se seguían escuchando en las aldeas hasta bien entrada la década de los años 70 del pasado siglo XX. Para la investigadora Camino Noia Campos, esto fue debido al hecho de que Galicia sufrió una situación de atraso socio-cultural durante mucho más tiempo que muchos otros países europeos pero, a partir de esas dé-

Grupo de miliarios romanos, Lobios, Ourense.

cada, el éxodo de familias enteras de las aldeas a las ciudades, y de Galicia al resto de Europa, en una nueva gran oleada de emigración, cambió completamente la forma de vida de la sociedad rural, cortando de raíz la cadena de transmisión de la literatura oral.[1] Sociólogos y antropólogos acreditan lo dicho anteriormente y convienen en que las nuevas tecnologías, televisión y radio a finales del siglo XX y la expansión generalizada de Internet como medio de comunicación y de ocio para la juventud del siglo XXI, han ayudado al olvido casi completo de aquellas historias, cuentos y leyendas, que hasta hace tan solo treinta años se contaban en casi todos los hogares de los pueblos y aldeas gallegas. Por eso, es más destacable si cabe, y de extrema importancia, el trabajo realizado desde finales del siglo XIX por los historiadores románticos, y posteriormente por los galleguistas de la *Xeneración Nós* y por los investigadores actuales, que dedicaron grandes esfuerzos a la ingente la-

1. Noia Campos, Camino. *Contos galegos de tradición oral.*

bor de recuperar leyendas, cuentos, historias, tradiciones y todo lo que los campos de la antropología y la historia pueden aportar al patrimonio de un pueblo tan rico como el gallego.

Un ejemplo de creencias relacionadas con la brujería es el cuento de las *Vacas embrujadas* que recogió el antropólogo Mariño Ferro.

Hace muchos años, en tiempos de mi bisabuelo, había una mujer en Sambreixo que pedía limosna. En una casa pidió leche y se la negaron porque tenían poca. Las vacas se alteraron dando patadas. El hombre de la casa salió detrás de la mujer para matarla y cuando la alcanzó, esta le dijo que volviese a su casa que las vacas ya estaban mansas. Como así fue y comprobó el paisano en un hecho tildado de brujería.[1] Estos hechos y otros se contaban en las casas de las aldeas hasta hace bien poco. Si eran leyendas, lo sobrenatural formaba parte de la historia siendo la temática tan amplia como la de los países y regiones más ricos de Europa. A saber, las leyendas podían ser sobre la Santa Compaña, aunque este tema no era sobre el que más gustaba hablar, más bien sobre brujas, *meigas*, lobos y hombres lobo, dragones, serpientes y otras con motivos históricos o religiosos.

De religión y brujería trata la leyenda de la Dama Xelda, una mujer sabia que acompañaba a su joven señora en peregrinación a San Andrés de Teixido. Quiso el azar que los ropajes de Saura Rosa, la joven señora, se enredaran en una *silveira*[2] que no era otra cosa que una joven mora que había sido encantada por la bruja Aldonza Cambas, envidiosa de su belleza. La Dama Xelda, sabedora de que se trataba de un embrujo retó a la malvada envidiosa ordenándole, en nombre de Dios, que soltara a las jóvenes que tenía prisioneras y encantadas. La bruja se resistió, pero finalmente no pudo con el conjuro de Dama Xelda y liberó a las dos jóvenes presas en la *Silveira* y a otras más que también tenía encantadas. En agradecimiento, las jóvenes remataron su peregrinaje a San Andrés de Teixido, a quien agradecieron su intercesión divina.[3]

Temática semejante a la de las leyendas es la de la tradición oral de cuentos populares, muchas veces solapando o apoyándose en viejas leyendas que incluso podían ser comunes a países lejanos de la órbita celta o de origen indoeuropeo. Los cuentos de animales suelen tener como protagonistas a los zorros, los lobos, las gallinas, las ovejas, los cuervos, los sapos o las pulgas. Uno de los temas recurrentes en los cuentos

1. Mariño Ferro, Xosé R. *Leyendas, mitos y creencias de Galicia*.
2. Zarza en lengua gallega.
3. Carré Alvarellos, Leandro. *Las leyendas tradicionales gallegas*.

de animales es el de las bodas en el cielo. En esos cuentos, de los que existen diferentes versiones, intervienen un raposo y un cuervo o una urraca. Uno de ellos cuenta que una pega[1] se sentía siempre fastidiada porque cuando mejor se sentía comiendo, en el suelo, se le acercaba un zorro que la espantaba. Harta de tanto fastidio, en cierta ocasión le dijo al raposo[2] que si la dejaba en paz le invitaba a una boda que se celebraba en el cielo. El raposo aceptó, y cuando sobrevolaban las nubes, la pega lo dejó caer. El raposo exclamo: -*Si de esta salgo y no muero no quiero más bodas en el cielo.* El raposo cayó sobre un pajar.[3]

Otros cuentos tienen relación con encantamientos de personas, magia, brujas, santos o la propia muerte. Un cuento, también con varias versiones, se refiere al hombre que murió antes de tiempo. Efectivamente, se trataba de un hombre que se sentía mal y que apremiado por su mujer fue al médico, este le dijo que no tenía nada. Pero como seguía sintiéndose mal, la mujer le obligó a volver al médico. En esa ocasión le operaron pero murió. Una vez muerto, no sabía si ir al infierno, al purgatorio o al cielo. Lo intentó en el infierno y se le dijo que allí no se le esperaba. Tampoco le quisieron en el purgatorio, por lo que preguntó en el cielo. La respuesta que le dieron fue que no se le esperaba hasta dentro de cuatro años. Aquel hombre murió antes de tiempo.[4]

Los mozos y mozas se dejan ya de cuentos y piensan los unos en las otras y viceversa. Por ello aprovechan las ocasiones que determinadas labores ofrecen para *mocear.*[5] Las *esfolladas*[6] y los *fiadeiros* o *filandons*[7] permitían el roce y el besuqueo. Por ejemplo, el mozo que encontraba una mazorca de grano rojo podía darle un beso a cada moza, unas se resistían más y otras menos. Ese era uno de los trucos para entablar relaciones. Al acabar las *esfolladas* y los *fiadeiros* mozos y mozas bailaban al son de unas *cunchas*, un *pandeiro* y, a veces, de una gaita y un tamboril, de tal manera que las parejas que se interesaban aprovechaban hasta bien entrada la noche para estar juntos. «Cuando el tiempo abonanza, se reúnen las gentes para hilar, leer, charlar, jugar y retozar.»[8]

1. Urraca, en lengua gallega.
2. Zorro, en lengua gallega.
3. Camino Noia. *Op. cit.*
4. Camino Noia. *Op. cit.*
5. Enamorar o cortejar a una mujer, en lengua gallega.
6. Reunión de jóvenes para quitar las hojas de las mazorcas de maíz.
7. Reunión de jóvenes para hilar lino o lana.
8. Antonio Fraguas. *Op. cit.*

De esas reuniones sociales acababan surgiendo amores, unos ocasionales y otros duraderos. Sin embargo, no siempre los enamorados casaban. Muchas veces eran los padres de los novios, mozos y mozas que apenas tenían trato, quienes arreglaban o «concertaban» los matrimonios teniendo en cuenta los intereses de ambas familias, las dotes y las herencias...

¡Ai! que tellas rechamantes,
¡Ai! Que ripas de amieiro,
¡Ai! Que festas concertantes
Na casa de Antón Sieiro.[1]

Una vez realizados los conciertos, llegaban las *municións,*[2] que tenían lugar el domingo siguiente en la misa de mediodía y delante de toda la gente de la parroquia. Luego llegaban las frases como la que sigue pregonando que *o casado casa quere.*[3] Tras la celebración de la boda, la pareja de recién casados regresa a la casa familiar para celebrar la fiesta con familiares y amigos. Se sigue aquí un ritual para aventurar buena suerte al matrimonio:

– *Dios entre aquí –dice el novio desde el corral de entrada.*
– *Para siempre –le responden en general.*
– *Dios veña con vos e bos dea sua bendición –responde el familiar que los recibe.*[4]

El ramo de flores gozaba de importancia superior. Generalmente era de ramas de olivo y de boj, adornado con dulces y golosinas. En algunos lugares lo posaba el novio sobre la mesa del banquete y luego lo entregaba a la novia recitando unas *regueifas.*[5] Las coplas surgían y el ramo pasaba de mano en mano hasta que llegaba de nuevo a manos de la novia...

Tantos anos viva a noiva

1. Antonio Fraguas. *Op. cit.*
2. Amonestaciones, en lengua gallega
3. El casado, casa quiere. Refrán popular.
4. Recogido por Antonio Fraguas.
5. Disputas dialécticas improvisadas entre dos o más personas.

Darredor deste palleiro,
Como de peliños en
A recua dun arrieiro.
Tantos anos viva a noiva
Darredor deste lugar,
como de pedriñas ten
a torre da Catedral.[1]

Finalmente, queremos expresar nuestro reconocimiento a todos aquellos que se esfuerzan por mantener viva la memoria de los gallegos, en estos tiempos tan globalizadores que finiquitan lo particular a favor de lo general, en lo referente a tradiciones, coplas, oficios, estructuras sociales, leyendas, cuentos e historia reciente y no tan reciente. Gracias a ellas y ellos, etnógrafos, antropólogos, arqueólogos, historiadores, filólogos, músicos, artesanos... investigadores en general, las generaciones venideras tendrán donde beber para incrementar el acervo cultural de su pueblo. El futuro se consolida día a día apoyándose en los cimientos del pasado.

1. Antón Fraguas. *Op. cit.*

Apéndice

Juramento de los Maestres de la Orden del Temple de la provincia de Portugal (siglos XII y XIII)[1]

Yo, ..., caballero de la orden del Temple y elegido una vez más maestre de los caballeros que están en Portugal, prometo a Jesucristo mi señor y a su vicario... el Soberano Pontífice y a sus sucesores, obediencia y fidelidad perpetua; y juro que no solo defenderé de palabra sino también con la fuerza de las armas y la vida, los Misterios de la Fe, los Siete Sacramentos, los catorce artículos de la Fe, el Símbolo de la Fe y el de San Atanasio, los Libros tanto del Antiguo como del Nuevo Testamento con los comentarios de los santos Padres que fueron recibidos por la Iglesia, la Unidad de Dios y la pluralidad de personas de la Santísima Trinidad: que María, hija de Joaquín y Ana, de la tribu de Judá y de la estirpe de David siempre permaneció Virgen, antes del parto, en el parto y después del parto.

Prometo ser sumiso y obediente al Maestre general de la Orden, de acuerdo con los estatutos que nos fueron prescritos por nuestro padre San Bernardo.

Que todas las veces que haga falta atravesaré los mares para ir a combatir, que prestaré mi socorro contra los reyes y príncipes infieles, que jamás permaneceré sin armas ni caballo; que no huiré ante tres enemigos *y que les haré frente si también ellos son infieles, que no venderé los bienes de la Orden ni consentiré que sean vendidos o alienados y que guardaré perpetua castidad.*

1. Bordonove, G. *La vida cotidiana de los Templarios en el siglo XIII*. Ed. Temas de Hoy.

Que seré fiel al rey de Portugal. Que no entregaré a los enemigos las ciudades y plazas que pertenecen a la Orden y que no negaré a las personas religiosas, principalmente a los religiosos del Cister y a sus abades –ya que son nuestros hermanos y compañeros–, ningún socorro, ya sea de palabra, ya sea con obras pías e incluso con las armas.

Y para que conste por mi propia voluntad, juro que observaré todas estas cosas. Que Dios y sus Santos Evangelios me ayuden.

Ordenanzas del Gremio de Azabacheros[1]

Dom Lope de Mendoça por la gracia de Dios e la santa yglesia de Roma arçobispo de la santa yglesia de Santiago vymos ciertos capítulos e ordenanzas fechos por los oficiales e confrades de la confraría del oficio de los azabacheros de la nuestra cibdad de Santiago a bocación de nuestra señora la Virgen María, de los quales dichos capítulos su tenor es este que se sygue:

Eno nome do Padre e do Fillo e do Espíritu Santo, tres personas en un soo Deus verdadeyro e da muy gloriosa nosa señora santa María, nos Diego Fernández e Roy Martiz, Pero de Moscoso, Juan de Moscoso o Vello, Lorenço Gonçáles e Juan Afonso e Afonso Fernandes, Fernan Peres, mestre de Afonso, Juan do Monte e Juan de Moscoso o Moço, Fernando de Santiago, Juan de Lisboa, Jácome Rodrigues, Fernando de Pererto, Juan da Regena e Vertolameu, oficiaas e confrades de confraría de Santa María do oficio dos azabecheros da cibdade de Santiago ordenamos e mandamos e establecemos en servriço de Deus e de Santa María e de toda a corea do ceoo e garda e seruiço do noso señor el Rey e a onrra e seruiço do noso señor o arçobispo de Santiago e do seu cavildo e do concello e justicias desta dita cibdade e a prol e a onrra dos corpos e a salbaçon de nosas almas e a onrra e prol dos Romeus do apostolo señor Santiago, e porque non Receban engano eno dito oficio oficio e labor del e qual ha de valer e de nuestra para sempre jamas entre nos aprobada e guardada a bocación de nuestra señora Virgen María en esta manera e guysa que se edia a testigas; se a noso señor o Arçobispo prouber; ao qual suplicamos e pedimos por merced que le plega dello a nos dee licencia e autoridade para ello.

---

1. López Ferreiro, A. *Los fueros de Santiago y su Tierra.*

La Compostela o compostelana: la credencial del peregrino[1]

CAPITULUM hujus Almae Apostolicae et Metropolitanae Ecclesiae Compostellanae sigilli Altaris Beati Jacobi Apostoli custos, ut omnibus Fidelibus et Peregrinis ex toto terrarum Orbe, devotionis affectu vel voti causa, ad limina Apostoli Nostri Hispaniarum Patroni ac Tutelaris **SANCTI JACOBI** *convenientibus, authenticas visitationis litteras expediat, omnibus et singulis praesentes inspecturis, notum facit:* ....

....

hoc sacratissimum Templum pietatis causa devote visitasse. In quorum fidem praesentes litteras, sigillo ejusdem Sanctae Ecclesiae munitas, ei confero.

Datum Compostellae die .... *mensis* ....

anno Dni....................

SIGILLUM CAPITULI BEATI JACOBI COMPOSTELLAE

Secretarius Capitularis

1. El cabildo de esta santa apostólica y metropolitana Iglesia de Compostela, custodio del sello del altar del beato apóstol Santiago, para extender cartas auténticas de vicits a todos los fieles y peregrinos del orbe de la Tierra que, por efecto de devoción o por voto, acudan al templo del apóstol Santiago, nuestro patrón tutelar de España, hace saber a todos y cada uno de los que inspeccionen las presentes cartas que: .... ha visitado devotamente por piedad este santísimo templo. Para garantía de los cuales le confiero las presentes cartas, provistas del sello de la misma santa Iglesia.

Fechado en Compostela el día .... mes .... del año del Señor.........

Las Gracias del Jubileo[1]

1. Indulgencia plenísima, aplicable a los difuntos, una vez cada día en todos los del Año Jubilar, desde la tarde del 31 de diciembre del año anterior hasta la tarde del 31 de diciembre del Jubilar, con las siguientes condiciones:

   a) Visita a la Catedral, orando en ella, pudiendo ser en acto comunitario, por las intenciones de Su Santidad el Papa. Se recomienda un padrenuestro y un credo.
   b) Confesión: una vale para varias indulgencias, con tal de que no transcurran más de quince días entre la confesión y la visita a la Catedral.
   c) Una comunión eucarística para cada indulgencia.

2. Ante todos los confesores autorizados, todos los de la Catedral, se puede obtener:

   a) La absolución de todas las censuras, excepto las que se enumeran en el *motu poprio Pastorales munus (I, I, 14)*.
   b) Dispensa y conmutación de votos no reservados. Estas últimas gracias han de ser ajustadas al Código de Derecho Canónico, especialmente a lo establecido en los cánones 1191-1198.

Romance de Don Gaiferos de Mormaltán[2]

¿A onde irá aquel romeiro,
meu romeiro a onde irá?
Camiño de Compostela,
Non sei se alí chegará.
Ten longas e brancas barbas,
Ollos de doce mirar,
Ollos garzos, leonados,

1. Precedo Lafuente, M. J. *Santiago el Mayor y Compostela*. Aldeasa.
2. Fraguas Fraguas, A. *Romerías e Santuarios*. Editorial Galaxia.

Verdes como auga do mar.
Os pés leva cheos de sangue
e non pode máis andar.
¡Malpocado!... ¡Pobre vello!
Non sei se alí chegará.
–¿A onde ides, meu romeiro,
a onde ides, meu velliño?
–Camiño de Compostela.
–¿A onde ides vós, soldadiño?
–Compostela é miña terra,
sete anos fai que marchei
non puiden volver a ela.
–Dígame, diga seu nome,
cóllase a min, meu velliño,
repare que non ten forzas
para seguir o camiño.
–Eu chámome Don Gaiferos,
Gaiferos de Mormaltán;
Se agora non teño forzas
Meu esprito hamas de dar.
Chegaron a Compostela
E foron á Catedral,
Desta maneira falóu
Gaiferos de Mormaltán:

–Gracias, meu señor Santiago,
que ós vosos pés me tes xa,
se queres tirarme a vida
pódesma, Señor, tirar,
porque morrerei contento
nesta Santa Catedral.
E o vello de longas barbas
Caieo tendido no chan;
Cerrou os seus ollos verdes,
Verdes como auga do mar.
O bispo que esto veo,
Alí o mandóu enterrar
Así morreo, meus señores,

Gaiferos de Mormaltán.
Este é un dos moitos milagres
Que Santiago Apóstol fai.

El romance de Don Gaiferos es uno más de los ejemplos de la tradición oral que mantuvo vivas en Galicia, al igual que en el resto de la península, historias y leyendas desde la óptica popular, tal como las cantaban trovadores y peregrinos en su interminable deambular. Don Gaiferos era, supuestamente, Guillermo X duque de Aquitania, que murió durante su peregrinación a Compostela, aunque ciertamente no se sabe dónde.

«Os Pinos»[1] (Himno de Galicia)

–¿Qué din os rumorosos
na costa verdescente,
ó raio trasparente
do prácido luar?
¿Qué din as altas copas
de escuro arume arpado
co seu ben compasado
monótono fungar?
–«Do teu verdor cinguido
e de benignos astros,
confín dos verdes castros
e valeroso chan,
non des a esquecemento
da inxuria o rudo encono;
desperta do teu sono,
fogar de Breogán.
–Os bos e xenerosos
a nosa voz entenden
e con arroubo atenden,
o noso rouco son,
maais sóo os iñorantes,

1. Pondal, E. *Queixumes dos pinos e outros poemas.* Edicións Castrelos.

e feridos e duros,
imbéciles e escuros
non os entenden, non.
–Os tempos son chegados
dos bardos das edades,
que as vosas vaguedades
cumprido fin terán;
pois, donde quer, xigante
a nosa voz pregoa
a redenzón da boa
nazón de Breogán».

Este poema tiene seis estrofas (aquí vemos cuatro) y pertenece a los denominados poemas inéditos que en la obra *Queixumes dos pinos e outros poemas* recogen los editores de Edicións Castrelos al publicar la obra lírica completa del gran escritor gallego. Se cantan en el Himno las dos primeras estrofas, con música de Pascual Veiga.

Refranero gallego (breve recopilación)

- Mozas locas por casar, mal ganado para guardar.
- Va la vieja muriendo, y va aprendiendo.
- ¡Maldita sea la rama que al tronco no tira!
- Las hijas de mis hijas, nietas mías son; las hijas de mis hijos, o lo serán o no.
- La mujer es bien casada, si no tiene suegra ni cuñada.
- Muere el rey y muere el Papa; pero de morir, nadie escapa.
- No sirvas a quien sirvió, ni pidas a quien pidió.
- Vale más poco pecar, que mucho confesar.
- No hay mal que cien años dure, ¡ni cuerpo que lo resista!
- El que va al infierno, va para arder.
- Si ves que te van a pedir lo que no puedes negar, empieza por ofrecerlo porque al fin lo han de llevar.
- Días de todo: vísperas de nada.
- Al amigo y al caballo, no hay que cansarlos.
- Al amigo de tu vino, no lo quieras por vecino.
- Suegra, abogado y doctor; cuanto más lejos mejor.
- Cielo empedrado, suelo mojado.

- Días de lluvia y viento, no salgas de casa que pierdes el tiempo.
- Lo que vas a comer, no lo veas hacer.
- Los pleitos: ni torcidos, ni derechos.
- Disfruta, come y bebe, que la vida es breve.
- Andando, andando, se llega lejos.

Pulpo a la gallega

Ingredientes: 1 kg de pulpo, pimentón picante, aceite, laurel y sal.
Tiempo de realización: 1 hora aproximadamente.

Ponga al fuego una olla con agua y laurel. Cuando esté hirviendo, debe bañar en el agua el pulpo varias veces (no menos de tres) para luego dejarlo cocer hasta que esté hecho, sin llegar a reblandecerse.

Después escúrralo y córtelo en rodajas, para colocarlo, aún templado, sobre platos llanos. Cúbralo con pimentón rojo picante, y mójelo luego con aceite de oliva. Rectifique de sal y déle unas vueltas para que el pimentón se adhiera por ambas partes. Sírvalo a medio enfriar.

Consejo: si el pulpo es fresco, para ablandarlo se debe golpear contra una superficie sólida (mármol o piedra lisa) un mínimo de diez veces.

Conxuro da Queimada

«Mouchos, coruxas, sapos e bruxas.
Demos, trasnos e diaños, espíritos das nevadas veigas.
Corvos, pintigas e meigas, feitizos das menciñeiras.
Pobres cañotas furadas, fogar dos vermes e alimañas.
Lume das Santas Compañas, mal de ollo, negros meigallos,
cheiro dos mortos, tronos e raios.
Oubeo do can, pregón da morte, fouciño do sátiro e pe do coello.
Pecadora lingua da mala muller casada cun home vello.
Averno de Satan e Belcebu, lume dos cadaveres ardentes, corpos mutilados dos indecentes, peidos dos infernales cus, muxido da mar embravescida.
Barriga inutil da muller solteira, falar dos gatos que andan a xaneira, guedella porra da cabra mal parida.
Con este fol levantarei as chamas deste lume que asemella ao do inferno, e

fuxiran as bruxas acabalo das suas escobas, índose bañar na praia das areas gordas.
¡Oide, oide! os ruxidos que dan as que non poden deixar de queimarse no augardente, quedando asi purificadas.
E cando este brebaxe baixe polas nosas gorxas, quedaremos libres dos males da nosa alma e de todo embruxamento.
Forzas do ar, terra, mar e lume, a vos fago esta chamada: si e verdade que tendes máis poder que a humana xente, aqui e agora, facede cos espíritos dos amigos que estan fora, participen con nos desta queimada.»

El Irrio

El *Irrio* es el personaje que tras una pantalla o máscara se convierte en protagonista de la fiesta romería de Os Remedios de Castro Caldelas, provincia de Ourense. Este personaje se puede permitir una serie de veleidades que podrían ser consideradas casi ofensivas fuera de contexto, pero él también las sufre. Por ello, y siguiendo una tradición secular, don Jesús Losada, alcalde de la villa en el año 1951, decidió publicar un bando en el que se recogen los privilegios de tan particular personaje, bando que recuperó Olegario Sotelo Blanco:[1]

> *El Alcalde y Regidor de la antigua Villa de*
> *Castro Caldelas: A todos los que la presente*
> *vieren y entendieren, sabed:*
> *Considerando: Que se hallan concentradas*
> *todas nuestras tradiciones en los festejos para*
> *honrar a la Santísima Virgen de los Remedios,*
> *desde los más remotos tiempos invocada por los*
> *hijos de Caldelas como augusta protectora y*
> *madre amantísima.*
> *Considerando: Que el* Irrio Peliqueiro,
> *personificación y símbolo de estos antiguos y*
> *brillantes festejos, y en virtud de lejanos títulos,*
> *corroborados por constante e inmemorial uso*
> *(praeter y secundum legem), es titular de singulares*

---

1. Sotelo Blanco, O. *Castro Caldelas y su comarca*. Editorial Sotelo Blanco.

prerrogativas inherentes a su alta significación que nadie debe desconocer y menos vulnerar:

Ordeno y mando

Art. 1.º La persona del Irrio *es inviolable y por ende a nadie será lícito acometerlo ni maltratarlo de obra, quedando todos obligados a tolerar sus persecuciones y golpes, siempre que estos sean dados moderadamente con el «pelico».*
Art. 2.º Se ruega a los tenedores de fruta, barquillos, etc., toleren las apropiaciones que el Irrio *efectúe, siempre que se mantengan dentro de los límites de la prudencia que las antiguas y notorias normas consuetudinarias permiten.*
Art. 3.º Se autorizan los insultos dirigidos al Irrio *siempre que no constituyan ofensa a la moral, desprecio a la tradición ni menoscabo a la decencia.*
Art. 4.º En el improbable caso de que el Irrio *se excediere en sus derechos y atribuciones, nadie podrá por sí mismo reprimir sus extralimitaciones, sino que dará cuenta a mi autoridad, única competente para imponerle la condigna sanción, previa comprobación de lo denunciado.*
Espero de la cultura y del acreditado amor a la Villa de todos los caldeleses que guardarán y cumplirán las anteriores prevenciones, encaminadas a evitar el decaimiento o adulteración de una de nuestras más viejas instituciones populares.
Dado en Castro Caldelas a los siete días del mes de septiembre de 1951. –Jesús Losada. Alcalde.

Agradecimientos

Museo arqueológico e histórico de A Coruña. Castillo de San Antón.
Museo Provincial de Lugo.
Museo do castro de Viladonga. Castro de Rei. Lugo.
Finca Galea. Alfoz. Lugo.
Ricardo Llovo Otero.

Bibliografía

Cantares Gallegos, Rosalía de Castro, Ediciones Pombal.

Códice Calixtino.

Compostela y su ángel, G. Torrente Ballester, Ediciones Destino.

Cultura popular, X. R. Mariño Ferro, Muséo do Pobo Galego.

Galicia, Hércules de Ediciones.

Guía de Galicia, R. Otero Pedrayo, Ed. Galaxia.

Guía del Peregrino Medieval, M. Bravo Lozano (traductor), Centro de Estudios Camino de Santiago.

Historia de Galicia, Ed. A Nosa Terra.

Historia de Galicia, R. Villares, Alianza Editorial.

Leabhar Gabhala, Ediciones Akal Bolsillo.

Merlín e familia, Álvaro Cunqueiro, Ed. Galaxia.

Ocho siglos de poesía gallega, Martín Gaite, C. y Ruíz Tarazona, A., Alianza Editorial.

Os Pinos, Eduardo Pondal, Ed. Pombal.

Romance de lobos, R. M.ª del Valle-Inclán, Ed. Espasa-Calpe.